Repères pratiques

La comptabilité

CONFORME À LA RÉGLEMENTATION EUROPÉENNE ET FRANÇAISE

Georges Sauvageot

Nathan

sommaire

Comptabilité générale

*** Éléments fondamentaux**

Les origines de la comptabilité 4
L'évolution de la comptabilité 6
Le droit comptable 8
Les flux 10
La comptabilité à partie double 12
Les catégories de comptes 14
La pratique de la tenue des comptes 16
La balance des comptes 18
L'organisation comptable 20
Le compte de résultat et le bilan 22
Les principes comptables 24
Les normes internationales 26
L'harmonisation européenne 28
Le Plan comptable général en France 30

**** Opérations en cours d'exercice**

Les comptes de bilan 32
Les comptes de gestion 34
La facturation des achats et des ventes 36
Les événements postérieurs à la facturation . . 38
Opérations avec l'étranger 40
La taxe sur la valeur ajoutée 42
Les charges de personnel 44
La trésorerie 46
La création des effets de commerce 48
Les opérations sur effets de commerce 50
L'entrée des immobilisations 52
La sortie des immobilisations 54
Le financement par capitaux propres 56
Le financement par emprunts 58

***** Travaux d'inventaire**

L'inventaire 60
L'amortissement et la dépréciation des actifs . . 62
La comptabilisation des amortissements 64
Les provisions pour dépréciation 66
Les modifications des provisions 68
Les autres provisions 70
L'ajustement des autres comptes de bilan . . . 72
L'ajustement des comptes de gestion 74
Le compte de résultat 76
Le bilan 78
L'annexe 80

Consolidation

Approche de la consolidation 82
Les méthodes de consolidation 84
Quelques aspects techniques 86

Analyse financière

Les soldes intermédiaires de gestion 88
La capacité d'autofinancement 90
Le bilan fonctionnel et le bilan financier 92
Le fonds de roulement fonctionnel 94
La tableau de financement du PCG (I) 96
Le tableau de financement du PCG (II) 98
Les flux de trésorerie 100
Le tableau des flux de trésorerie 102
Ratios et scores 104

Comptabilité de gestion

Présentation 106
Les coûts 108
Les charges incorporables 110
La formation des coûts 112
Charges directes et indirectes 114
Le tableau d'analyse : répartition primaire . . . 116
Le tableau d'analyse : répartition secondaire . 118
Les coûts d'achat 120
Les coûts de production 122
La méthode des coûts complets 124
Charges variables, charges fixes 126
L'imputation rationnelle des charges fixes . . 128
Les méthodes de coûts partiels 130
La méthode du coût variable 132
Le seuil de rentabilité 134
Choix d'une méthode pertinente 136
ABC : bases de la méthode 138
ABC : mise en œuvre 140
ABC : intérêt de la méthode 142
Le coût cible 144

Budgets et contrôle

La gestion budgétaire 146
Les ventes 148
La production 150
Les approvisionnements 152
La trésorerie 154
Les états financiers ultimes 158
Le contrôle budgétaire 160
Les coûts préétablis 162
Écarts sur coûts directs variables 164
Écarts sur coûts indirects 166

Corrigés des exercices 168

Index 175

ISBN 2-09-183191-3

mode d'emploi

**Divisé en cinq parties, l'ouvrage s'organise par doubles pages.
Chaque double page fait le point sur une notion.**

à gauche

Une page synthèse apporte les notions essentielles sur la question traitée.

à droite

Une page d'explication précise, complète et propose des applications.

Le menu aide à repérer les cinq parties du livre.

Le titre annonce le sujet de la double page.

L'introduction cerne le sujet.

Des études de cas

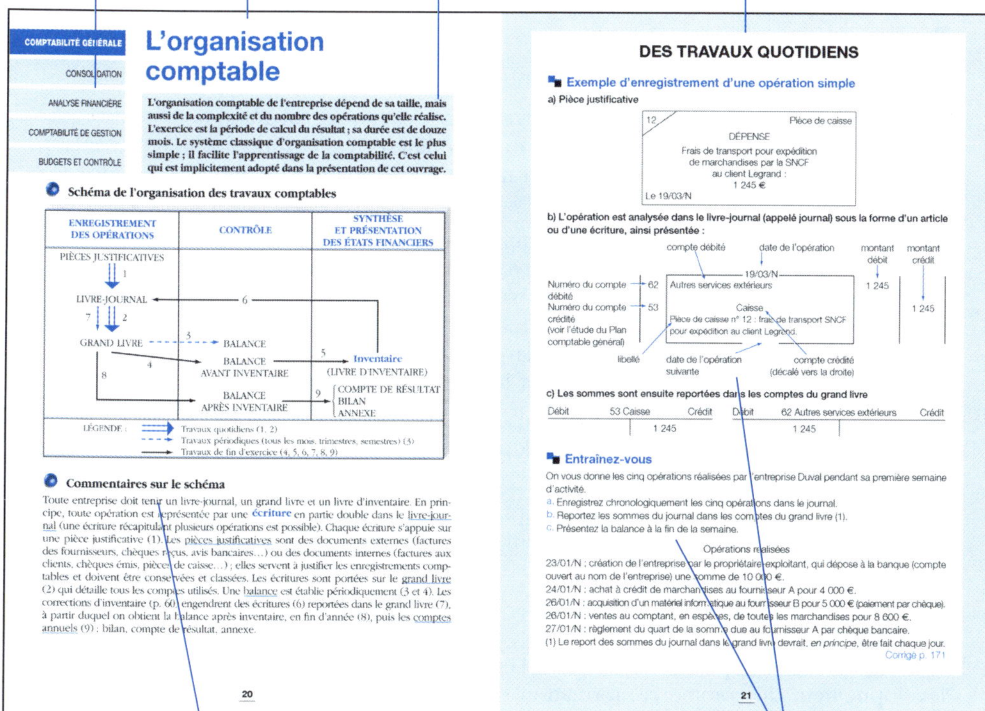

COMPTABILITÉ GÉNÉRALE
CONSOLIDATION
ANALYSE FINANCIÈRE
COMPTABILITÉ DE GESTION
BUDGETS ET CONTRÔLE

L'organisation comptable

L'organisation comptable de l'entreprise dépend de sa taille, mais aussi de la complexité et du nombre des opérations qu'elle réalise. L'exercice est la période de calcul du résultat ; sa durée est de douze mois. Le système classique d'organisation comptable est le plus simple ; il facilite l'apprentissage de la comptabilité. C'est celui qui est implicitement adopté dans la présentation de cet ouvrage.

Schéma de l'organisation des travaux comptables

Commentaires sur le schéma

Toute entreprise doit tenir un livre-journal, un grand livre et un livre d'inventaire. En principe, toute opération est représentée par une **écriture** en partie double dans le livre-journal (une écriture récapitulant plusieurs opérations est possible). Chaque écriture s'appuie sur une pièce justificative (1). Les pièces justificatives sont des documents externes (factures des fournisseurs, chèques reçus, avis bancaires…) ou des documents internes (factures aux clients, chèques émis, pièces de caisse…) ; elles servent à justifier les enregistrements comptables et doivent être conservées et classées. Les écritures sont portées sur le grand livre (2) qui détaille tous les comptes utilisés. Une balance est établie périodiquement (3 et 4). Les corrections d'inventaire (p. 60) engendrent des écritures (6) reportées dans le grand livre (7), à partir duquel on obtient la balance après inventaire, en fin d'année (8), puis les comptes annuels (9) : bilan, compte de résultat, annexe.

20

DES TRAVAUX QUOTIDIENS

Exemple d'enregistrement d'une opération simple

a) Pièce justificative

b) L'opération est analysée dans le livre-journal (appelé journal) sous la forme d'un article ou d'une écriture, ainsi présentée :

c) Les sommes sont ensuite reportées dans les comptes du grand livre

Débit	53 Caisse	Crédit
		1 245

Débit	62 Autres services extérieurs	Crédit
1 245		

Entraînez-vous

On vous donne les cinq opérations réalisées par l'entreprise Duval pendant sa première semaine d'activité.

a. Enregistrez chronologiquement les cinq opérations dans le journal.
b. Reportez les sommes du journal dans les comptes du grand livre (1).
c. Présentez la balance à la fin de la semaine.

Opérations réalisées

23/01/N : création de l'entreprise par le propriétaire-exploitant, qui dépose à la banque (compte ouvert au nom de l'entreprise) une somme de 10 000 €.
24/01/N : achat à crédit de marchandises au fournisseur A pour 4 000 €.
26/01/N : acquisition d'un matériel informatique au fournisseur B pour 5 000 € (paiement par chèque).
26/01/N : ventes au comptant, en espèces, de toutes les marchandises pour 8 600 €.
27/01/N : règlement du quart de la somme due au fournisseur A par chèque bancaire.

(1) Le report des sommes du journal dans le grand livre devrait, *en principe*, être fait chaque jour.

Corrigé p. 171

21

Les sous-titres permettent de saisir l'essentiel en un coup d'œil. Les mots importants sont répertoriés dans un index en fin d'ouvrage.

Selon le sujet figurent des exemples, des modèles, des calculs, des schémas ou des exercices tous corrigés à la fin du livre.

Les origines de la comptabilité

La comptabilité est, depuis longtemps, considérée comme une connaissance utile. Elle est nécessaire à qui veut diriger une entreprise, exploiter un commerce, administrer une collectivité ; mais l'actionnaire, l'épargnant, le citoyen ne peuvent plus l'ignorer. Exprimée simplement, elle peut être comprise par tous.

La comptabilité est une connaissance ancienne

Elle existe depuis bien longtemps. Depuis, sans doute, que les hommes ont la connaissance des nombres. Elle a pour objet la tenue de comptes, dans lesquels on inscrit des nombres. Une comptabilité rudimentaire, appelée comptabilité simple, a été utilisée dans l'Antiquité et au Moyen Âge : elle consistait dans l'enregistrement des opérations de recettes et de dépenses, dans un compte unique de caisse, auquel on ajoutait des comptes de classement.

L'Antiquité

On retrouve, dans les anciennes civilisations, des traces d'une comptabilité primitive.

- *Au Pérou*, les archéologues ont découvert dans des fouilles un grand nombre de « quipous », c'est-à-dire de ficelles nouées de couleurs différentes, chaque ficelle représentant un nombre, la couleur correspondant à la nature des éléments dénombrés : sacs de blé, têtes de bétail, etc.

- *Les Sumériens*, excellents financiers, utilisaient les tables de carrés et de puissances et tenaient la comptabilité sur des tablettes, avec chiffres et texte descriptif.
Au 4e millénaire avant J.-C., ils vivaient en basse Mésopotamie, entre le Tigre et l'Euphrate, près du golfe Persique (région de l'Irak actuellement).
Ils fondèrent les cités-États où s'épanouit la première architecture religieuse et où fut créé un système d'écriture, le cunéiforme, dont les éléments ont la forme de clous, et qui fut utilisé jusqu'au Ier millénaire avant J.-C.

- *La comptabilité grecque* était très développée : on utilisait le chèque, la lettre de change, et les calculs financiers étaient courants.

- *À l'époque romaine*, on note une comptabilité avec enregistrement chronologique des recettes et des dépenses ; le principal document comptable était le *codex accepti et expensi*, ou journal des recettes et des dépenses.

Le Moyen Âge

Les progrès de la comptabilité sont dus à l'évolution du contexte économique : croisades, développement du commerce, formation d'associations de marchands, grandes foires annuelles de Beaucaire, de Champagne, de Genève. Il s'agit cependant toujours de comptabilité simple, comme dans l'Antiquité.

UN EXEMPLE DE COMPTABILITÉ SIMPLE

Remarque préliminaire

La comptabilité, comme technique d'enregistrement et de classement des mouvements de valeur, a évolué lentement. Comme méthode d'évaluation et de présentation des faits économiques, elle est actuellement en pleine transformation. Une harmonisation mondiale tend à se réaliser et les règles européennes et françaises convergent vers les normes internationales.

Dans ce cadre élargi, les problèmes de la comptabilité concernent la terminologie (définition et contenu des termes comptables), l'évaluation des éléments du patrimoine (coût historique ou valeur de marché, mesure de la dépréciation…), la fiabilité et la comparabilité des informations fournies, l'expression du résultat et des performances de l'entreprise, l'aptitude à faire face aux crises boursières (tableau des flux de trésorerie).

Les comptes d'un ménage

Nous pouvons imaginer un compte unique de CAISSE (en euros) ainsi tenu, actuellement, par un ménage :

dates	opérations	recettes	dépenses
2 juin	retrait à vue des chèques postaux	300	
2 juin	achat d'épicerie		42
2 juin	achat de fruits et légumes		25
3 juin	essence pour voiture		30
4 juin	cinéma		20
6 juin	achat de mobilier de jardin		150
8 juin	retrait à vue des chèques postaux	500	
8 juin	vidange voiture		60
9 juin	achat de fruits et légumes		33
9 juin	TOTAUX	800	360

Toute comptabilité met en jeu trois éléments

– **un enregistrement** des mouvements de valeurs, exprimés en unités monétaires : il faut garder la trace des opérations réalisées et des valeurs au moment où on les saisit ;

– **un classement** des sommes ainsi enregistrées (dans l'exemple précédent, on classe séparément les recettes et les dépenses) ;

– **un contrôle**, qui consiste, ici, à vérifier que le 9 juin au soir l'avoir en caisse s'élève à : 800 € – 360 € = 440 €.

Les possibilités de classement sont nombreuses

Ainsi on peut ventiler les dépenses précédentes dans les comptes accessoires suivants :

alimentation			voiture		
2 juin	épicerie	42	3 juin	essence	30
2 juin	fruits et légumes	25	8 juin	vidange	60
9 juin	fruits et légumes	33			
	TOTAL	100		TOTAL	90

loisirs			équipement de la maison		
4 juin	cinéma	20	6 juin	mobilier de jardin	150
	TOTAL	20		TOTAL	150

L'évolution de la comptabilité

On est passé d'une comptabilité simple de recettes et de dépenses, avec un compte unique de caisse et des comptes facultatifs de classement, à une comptabilité à partie double, dans laquelle on tient des comptes obligatoires en grand nombre, donnant une image de la totalité du patrimoine de l'entreprise (biens, créances et dettes), ainsi que des profits et pertes réalisés.

Schéma de l'évolution de la comptabilité

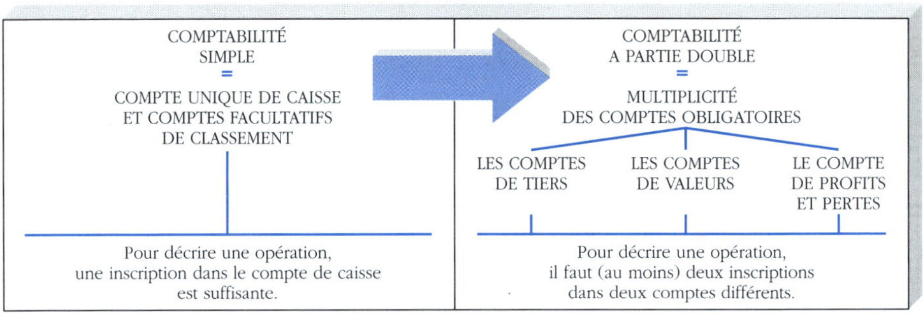

La comptabilité simple dut évoluer en raison de la multiplication des opérations avec des tiers

Comme on accordait à ces tiers des délais de paiement et des prêts, des décalages apparurent entre les dates des opérations et les dates de paiement (ou les dates des prêts et les dates de remboursement). Des comptes de tiers furent introduits, qui donnèrent naissance aux termes de « débit » et « crédit » utilisés par les comptables (débit et crédit ont pour origine la 3e personne du singulier de l'indicatif présent des verbes latins *debere* = devoir et *credere* = avoir confiance). Les comptes de tiers ne sont pas des comptes de recettes et dépenses mais des comptes de patrimoine, indiquant les créances et les dettes de l'entreprise vis-à-vis des tiers.

Création des comptes de valeurs

Pour connaître complètement le patrimoine, il fallait ouvrir d'autres comptes : les comptes de valeurs, décrivant tous les biens possédés, c'est-à-dire les terrains, les constructions, les outils, les stocks, etc.
Ces comptes de valeurs devaient être tenus comme les comptes de tiers, en leur appliquant le double enregistrement : débit, crédit.

Création du compte de profits et pertes

Il restait une difficulté pour assurer la cohérence de la comptabilité à partie double : l'apparition des différences entre prix de vente et prix d'achat des biens vendus. Le compte de profits et pertes (= compte de résultat) reçoit ces différences.

LES GRANDS PRÉCURSEURS DE LA COMPTABILITÉ MODERNE

Luca Pacioli (1445-1510) : le père de la comptabilité moderne

Le premier traité de comptabilité en partie double est dû à Luca Pacioli, né à Borgo San Sepolcro, dans la haute vallée du Tibre, en Italie. Entré dans l'ordre des Franciscains, passionné de mathématiques, ami de Léonard de Vinci (1452-1519), il conçut le projet d'une encyclopédie des sciences mathématiques, publiée à Venise en 1494 et intitulée *Summa de Arithmetica*, *Geometria*, *Proportioni* et *Proportionalita*.

Une partie de l'ouvrage est consacrée à l'arithmétique commerciale et, en particulier, à la comptabilité.

Luca Pacioli n'a pas inventé la comptabilité à partie double, mais il en a exposé, pour la première fois, les principes. Sa manière de traiter le compte de profits et pertes (*pro* et *dano*), le compte « capital », ou la balance des comptes, est très moderne.

Il préconise l'utilisation de trois registres comptables : le mémorial, le journal et le grand livre. Alors que la comptabilité moderne retient un très grand nombre de comptes, le « Plan comptable » de Luca Pacioli ne renferme que les comptes suivants : capital, compagnie, caisse, banque, fortune personnelle mobilière (bijoux, vêtements, linge de maison, mobilier), fortune personnelle immobilière, marchandises, débiteurs, créanciers, profits et pertes, dépenses de ménage.

Jan Ympyn (1485-1540)

Originaire des Pays-Bas, commerçant en tissus et tapisseries, il voyagea beaucoup, vécut douze années à Venise, puis s'installa à Anvers, où il devint riche.

Il rapporta d'Italie une connaissance approfondie de la comptabilité italienne.

Continuateur de Luca Pacioli, il écrivit un ouvrage sur la méthode de comptabilité à partie double qui fut publié en 1543, après sa mort, en néerlandais, puis en français. Une version anglaise parut à Londres en 1547.

Ainsi Ympyn a fait connaître la comptabilité à partie double à toute l'Europe occidentale.

Pierre de Savonne

Il est né à Avignon et il publia, en 1567, le premier livre de comptabilité écrit par un Français et intitulé : *Instruction et manière de tenir livres de raison ou de comptes par parties doubles*.

Mathieu de la Porte

Cet autre Français donna à la comptabilité la forme classique qu'elle possède actuellement.

Il écrivit deux ouvrages fondamentaux :

– en 1685, *Guide des négociants et teneurs de livres*,

– en 1712, *La science des négociants et teneurs de livres*.

Bertrand-François Barrême (1640-1703)

Contemporain de de la Porte, c'est l'auteur français le plus célèbre, qui publia, en 1682, le *Livre des comptes faits*. Son œuvre majeure, le *Traité des parties doubles*, fut éditée en 1721, après sa mort.

Le *Livre des comptes faits* donnait le résultat des calculs de conversion monétaire, de sols en deniers, de deniers en livres, de livres en sols, etc. Son utilisation était si fréquente parmi les commerçants que l'expression « passez-moi le Barrême » a donné naissance au mot « barème ».

Le droit comptable

La comptabilité s'est transformée. Elle est devenue la comptabilité générale, obligatoire pour toutes les entreprises et reposant sur les règles contraignantes du droit comptable. Les règles européennes et françaises convergent vers les normes internationales émanant du Comité des normes comptables internationales (International Accounting Standards Committee = IASC). Distincte de la comptabilité générale, la comptabilité analytique, devenue comptabilité de gestion, est facultative et n'obéit pas aux règles du droit comptable.

Comptabilité générale

La comptabilité décrite précédemment, appelée comptabilité générale (ou financière), retrace les opérations de l'entreprise avec les tiers, c'est-à-dire avec les autres entreprises, le personnel, les organismes sociaux, l'État, les banquiers… C'est une comptabilité externe, obligatoire et réglementée. Elle doit obéir aux règles comptables édictées par le droit comptable, mais elle subit également l'emprise de la fiscalité, en matière d'évaluation et de présentation des informations. Elle fait apparaître les éléments du patrimoine (biens, créances, dettes), ainsi que le bénéfice (ou la perte) pour la période annuelle écoulée. Essentiellement tournée vers le *passé*, elle est descriptive et ne répond pas aux exigences de prévision du futur.

Comptabilité analytique

Par opposition à la comptabilité générale, la comptabilité analytique décrit les événements à l'intérieur de l'entreprise sans obéir à une réglementation contraignante, et fournit des informations détaillées à intervalles rapprochés (tous les mois, ou moins), en vue d'orienter les décisions.

Le Plan comptable général de 1982 décrit ainsi ses objectifs : « La comptabilité analytique est un mode de traitement des données, dont les objectifs essentiels sont les suivants :

- d'une part :
  - connaître les coûts des différentes fonctions assumées par l'entreprise,
  - expliquer les résultats en calculant les coûts des produits (biens et services), pour les comparer aux prix de vente correspondants ;
- d'autre part :
  - établir des prévisions de charges et de produits courants,
  - en constater la réalisation et expliquer les écarts qui en résultent ;
- d'une manière générale, elle doit fournir tous les éléments de nature à éclairer la prise de décision. »

Comptabilité de gestion

C'est un système de traitement de l'information reprenant les méthodes traditionnelles de la comptabilité analytique et enrichi de nouvelles approches, de manière à mieux connaître les coûts, afin d'orienter avec pertinence les décisions de l'entreprise telles que : créer une activité ou lancer un produit nouveau, abandonner une activité ou un produit, faire ou faire faire, sélectionner les clients, etc.

DES TEXTES, SOURCES DU DROIT COMPTABLE

En France et à l'étranger

Le droit comptable est issu de sources diverses : en France, de textes législatifs et réglementaires, de recommandations, avis et normes professionnelles, à l'étranger de directives européennes et de normes comptables internationales.

Textes législatifs et réglementaires en France :
– le Code de commerce, dont les articles 8 à 17 ont été modifiés par la « loi comptable » du 30 avril 1983 (la codification à droit constant de la législation déjà existante a donné naissance à un nouveau code de commerce),
– la législation sur les sociétés commerciales (loi du 24 juillet 1966),
– le « décret comptable » du 29 novembre 1983, pris en application de la « loi comptable »,
– le Plan comptable général de 1999 résultant d'un arrêté du 22/6/1999 portant homologation du règlement du 29/4/1999 du Comité de la réglementation comptable (CRC). Le CRC est chargé d'établir les prescriptions comptables en France, au vu des recommandations, ou après avis, du Conseil national de la comptabilité (CNC).

Recommandations, avis et normes professionnelles en France, émis par :
– le Conseil national de la comptabilité (CNC), organisme consultatif actuellement, qui a été chargé par le passé d'élaborer les plans comptables (1947, 1957, 1982),
– l'Ordre des experts comptables (OEC),
– la Commission des opérations de Bourse (COB),
– la Compagnie nationale des commissaires aux comptes (CNCC).

Directives européennes et normes comptables internationales :
– citons la 4e directive (25 juillet 1978) sur les comptes annuels des sociétés de capitaux, la 7e directive sur les comptes consolidés et une nouvelle directive adoptée par le Parlement européen en 2003 faisant évoluer les règles européennes vers les normes de l'IASC ;
– les normes comptables internationales comprennent les anciennes normes de l'IASC (International Accounting Standards = IAS), les nouvelles normes appelées normes internationales d'information financière (International Financial Reporting Standards = IFRS) et leurs interprétations.

Quelques extraits de textes fondamentaux (en France)

Article L. 123-12 du nouveau Code de commerce : « Toute personne physique ou morale ayant la qualité de commerçant doit procéder à l'enregistrement comptable des mouvements affectant le patrimoine de son entreprise ; ces mouvements sont enregistrés chronologiquement.
Elle doit contrôler, par inventaire, au moins une fois tous les douze mois, l'existence et la valeur des éléments actifs et passifs du patrimoine de l'entreprise. Elle doit établir des comptes annuels à la clôture de l'exercice, au vu des enregistrements comptables et de l'inventaire. Ces comptes annuels comprennent le bilan, le compte de résultat et une annexe : ils forment un tout indissociable. »

Articles du décret comptable :
. Art. 2 - Tout commerçant tient obligatoirement un livre-journal, un grand livre et un livre d'inventaire…
. Art 3 - Les mouvements affectant le patrimoine de l'entreprise sont enregistrés opération par opération et jour par jour sur le livre-journal…
. Art. 4 - Les écritures du livre-journal sont portées sur le grand livre et ventilées selon le plan de comptes du commerçant.
. Art. 6 - L'inventaire est un relevé de tous les éléments d'actif et de passif, au regard desquels sont mentionnées la quantité et la valeur de chacun d'eux à la date d'inventaire…

Les flux

Pour l'apprentissage et la compréhension des mécanismes comptables, il est commode de recourir à la notion de flux. Les flux permettent de représenter schématiquement les opérations réalisées par l'entreprise. On obtient ainsi une explication économique de l'activité de l'entreprise. Par ailleurs, les flux de trésorerie (recettes, dépenses) ont une importance fondamentale, car l'entreprise doit être capable d'engendrer des flux de trésorerie (cash flow) pour faire face à ses besoins et surmonter les crises, boursières ou autres.

Définition du mot flux

Un flux est un mouvement de valeur homogène pouvant porter sur des biens, des services, des dettes, des créances, ou de la monnaie. Les mouvements de biens et de services constituent des flux réels ; les mouvements de dettes, de créances et de monnaie représentent des flux financiers.

Image d'un flux

L'image d'un flux est une droite orientée ; le point de départ du flux s'appelle l'origine et le point d'arrivée la destination.

Représentation des opérations par des flux

La comptabilité générale enregistre les opérations faites par l'entreprise avec les tiers : fournisseurs, clients, propriétaires, prêteurs, personnel, organismes sociaux, État, banquiers, etc.
Les opérations reposent sur des échanges de valeurs égales :
– échange de biens ou de services contre de la monnaie (espèces, chèques),
– échange de biens ou de services contre la promesse de versement de monnaie dans un délai déterminé.
En conséquence, toute opération est représentée, généralement, par deux flux de même valeur, mais de sens opposés.

Image des deux flux opposés dans la représentation schématique d'une opération d'achat-vente à crédit

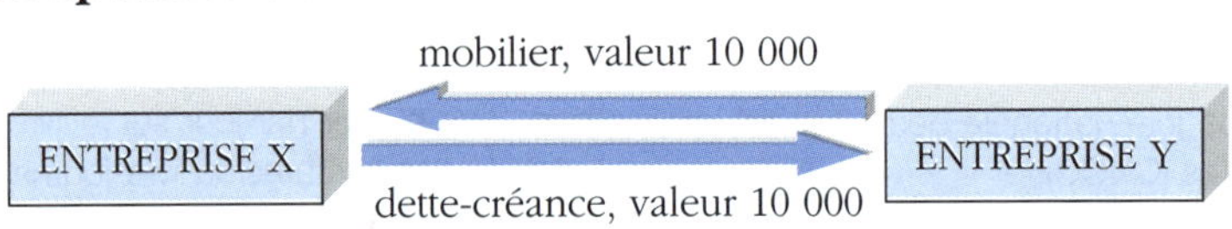

– X achète du mobilier à Y, d'une valeur de 10 000 € (flux réel de mobilier) ;
– En contrepartie, X a une dette vis-à-vis de Y (et Y une créance sur X) d'un montant égal à 10 000 € (flux financier de dette-créance).

QUELQUES FLUX SIMPLES

Opérations faites par l'entreprise X avec des tiers

(1) X achète à une autre entreprise (= fournisseur A) un matériel de bureau d'une valeur de 1 000 €, en le payant comptant, en espèces.

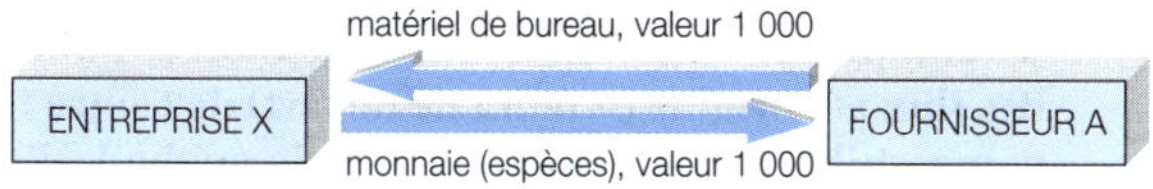

(2) X paie au personnel des salaires de 50 000 €, par chèques.

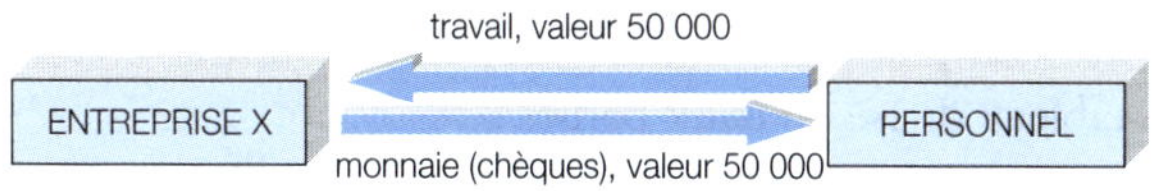

(3) X achète à crédit des marchandises à un fournisseur B pour 2 000 €.

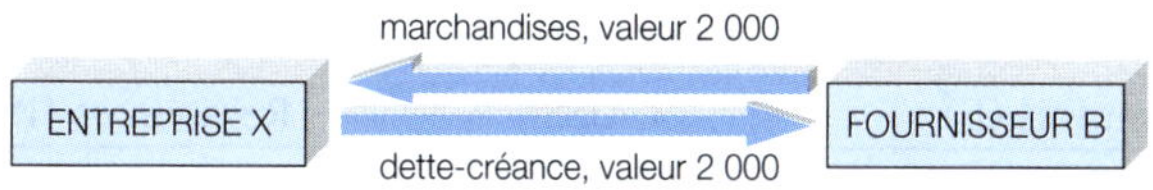

(4) X vend à crédit des marchandises à un client L pour 5 000 €.

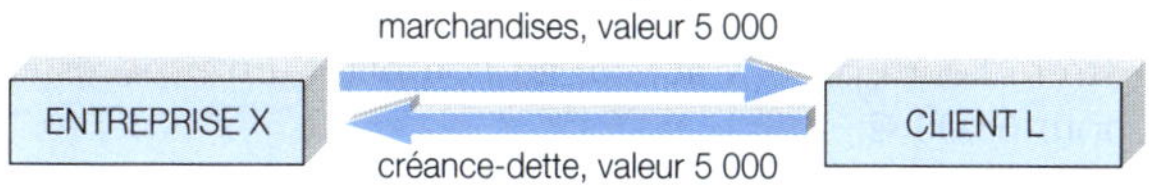

(5) X paie à la SNCF, en espèces, des frais de transport pour expédition d'un colis de marchandises : 250 €.

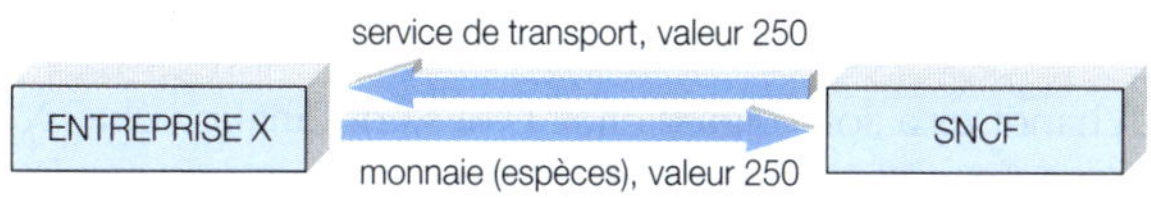

(6) Encaissement de la créance sur le client L : 5 000 €, en espèces.

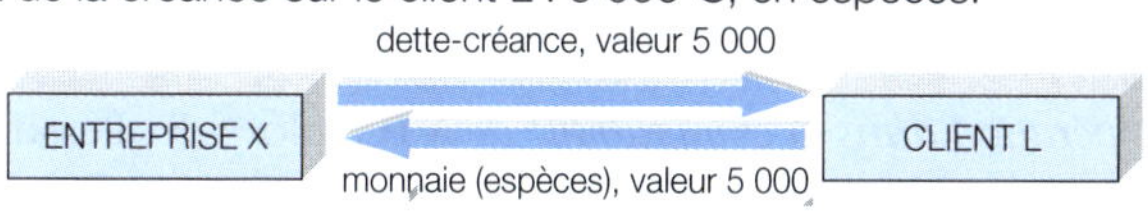

Entraînez-vous

Représentez graphiquement les flux pour chacune des opérations faites par l'entreprise ABC :

(1) Achat de marchandises au fournisseur C, payé par chèque bancaire : 6 000 €.

(2) Vente au comptant de marchandises au client P, pour 1 500 € versés en espèces.

(3) Encaissement d'une créance de 1 000 € sur le client M, en espèces.

(4) Achat à crédit de mobilier au fournisseur Z, pour 8 500 €.

(5) Versement de 8 500 € au fournisseur Z, par chèque, en règlement de la dette précédente.

(6) Paiement en espèces, à l'EDF, d'une quittance d'électricité pour 900 €.

(7) Vente à crédit de marchandises à un artisan pour 3 000 €.

(8) L'artisan retourne à ABC un lot de marchandises non conformes d'une valeur de 500 €.

Corrigé p. 168

La comptabilité à partie double

Toute opération élémentaire faite par l'entreprise X avec un tiers est décrite par deux flux. Dans la comptabilité de l'entreprise X, les comptes servent à noter la destination (= point d'arrivée) d'un des flux et l'origine (= point de départ) de l'autre flux. On appelle comptabilité à partie double une telle méthode d'enregistrement des faits.

Définition du compte

Un compte est un tableau divisé en deux parties :
– dans la partie gauche sont notées les valeurs d'arrivée des flux, ou **emplois** ;
– dans la partie droite sont enregistrées les valeurs de départ des flux, ou **ressources**.

Présentation schématique d'un compte : le compte Caisse

Emplois (E)	CAISSE	Ressources (R)

Exemple d'enregistrement dans des comptes

Opération à enregistrer : l'entreprise X achète au comptant, en espèces, au fournisseur D, des marchandises pour 6 000 €.

– *Tracé des flux* (Emploi = E ; Ressource = R).

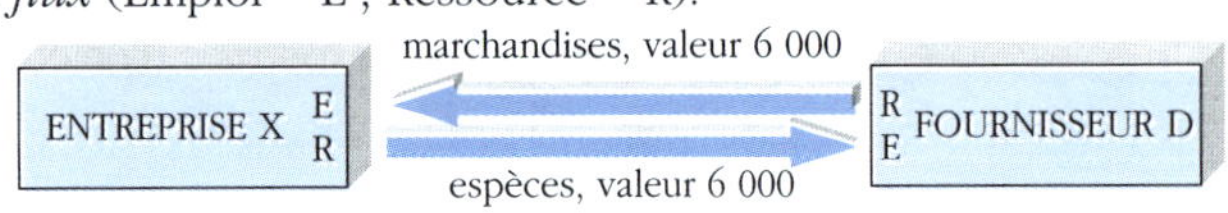

Le flux réel de marchandises a son origine chez D et sa destination chez X ; le flux financier d'espèces, en contrepartie, a son origine chez X et sa destination chez D. Dans la comptabilité de X, qui seule nous intéresse ici, il apparaît une entrée de marchandises (= achat de marchandises), qui est un emploi E, rendu possible grâce à une ressource R, constituée par la sortie d'espèces.

– *Analyse de l'opération dans la comptabilité de X* (Emploi = E ; Ressource = R)

N°	Destination du flux réel	Origine du flux financier	Montant E	Montant R
(1)	Achats de marchandises		6 000	
(1)		Caisse		6 000

(1) On notera ici le numéro des comptes (voir plus loin, le Plan comptable).

– *Enregistrement dans les comptes de l'entreprise X*

E	Achats de marchandises	R
6 000		

E	Caisse	R
		6 000

L'enregistrement effectué ci-dessus caractérise la comptabilité à partie double : toute opération élémentaire se traduit par un emploi dans un compte et par une ressource d'égal montant dans un autre compte. Dans une opération complexe, on aura plusieurs emplois dans des comptes différents et plusieurs ressources dans d'autres comptes différents, avec le contrôle :

TOTAL DES EMPLOIS = TOTAL DES RESSOURCES

POUR SE FAMILIARISER AVEC LA PARTIE DOUBLE

Exercice 1

On donne les deux opérations suivantes réalisées par l'entreprise Y :

(1) Vente de marchandises au comptant faite au client T, qui paie par chèque bancaire ; montant : 20 000 €.

(2) Acquisition d'un matériel industriel au fournisseur P, réglé par chèque bancaire : 10 000 €.

a. Faire, pour chaque opération, le tracé des flux en précisant les emplois et les ressources.

b. Analyser chacune des opérations dans la comptabilité de Y, selon le modèle présenté ci-contre. Y utilise les comptes suivants : Matériel industriel, Banque, Ventes de marchandises.

c. Enregistrer dans les comptes de Y les sommes en emplois et en ressources.

Exercice 2

Dans l'opération présentée en p. 12 entre X et D, on se propose de tenir la comptabilité du fournisseur D.

a. Analyser l'opération dans la comptabilité de D (destination du flux, origine du flux).

b. Enregistrer cette opération dans les comptes de D.

Exercice 3 résolu *(On devra cependant traiter la question c)*

Les opérations suivantes sont faites par l'entreprise X avec des tiers :

(1) X achète au fournisseur A un matériel de bureau de 1 000 €, en le payant comptant en espèces.

(2) X paie au personnel des salaires de 50 000 €, par chèques.

(3) X achète à crédit des marchandises à un fournisseur B pour 2 000 €.

(4) X vend à crédit des marchandises à un client L pour 5 000 €.

(5) X paie à la SNCF, en espèces, des frais de transport pour expédition d'un colis de marchandises, valeur 250 €.

(6) Encaissement par X de la créance sur le client L : 5 000 €, en espèces.

a. Le schéma des flux, pour chaque opération, est présenté à la p. 11.

b. Analyse des opérations dans la comptabilité de X.

Opération	Destination du flux	Origine du flux	Montant E	Montant R
(1)	Matériel de bureau		1 000	
(1)		Caisse		1 000
(2)	Charges de personnel		50 000	
(2)		Banque		50 000
(3)	Achats de marchandises		2 000	
(3)		Fournisseur B*		2 000
(4)	Client L**		5 000	
(4)		Ventes de marchandises		5 000
(5)	Services extérieurs		250	
(5)		Caisse		250
(6)	Caisse		5 000	
(6)		Client L***		5 000

N.B. * cela signifie : dette à l'égard du fournisseur B.

** cela signifie : créance sur le client L.

*** cela signifie : dette à l'égard de L, qui éteint la créance**.

c. Enregistrer les opérations précédentes dans les comptes de l'entreprise X.

Corrigé p. 168

Les catégories de comptes

Les multiples opérations de l'entreprise peuvent être classées en opérations de financement-investissement et en opérations d'exploitation (consommations, productions). Ces opérations entraînent des recettes et des dépenses engendrant la variation de trésorerie. Des catégories de comptes sont prévues pour enregistrer ces différents types d'opérations.

Les comptes relatifs aux opérations de financement-investissement

Des capitaux sont nécessaires pour créer l'entreprise, acquérir des biens durables (équipements, bâtiments, machines…) et les remplacer. Les biens durables sont appelés immobilisations. Ils sont financés grâce à des ressources fournies :
– par le propriétaire ou les associés de l'entreprise (= le capital),
– par les établissements financiers (= les emprunts).
Les opérations de financement-investissement sont importantes et peu fréquentes. Elles concernent la création du cadre dans lequel se déroulera l'activité de l'entreprise.

Opérations	Catégories de comptes	Comptes
FINANCEMENT	Capitaux	Capital - Emprunts et dettes assimilées
INVESTISSEMENT	Immobilisations	Terrains - Constructions - Matériel industriel - Matériel de transport - Matériel de bureau - Mobilier - Titres (actions, obligations) - Prêts

Les comptes relatifs aux opérations d'exploitation et de trésorerie

Pour exercer son activité, l'entreprise doit consommer des biens et services qu'elle achète auprès des tiers : fournisseurs, personnel, organismes sociaux, État. Elle produit des biens ou des services vendus aux clients. Les consommations (appelées charges) appauvrissent l'entreprise, tandis que les productions (appelées produits) l'enrichissent. Le résultat est mesuré par la différence entre produits et charges.

Opérations	Catégories de comptes	Comptes
EXPLOITATION	Tiers	Fournisseurs - Clients - Personnel - Sécurité sociale - État
EXPLOITATION	Charges	Achats de matières et fournitures - Achats de marchandises - Services extérieurs - Impôts - Charges de personnel - Charges financières - Charges exceptionnelles
EXPLOITATION	Produits	Ventes - Produits financiers - Produits exceptionnels
TRÉSORERIE	Comptes financiers	Banques - Caisse

UTILISATION DES COMPTES : EXERCICE

Les opérations suivantes sont réalisées par l'entreprise Z :

(1) Création de l'entreprise Z : le propriétaire-exploitant verse 50 000 € dans la caisse de l'entreprise.

(2) Achat d'un magasin pour le prix de 300 000 F, dont 10 % sont payés comptant en espèces, le reste étant à payer plus tard.

(3) Ouverture d'un compte en banque au nom de l'entreprise Z, par dépôt de 10 000 € prélevés dans la caisse.

(4) Achat de marchandises à crédit au fournisseur AB : 25 000 €.

(5) Charges de personnel payées par chèques : 16 000 €.

(6) Achat de fournitures non stockables (facture d'électricité), payé par chèque bancaire à l'EDF, valeur 1 500 €.

(7) Vente à crédit au client MC, pour 50 000 €, de toutes les marchandises.

(8) Le règlement du client MC, en espèces, pour la vente précédente, a été de 40 000 €.

(9) Paiement de frais de publicité à une agence de publicité : 5 000 €, en espèces.

On donne, ci-après, pour les deux premières opérations :

a. l'analyse des opérations chez Z,

b. l'enregistrement dans les comptes de Z (tous les comptes de Z sont donnés).

Travail à faire : enregistrez dans les comptes de l'entreprise Z les sommes correspondant aux opérations non traitées, après avoir, si nécessaire, effectué les travaux relatifs à l'étape a).

a) Analyse des opérations chez Z

Opération	Destination du flux	Origine du flux	Montant E	Montant R
(1)	Caisse		50 000	
(1)		Capital		50 000
(2)	Constructions		300 000	
(2)		Caisse		30 000
(2)		Fournisseur d'immobilisations		270 000

b) Enregistrement dans les comptes

E	Constructions	R
(2) 300 000		

E	Capital	R
		50 000 (1)

E	Achats de fournitures	R

E	Fournisseur AB	R

E	Fournisseur d'immobilis.	R
		270 000 (2)

E	Achats de marchandises	R

E	Client MC	R
6 000		

E	Ventes de marchandises	R

E	Services extérieurs	R

E	Caisse	R
(1) 50 000		30 000 (2)

E	Banque	R

E	Charges de personnel	R

Corrigé p. 169

La pratique de la tenue des comptes

Dans la pratique, les travaux comptables nécessitent la tenue de nombreux comptes. Les comptables ont adopté un certain formalisme dans la présentation des comptes et un langage obscur (débit, crédit…) contribuant à faire de la comptabilité une technique rébarbative au premier abord, alors qu'elle repose sur quelques conventions simples, qui deviennent rapidement des automatismes.

Comment présenter un compte ?

Il existe plusieurs présentations possibles du compte. Nous avons vu une présentation schématique p. 12. En voici une autre :

Débit **BANQUE** **Crédit**

dates	libellés	sommes	dates	libellés	sommes
30/11	Avoir en compte	1 000	08/12	Mon chèque au fournisseur X	400
12/12	Ma remise chèque du client A	1 300	21/12	Mon chèque à l'EDF	850
26/12	Versement en espèces	2 000	30/12	Mon chèque au fournisseur Y	700

– La partie gauche du compte s'appelle **débit** ; elle reçoit les emplois, c'est-à-dire les entrées en banque.
– La partie droite s'appelle **crédit** ; on y enregistre les ressources, c'est-à-dire les sorties de la banque.
– La terminologie débit-crédit a une origine historique (voir l'évolution de la comptabilité), mais elle n'a pas de signification actuellement.
– Le compte doit fournir les informations permettant de décrire les flux concernés :
• date d'enregistrement des flux,
• référence à la pièce justificative, par exemple : mon chèque,
• nom du tiers (X, Y…),
• évaluation du mouvement de valeur.

Comment calculer le solde du compte ?

a) On débite le compte lorsqu'on inscrit une somme dans la partie gauche (au débit).
b) On crédite le compte lorsqu'on inscrit une somme dans la partie droite (au crédit).
c) À une date quelconque, le total des débits n'est généralement pas égal au total des crédits. Ainsi dans le compte banque ci-dessus, on obtient :
• total des débits = 3 300
• total des crédits = 1 950
d) On appelle **solde** du compte la différence entre le total le plus élevé et le total le plus faible. Si le total le plus élevé est celui des débits, on dit que le solde est **débiteur** ; dans le cas contraire, le solde est **créditeur**.
Pour le compte Banque tracé plus haut, le solde vaut : 3 300 – 1 950 = 1 350. Ce solde est débiteur.

COMMENT TENIR LES COMPTES ?

En 1676

À cette époque, une livre valait vingt sols et un sol douze deniers, la pite représentait le quart d'un denier, la semipite le huitième. Ainsi, la somme écrite £ 4517.09.5 représentait 4 517 livres, 9 sols et 5 deniers.

L'historien comptable belge E. Stevelinck a découvert à la bibliothèque municipale de Rouen un ancien ouvrage sur la tenue des livres intitulé *L'arithmétique des marchands* et rédigé par le sieur Dassié, prêtre et chanoine de Saint-Ruf.

Après avoir longtemps navigué, Dassié était revenu au Havre où il s'était installé comme constructeur de navires. Puis en 1676, il était prêtre et chanoine de Saint-Ruf et il était installé à Paris, rue de Bussy, à l'enseigne du jugement de Salomon.

E. Stevelinck estime que Dassié connaissait le principe de la comptabilité à partie double (débit d'un ou plusieurs comptes par le crédit d'un ou plusieurs autres, la somme des montants débités étant égale à celle des montants crédités), mais il ne devait jamais avoir eu à l'appliquer. En témoigne la tenue du compte « caisse » dans l'ouvrage de Dassié. Le compte « caisse » tenu par le sieur de la Brosse, caissier de la compagnie, est débité en début d'exercice (3 janvier 1675) de la somme de £ 207 900, représentant la mise de fonds de quelques intéressés dénommés messieurs Chaulotte, Petit et Maurice, qui constituent ainsi le « Fonds de la Compagnie », c'est-à-dire son capital.

Et puis, pendant presque sept mois, il n'y a plus aucune entrée en caisse. En revanche, il y a des paiements, portés au crédit du compte « caisse » et tellement nombreux qu'ils finissent par totaliser £ 211 866.9 soit £ 3 966.9 de plus que l'encaisse, ce qui constitue une curieuse arithmétique, puisque l'on sort de la caisse plus d'argent qu'il n'en est entré. Non seulement le sieur de la Brosse, caissier de la compagnie, n'a touché aucun appointement pendant ces sept mois, mais encore aurait-il sorti de sa poche un montant de £ 4 000 environ. C'est évidemment fort bizarre !

D'après E. Stevelinck, *Revue française de comptabilité* n° 189.

Exercice 1

Le compte Caisse se présente ainsi :

Débit CAISSE Crédit

dates	libellés	sommes	dates	libellés	sommes
01/01	Avoir en caisse	5 000	03/01	Achat au comptant de marchandises	1 500
05/01	Ventes au comptant de marchandises	3 000	08/01	Payé quittance électricité	800
07/01	Paiement du client ZED	500	10/01	Règlement au fournisseur RV	4 000

a) Quel est le solde du compte ?

b) Pour chacune des opérations figurant au crédit, quel a été le compte débité ?

c) Pour chacune des opérations figurant au débit (sauf l'avoir), quel a été le compte crédité ?

Exercice 2

Le compte Banque présente un solde créditeur de 725 €. Quel était le montant de l'avoir initial ?

Débit BANQUE Crédit

Débit		Crédit
Avoir initial	X	2 320
	3 845	3 530
	6 235	7 450

Corrigé p. 170

La balance des comptes

On appelle grand livre le document regroupant l'ensemble des comptes de l'entreprise. La balance des comptes est un tableau présentant, d'une manière ordonnée, tous les comptes figurant au grand livre, avec les totaux des débits et des crédits, ainsi que les soldes débiteurs ou créditeurs.

Un exemple de balance

N° (1)	COMPTES	TOTAUX		SOLDES	
		Débits	Crédits	Débiteurs	Créditeurs
101	Capital		50 000		50 000
213	Constructions	300 000		300 000	
401	Fournisseur AB		25 000		25 000
404	Fournisseur d'immobilisations		270 000		270 000
411	Client MC	50 000	40 000	10 000	
512	Banque	10 000	17 500		7 500
53	Caisse	90 000	45 000	45 000	
601	Achats de fournitures	1 500		1 500	
607	Achats de marchandises	25 000		25 000	
61	Services extérieurs	5 000		5 000	
64	Charges de personnel	16 000		16 000	
707	Ventes de marchandises		50 000		50 000
		497 500	497 500	402 500	402 500

(1) Les comptes sont classés dans l'ordre des numéros du Plan comptable général, dont l'étude sera faite plus loin. Cet ordre est celui dans lequel sont présentés les comptes de la p. 14, les comptes financiers venant avant charges et produits.

Cette balance a été dressée à partir des comptes de l'entreprise Z (p. 15), tels qu'ils apparaissent après enregistrement des neuf opérations réalisées.
On constate que la somme des totaux débits est égale à la somme des totaux crédits. Cette égalité est nécessaire. En effet, pour chaque opération élémentaire, la comptabilité à partie double conduit à écrire : Emploi (débit) = Ressource (crédit).
Donc, pour l'ensemble des opérations, on devra vérifier l'égalité suivante :

Somme des emplois (totaux débits) = Somme des ressources (totaux crédits)

Somme des soldes débiteurs = Somme des soldes créditeurs.

En effet, pour obtenir le solde des comptes Client MC, Banque et caisse, on a retranché respectivement 40 000, 10 000 et 45 000 au débit et au crédit de ces comptes. Au total, on a retranché 95 000 de la somme des totaux débits et de la somme des totaux crédits, ce qui donne pour la somme des soldes débiteurs et pour celle des soldes créditeurs :

497 500 – 95 000 = 402 500.

La balance des comptes constitue un instrument de contrôle

Elle fournit des informations sur l'importance des flux, le montant des dettes, des créances, des disponibilités, etc. à la date de son établissement.

PRÉSENTER UNE BALANCE

Exercice 1

Remarque préliminaire : on appelle balance par soldes une balance ne présentant que les colonnes de soldes débiteurs et créditeurs et non les colonnes de totaux débits et crédits. On vous fournit les soldes des comptes suivants au 31 décembre. Il vous est demandé de présenter la balance par soldes, en utilisant les informations figurant dans le tableau donné en annexe.

Solde des comptes

Capital : 100 000 ; Emprunt : 50 000 ; Matériel industriel : 90 000 ; Matériel de transport : 40 000 ; Mobilier : 25 000 ; Prêts : 10 000 ; Fournisseurs : 76 000, Clients : 88 000, Personnel : 6 700 ; État : 4 200 ; Banque (avoir) : 23 200 ; Caisse : 6 600 ; Achats de marchandises : 320 000 ; Services extérieurs : 124 000 ; Impôts : 28 000 ; Charges de personnel : 92 500, Charges financières : 5 000 ; Charges exceptionnelles : 5 900 ; Ventes de marchandises : 540 000, Produits financiers : 1 700 ; Produits exceptionnels : 79 600.

Annexe

Catégories de comptes	Soldes débiteurs	Soldes créditeurs	Catégories de comptes	Soldes débiteurs	Soldes créditeurs
Capitaux		X	Comptes financiers		
Immobilisations	X		• Banque (avoir)	X	
Tiers (créances)	X		• Banque (découvert)		X
Tiers (dettes)		X	• Caisse	X	
			Charges	X	
			Produits		X

Exercice 2

On a noté dans les comptes d'une entreprise les opérations réalisées pendant le premier mois d'activité, en repérant chaque opération par un numéro. Toutes les marchandises achetées ont été vendues.

a. Reprenez les opérations dans l'ordre naturel des numéros (1, 2, 3...) et précisez la signification de chacune d'elle. Exemple : Opération (1) = création de 1'entreprise au capital de 350 000 €, par apport d'une construction de 300 000 € et d'une somme de 50 000 € en espèces.

b. Présentez la balance des comptes (totaux, soldes) à la fin du premier mois.

Ventes de marchandises	
	75 000 (3)
	170 000 (11)

Fournisseurs	
(12) 15 000	90 000 (10)

Clients	
(3) 75 000	60 000 (7)
(11) 170 000	

Constructions	
(1) 300 000	

Emprunt	
(9) 20 000	100 000 (4)

Achats de marchandises	
(2) 40 000	
(10) 90 000	

Caisse	
(1) 50 000	40 000 (2)
(8) 10 000	15 000 (12)

Matériel de transport	
(5) 120 000	

Capital	
	350 000 (1)

Charges financières	
(6) 2 000	

Banque	
(4) 100 000	120 000 (5)
(7) 60 000	2 000 (6)
	10 000 (8)
	20 000 (9)

Corrigé p. 170

L'organisation comptable

L'organisation comptable de l'entreprise dépend de sa taille, mais aussi de la complexité et du nombre des opérations qu'elle réalise. L'exercice est la période de calcul du résultat ; sa durée est de douze mois. Le système classique d'organisation comptable est le plus simple ; il facilite l'apprentissage de la comptabilité. C'est celui qui est implicitement adopté dans la présentation de cet ouvrage.

Schéma de l'organisation des travaux comptables

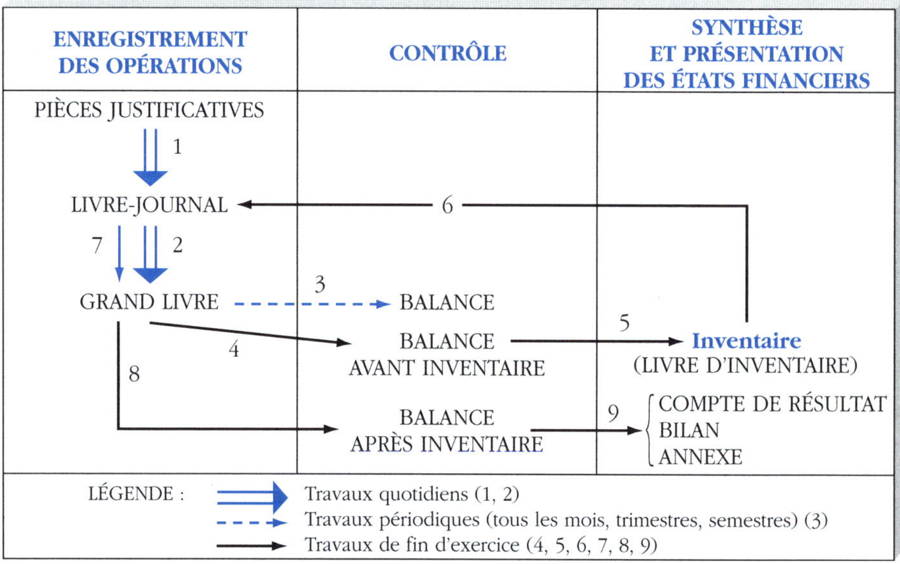

Commentaires sur le schéma

Toute entreprise doit tenir un livre-journal, un grand livre et un livre d'inventaire. En principe, toute opération est représentée par une **écriture** en partie double dans le livre-journal (une écriture récapitulant plusieurs opérations est possible). Chaque écriture s'appuie sur une pièce justificative (1). Les pièces justificatives sont des documents externes (factures des fournisseurs, chèques reçus, avis bancaires…) ou des documents internes (factures aux clients, chèques émis, pièces de caisse…) ; elles servent à justifier les enregistrements comptables et doivent être conservées et classées. Les écritures sont portées sur le grand livre (2) qui détaille tous les comptes utilisés. Une balance est établie périodiquement (3 et 4). Les corrections d'inventaire (p. 60) engendrent des écritures (6) reportées dans le grand livre (7), à partir duquel on obtient la balance après inventaire, en fin d'année (8), puis les comptes annuels (9) : compte de résultat, bilan, annexe.

DES TRAVAUX QUOTIDIENS

Exemple d'enregistrement d'une opération simple

a) Pièce justificative

12	Pièce de caisse
	DÉPENSE
	Frais de transport pour expédition de marchandises par la SNCF au client Legrand : 1 245 €
Le 19/03/N	

b) L'opération est analysée dans le livre-journal (appelé journal) sous la forme d'un article ou d'une écriture, ainsi présentée :

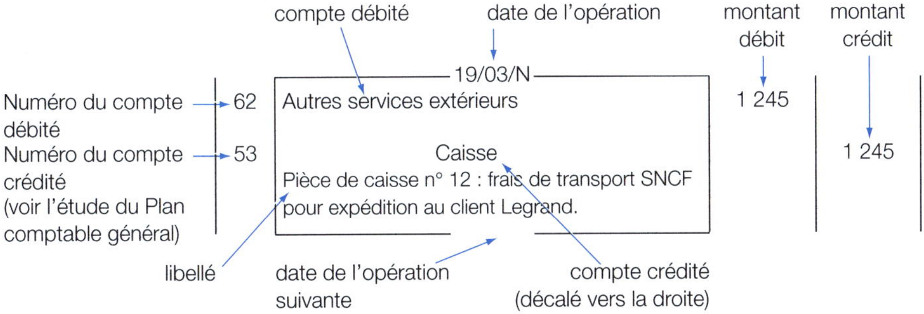

c) Les sommes sont ensuite reportées dans les comptes du grand livre

Débit	53 Caisse	Crédit
		1 245

Débit	62 Autres services extérieurs	Crédit
1 245		

Entraînez-vous

On vous donne les cinq opérations réalisées par l'entreprise Duval pendant sa première semaine d'activité.

a. Enregistrez chronologiquement les cinq opérations dans le journal.

b. Reportez les sommes du journal dans les comptes du grand livre (1).

c. Présentez la balance à la fin de la semaine.

Opérations réalisées

23/01/N : création de l'entreprise par le propriétaire-exploitant, qui dépose à la banque (compte ouvert au nom de l'entreprise) une somme de 10 000 €.

24/01/N : achat à crédit de marchandises au fournisseur A pour 4 000 €.

26/01/N : acquisition d'un matériel informatique au fournisseur B pour 5 000 € (paiement par chèque).

26/01/N : ventes au comptant, en espèces, de toutes les marchandises pour 8 600 €.

27/01/N : règlement du quart de la somme due au fournisseur A par chèque bancaire.

(1) Le report des sommes du journal dans le grand livre devrait, *en principe*, être fait chaque jour.

Corrigé p. 171

L'obtention du compte de résultat et du bilan

Le compte de résultat et le bilan sont obtenus à la fin de l'exercice (généralement le 31 décembre), à partir de la balance par soldes après inventaire. L'inventaire est un ensemble de travaux ayant pour objet de contrôler l'existence et la valeur des éléments actifs et passifs du patrimoine. Il donne naissance à des ajustements, à des régularisations dans les comptes.

Schéma expliquant l'obtention des états financiers (compte de résultat, bilan)

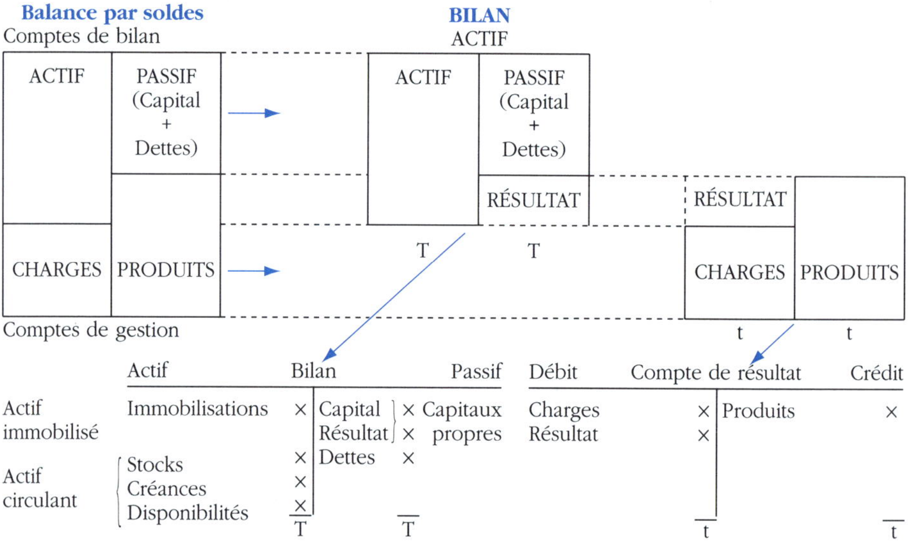

La balance par soldes

- Les soldes débiteurs correspondent aux comptes d'ACTIF (emplois sous forme d'immobilisations, de stocks, de créances, de disponibilités) et aux comptes de CHARGES (emplois consommés). Les soldes créditeurs concernent les comptes de PASSIF (ressources propres correspondant au capital et ressources externes correspondant aux dettes) et les comptes de PRODUITS (ressources internes).
- *Dans la balance*, le total de soldes débiteurs est égal au total des soldes créditeurs :
  ACTIF + CHARGES = PASSIF + PRODUITS
- *Le résultat* est l'enrichissement net de l'entreprise, son profit, pendant l'exercice :
  RÉSULTAT = PRODUITS – CHARGES
- *Le bilan* est un tableau qui donne la décomposition et l'évaluation du patrimoine à la fin de l'exercice, en faisant apparaître le résultat de l'exercice :
  RÉSULTAT = ACTIF – (CAPITAL + DETTES)

EXEMPLE

Balance par soldes

Balance de X au 31/12/N

N°	Comptes		Soldes débiteurs	Soldes créditeurs	
101	Capital	ACTIF		100 000	PASSIF
16	Emprunt			50 000	
2154	Matériel industriel		90 000		
2182	Matériel de transport		40 000		
2184	Mobilier		25 000		
274	Prêts		10 000		
401	Fournisseurs			76 000	
411	Clients		88 000		
42	Personnel			6 700	
44	État			4 200	
512	Banque (avoir)		23 200		
53	Caisse		6 600		
607	Achats de marchandises	CHARGES	320 000		PRODUITS
61	Services extérieurs		152 000		
64	Charges de personnel		92 500		
66	Charges financières		5 000		
67	Charges exceptionnelles		5 900		
707	Ventes de marchandises			540 000	
76	Produits financiers			1 700	
77	Produits exceptionnels			79 600	
	TOTAUX		858 200	858 200	

Compte de résultat

Compte de résultat de X (année N)

Débit		Crédit	
Charges d'exploitation		**Produits d'exploitation**	
Achats de marchandises	320 000	Ventes de marchandises	540 000
Services extérieurs	152 000		
Charges de personnel	92 500		
Charges financières	5 000	**Produits financiers**	1 700
Charges exceptionnelles	5 900	**Produits exceptionnels**	79 600
BÉNÉFICE DE L'EXERCICE	45 900		
TOTAL	621 300	TOTAL	621 300

Bilan

Bilan de X au 31/12/N

ACTIF		PASSIF	
Actif immobilisé		**Capitaux propres**	
Matériel industriel	90 000	Capital	100 000
Matériel de transport	40 000	RÉSULTAT DE L'EXERCICE (bénéfice)	45 900
Mobilier	25 000	**Dettes**	
Prêts	10 000	Emprunt	50 000
Actif circulant		Fournisseurs	76 000
Clients	88 000	Personnel	6 700
Banque	23 200	État	4 200
Caisse	6 600		
TOTAL	282 800	TOTAL	282 800

Les principes comptables

La comptabilité donne une certaine image du patrimoine et du résultat de l'entreprise, en utilisant des conventions, des règles du jeu, que l'on appelle « principes comptables ». Ces principes, qui trouvent leur source dans des règles pratiques utiles aux praticiens, conditionnent les enregistrements dans les livres et les évaluations figurant dans les états financiers. Seuls seront évoqués, ci-après, les principes comptables considérés comme fondamentaux.

Régularité, sincérité

La régularité est le respect des règles et procédures en vigueur, appliquées avec sincérité, afin de traduire la connaissance qu'ont les comptables de la réalité.

Indépendance des exercices

La complexité des affaires et la multiplication du nombre des opérations ont conduit les comptables à découper la vie des entreprises en périodes égales, appelées exercices, et à déterminer un résultat pour chacun des exercices.

Évaluation au coût historique

Les éléments, à leur entrée dans le patrimoine, sont évalués au coût d'acquisition (prix d'achat + frais d'achat) s'ils sont achetés, ou au coût de production s'ils sont fabriqués. Sous réserve de l'application du principe de prudence présenté ci-après et avec quelques exceptions (titres évalués par équivalence, réévaluation des comptes...), les biens conservent à l'actif la valeur qu'ils avaient au moment de leur entrée et que l'on désigne par coût historique. Le coût historique est remis en cause par l'IASB (p. 27), qui lui préfère la valeur de marché, dite juste valeur.

Prudence

La prudence est l'appréciation raisonnable des faits conduisant à tenir compte systématiquement des diminutions de valeur probables ou même éventuelles, susceptibles d'amputer le patrimoine et le résultat de l'entreprise, les augmentations de valeur n'étant enregistrées que lorsqu'elles sont certaines (après une vente...).
Cela conduit à retenir comme évaluation au bilan, à la fin de l'exercice, la plus faible des deux valeurs suivantes : le coût historique ou la valeur du marché.

Continuité

On suppose que l'entreprise continuera normalement à fonctionner et que les valeurs portées au bilan ne sont pas des valeurs de liquidation.

Comparabilité, permanence des méthodes

Pour permettre la comparaison des chiffres dans le temps et dans l'espace, l'entreprise qui a décidé d'appliquer telle méthode de présentation ou d'évaluation ne peut en changer, sauf en cas de circonstances exceptionnelles. Les raisons du changement doivent alors être mentionnées.

Image fidèle (principe anglo-saxon adopté par le PCG)

Dire que les comptes annuels présentent une image fidèle signifie qu'ils ne sont pas trompeurs, qu'ils ne fournissent pas une fausse représentation de la réalité.

APPLICATION DES PRINCIPES COMPTABLES : EXERCICE

1. Application du principe de l'indépendance des exercices

On vous donne, ci-dessous, le bilan provisoire de l'entreprise LNA au 31/12 de l'année N.

ACTIF — **Bilan de l'entreprise LNA au 31/12/N (en euros)** — PASSIF

Actif immobilisé		Capitaux propres	
Terrain	80 000	Capital	150 000
Titres	70 000	Résultat (bénéfice)	23 000
Actif circulant		Dettes	
Stocks	30 000	Emprunt	10 000
Clients	18 000	Fournisseurs	17 000
Caisse	2 000		
TOTAL DE L'ACTIF	200 000	TOTAL DU PASSIF	200 000

Ce bilan tient compte d'une vente (à crédit) de marchandises pour un prix de 12 000 €. Or cette vente n'est pas encore définitive au 31/12/N, car les discussions commerciales ne sont pas tout à fait terminées et doivent aboutir dans les premiers jours de janvier N+1.

La vente est donc à rattacher à l'exercice N+1. Le chef comptable estime qu'il faut ajouter dans les stocks ce qu'on y avait retiré, à savoir le coût des marchandises vendues s'élevant à 8 000 €, et modifier le bilan ci-dessus.

On note que le bénéfice sur la vente de ces marchandises vaut 4 000 €, ainsi calculé :

bénéfice sur la vente
= prix de vente – coût des marchandises vendues
= 12 000 – 8 000 = 4 000

– On vous demande de présenter le bilan modifié, en tenant compte du principe de l'indépendance des exercices.

2. Application du principe de l'évaluation au coût historique

Poursuivant ses investigations, le chef comptable de l'entreprise LNA est étonné par le montant du terrain figurant dans le bilan, soit 80 000 €, qui représente le prix qu'on obtiendrait au 31/12/N si ce terrain était vendu, alors qu'il a été acheté pour 64 000 € il y a deux ans. On a tenu compte en comptabilité de la plus-value potentielle d'un montant de 16 000 €.

– On vous demande d'appliquer le principe de l'évaluation au coût historique et de présenter le nouveau bilan modifié de l'entreprise LNA.

3. Application du principe de prudence

Enfin, le chef comptable est intrigué par le montant des titres porté au bilan (70 000 €), qui représente le prix d'achat de 500 actions acquises en Bourse, au mois de juillet N, au prix de 140 €. Or, en décembre N, le cours moyen des titres est de 100 €.

– On vous demande d'appliquer le principe de prudence et de présenter le bilan définitif de l'entreprise LNA.

Corrigé pp. 171 et 172

Les normes comptables internationales

Le Comité des normes comptables internationales (IASC) est un organisme privé indépendant chargé d'uniformiser les principes comptables employés pour élaborer les états financiers dans le monde entier. Créé en 1973, il est passé, à compter de 2000, du rôle d'harmonisation de l'information financière à celui de normalisation internationale.

La nouvelle structure de l'IASC

L'IASC comprend désormais un Conseil de surveillance, un Comité exécutif (c'est le Board, désigné sous le sigle IASB), un Comité permanent d'interprétation (Standing Interpretations Committee = SIC) et un Comité consultatif de normalisation (Standards Advisory Council = SAC).

Le Conseil de surveillance désigne les membres des autres organismes (Board, SIC, SAC), assure la modification des statuts, la recherche du financement. Il est composé d'administrateurs représentant essentiellement l'Europe, l'Amérique du Nord, la zone Asie-Pacifique. Parmi les autres organes de l'IASC, le Comité exécutif (IASB) dispose du rôle essentiel puisqu'il est chargé principalement de préparer les normes comptables. Comme pour le Conseil de surveillance, les membres du Comité exécutif assurent une représentation des différentes parties prenantes : préparateurs, utilisateurs des états financiers, auditeurs, universitaires, tous choisis dans différentes zones géographiques : Europe, Amérique du Nord, Asie-Afrique…

Programme des travaux

L'ancien Board de l'IASC s'était réuni pour la dernière fois en 2000. Il avait alors publié un document dans lequel il énumérait les thèmes qu'il faudrait inclure, selon lui, dans le futur programme des travaux. Un aperçu de ces thèmes est présenté ci-après.

– Convergence entre normes nationales et normes internationales : pour la réaliser, un programme devrait identifier et éliminer les divergences les plus significatives entre les différentes normes et supprimer les options offertes dans certaines.

– Présentation des performances financières de l'entreprise : il s'agit de présenter différemment le compte de résultat (p. 76). L'IASB, dans l'état actuel des travaux, propose, à la place du compte de résultat, un état de performance distinguant résultat opérationnel et résultat financier.

– Évaluation à la valeur de marché, dite juste valeur. Dans certains cas, l'évaluation au coût historique (p. 24) coexiste avec l'évaluation à la valeur de marché. Il faut déterminer le champ d'application de l'évaluation à la juste valeur des actifs, des passifs, et les modalités de cette évaluation.

– Le cadre conceptuel : il devra être révisé pour l'adapter aux nouvelles dispositions comptables adoptées dans les normes.

– L'adoption de normes spécifiques : elles seront applicables aux petites et moyennes entreprises.

SPÉCIFICITÉS DES NORMES DE L'IASB

Quatre grandes spécificités permettent d'illustrer la différence d'approche entre normes françaises et normes internationales.

Primauté du bilan

Dans le référentiel français, le compte de résultat a la primauté sur le bilan, avec le rattachement des charges aux produits et l'existence de comptes de régularisation à court terme (p. 74). Dans le référentiel international, il y a primauté du bilan sur le compte de résultat et le résultat est présenté comme la différence entre ce qui est possédé (= les capitaux propres) à la fin et au début de l'année ; le compte de résultat serait remplacé par un état de performance. Selon le référentiel international, les **actifs** dans le bilan sont des éléments qui procurent pour l'avenir des avantages économiques que l'entreprise contrôle. En 2002, une définition similaire des actifs a été adoptée en France (règlement 2002-10 du CRC) et incluse dans le Plan comptable général. De même, le règlement 2000-06 du CRC sur les **passifs** a intégré dans le Plan comptable général une normalisation proche de celle de l'IASB concernant les règles de constitution des provisions. Ainsi, il y a convergence par étapes du référentiel français vers le référentiel international.

Généralisation de la valeur de marché, dite juste valeur

Le coût historique est la valeur effective du bien à l'actif, au moment de son entrée dans le patrimoine (p. 24). La valeur de marché est le montant qui pourrait être obtenu de la vente sur un marché. Dans le référentiel français, la préférence est donnée au coût historique. La notion de valeur de marché existe dans le Plan comptable général, mais c'est sa généralisation qui peut poser problème. L'évaluation à la valeur de marché apparaît dans un nombre important de normes internationales, y compris pour la détermination de la dépréciation d'un actif. Cependant le référentiel international reste hybride, le coût historique coexistant, dans certains cas, avec la juste valeur.
La valeur de marché présente l'avantage d'être une évaluation objective, mais elle peut poser problème en cas d'absence de marché, la tentation étant alors de prendre en compte des éléments d'appréciation propres à l'entreprise. Si un bilan en juste valeur donne une image plus proche de la valeur réelle de l'entreprise à une date donnée, cette présentation est effectuée dans une perspective de court terme, peu adaptée à la gestion.

Mesure de la dépréciation des actifs

Les particularités du référentiel international en matière de dépréciation des actifs (norme 36 de l'IASB) ont été intégrées dans le Plan comptable général et sont applicables à partir de 2005. Ainsi, on a repris dans le référentiel français les tests de dépréciation prévus dans le référentiel international, avec prise en compte de la dépréciation ou de la réestimation de la valeur d'un bien qui modifie sa base amortissable (voir p. 62 et p. 63).

État des performances

L'objectif est de mesurer la performance comme variation entre deux bilans. Le nouvel état de performance, qui remplacerait le compte de résultat, serait structuré en distinguant le résultat et les variations de valeurs du bilan. Dans le résultat, les éléments opérationnels et financiers seraient présentés séparément.

Harmonisation européenne et normes internationales

La Commission européenne s'est efforcée de donner une base légale aux normes comptables internationales (IAS + IFRS, p. 9), afin de faciliter leur application dans l'Union européenne. Cette politique est conforme à l'intérêt des entreprises européennes qui, sous la pression des marchés internationaux, souhaitent appliquer les normes internationales de l'IASC.

Utilisation des normes internationales dans l'Union européenne

La diversité des pratiques comptables en Europe reste très importante (normes nationales, normes IAS/IFRS, normes américaines US GAAP), ce qui perturbe l'efficience des marchés de capitaux européens. La Commission européenne s'est efforcée d'harmoniser ces pratiques en donnant une base légale aux normes internationales ; ses travaux ont abouti à deux résultats majeurs : 1°) à l'adoption définitive du règlement CE du 19/07/02 sur l'application des normes internationales par les sociétés cotées ; 2°) à l'adoption de la directive modifiant les 4e et 7e directives, pour rapprocher leurs règles comptables des règles internationales (voir p. 29).

Les principales dispositions du règlement CE du 19/07/2002

Ce règlement européen sur l'application des normes comptables internationales contient les dispositions obligatoires directement applicables dans tout État membre et ouvre, pour d'autres dispositions, des options que les États membres sont libres d'appliquer ou non (voir tableau ci-dessous).

	SOCIÉTÉS COTÉES	SOCIÉTÉS NON COTÉES
COMPTES CONSOLIDÉS	1. Normes internationales obligatoires	2. Option
COMPTES INDIVIDUELS	3. Option	4. Option

Commentaires sur le tableau.

Cas 1 : à compter du 1/1/2005, les sociétés européennes cotées sont tenues d'établir leurs comptes consolidés conformément aux normes internationales adoptées dans le cadre du présent règlement (possibilité d'option : les États membres peuvent prévoir une entrée en vigueur à compter de 2007 pour certaines sociétés cotées).

Cas 3 : les États membres sont, en outre, habilités à obliger ou à autoriser les sociétés cotées à utiliser les normes internationales pour l'élaboration de leurs comptes individuels.

Cas 2 et 4 : par ailleurs, les États membres peuvent obliger ou autoriser les sociétés non cotées à élaborer leurs comptes consolidés et/ou individuels selon les normes internationales. Bien entendu, les options nécessitent, pour être exercées, l'intervention d'un texte législatif au niveau national permettant de sortir du cadre légal existant ; un texte n'est pas nécessaire pour les dispositions obligatoires.

MODIFICATION DE LA 4e DIRECTIVE

En 2003, une nouvelle directive a été adoptée par le Parlement européen et le Conseil. Elle modifie la 4e directive sur les comptes annuels et la 7e directive sur les comptes consolidés. Son objectif est triple : 1) supprimer toute discordance entre les directives comptables et les normes internationales ; 2) permettre que les options offertes par les normes internationales soient applicables par les entreprises européennes qui n'élaborent pas leurs comptes selon ces normes ; 3) actualiser les directives pour intégrer les changements à venir. Voici quelques-unes des modifications apportées à la 4e directive, qui devront être intégrées dans le droit français avant le **1/1/2005**.

Tableau des flux de trésorerie. La 4e directive européenne définit les comptes annuels comme le bilan, le compte de profits et pertes et l'annexe. Or les entreprises intègrent souvent des états comptables supplémentaires. Selon la norme internationale IAS 7, les entreprises doivent établir un tableau de flux de trésorerie, qui est inclus dans les comptes annuels. En conséquence, la nouvelle directive habilite les États membres à permettre ou à exiger que d'autres états financiers soient incorporés dans les comptes annuels.

Une disposition analogue concerne les comptes consolidés (modification de la 7e directive).

Présentation des comptes annuels. Le schéma de présentation du bilan de la 4e directive n'est pas compatible avec les exigences des normes internationales. Par ailleurs, au niveau international, il est très probable que les charges et les produits du compte de résultat seront présentés conjointement à d'autres profits et pertes dans un état de résultat.

La nouvelle directive ouvre aux États membres la possibilité d'autoriser ou d'obliger les entreprises à utiliser une présentation distinguant éléments à court terme et à long terme et à établir un état de résultat à la place du compte de profits et pertes.

Prééminence de la réalité économique sur la forme juridique. Selon l'IASB, il est nécessaire, pour la préparation et la présentation des comptes annuels, que les opérations soient comptabilisées et inscrites dans des rubriques en accord avec leur substance et la réalité économique et non pas seulement selon leur forme juridique. La nouvelle directive reprend les mêmes principes et habilite les États membres à permettre ou à exiger que la présentation des montants repris dans les postes du compte de résultat ou du bilan se réfère à la substance de la transaction.

Rapport de gestion. La 4e directive prévoit actuellement un rapport de gestion contenant au moins un exposé fidèle sur l'évolution des affaires et la situation de l'entreprise. La nouvelle directive apporte des compléments ; elle ajoute à cet exposé la description des principaux risques et incertitudes auxquels l'entreprise est confrontée. Par ailleurs, elle apporte des précisions sur l'exposé, qui consiste en une analyse équilibrée et complète de l'évolution des affaires, des résultats et de la situation de la société. Cette analyse comporte des indicateurs clés de performance, de nature financière ou non financière (environnement, personnel...). Enfin, le rapport de gestion contient, le cas échéant, des renvois aux montants portés dans les comptes annuels. La nouvelle directive précise également le contenu du rapport de gestion consolidé (modification de la 7e directive).

Remarque. En 2003, le Comité de la réglementation comptable européen a adopté l'ensemble des **41 normes IAS** existantes, sauf les normes 32 et 39 sur les instruments financiers. Ces deux dernières normes ont été révisées en 2004 par l'IASB ; treize autres normes avaient déjà été révisées en 2003. Un travail très intense de révision et de discussions est effectué par l'IASB (= le Board). Les Boards de l'IASB et du FASB (Financial Accounting Standards Board = organisme de normalisation comptable aux États-Unis) ont abordé des projets communs pour favoriser la convergence entre normes américaines US GAAP et normes IAS/IFRS. Une harmonisation mondiale tend ainsi à se réaliser.

Le Plan comptable général (PCG) en France

Le Conseil national de la comptabilité considère que les comptes individuels doivent être publiés en fin d'exercice selon les normes françaises contenues dans le PCG.
En conséquence, il est nécessaire de faire évoluer au plus vite le PCG vers les normes internationales. L'évolution a été amorcée avec le règlement 2000-06 (p. 71) et le règlement 2002-10 (pp. 62 et 63).

Contenu du Plan comptable général de 1999 (PCG 1999)

Le PCG 1999 comporte cinq titres divisés en chapitres : Titre I = Objet et principes de la comptabilité ; Titre II = Définition des actifs, des passifs, des produits et des charges ; Titre III = Règles de comptabilisation et d'évaluation ; Titre IV = Tenue, structure et fonctionnement des comptes ; Titre V = Documents de synthèse. Son champ d'application est très large, puisqu'il inclut toute personne physique ou morale soumise à l'obligation légale d'établir des comptes annuels (= bilan, compte de résultat, annexe).
Les dispositions de l'ancien Plan comptable général de 1982 ont été reformulées en un ensemble de règles normatives, en éliminant les explications et les commentaires, et la nouvelle rédaction du PCG 1999 intègre les avis du Conseil national de la comptabilité (voir p. 9) adoptés depuis 1986, date de la 4e édition du PCG 1982. Le domaine du PCG 1999 n'est pas exactement identique à celui du PCG 1982, qui comportait un titre III « Comptabilité analytique » et un chapitre consacré aux comptes consolidés ; on a exclu comptabilité analytique et comptes consolidés du PCG 1999.

Classification des comptes du Plan comptable général

Les comptes sont regroupés en huit classes :

COMPTES DE BILAN	Classe 1 - Comptes de capitaux Classe 2 - Comptes d'immobilisations Classe 3 - Comptes de stocks et en-cours Classe 4 - Comptes de tiers Classe 5 - Comptes financiers
COMPTES DE GESTION	Classe 6 - Comptes de charges Classe 7 - Comptes de produits
	Classe 8 - Comptes spéciaux

Les comptes se subdivisent selon la classification décimale. Exemple :

Classe 2 - Comptes d'immobilisations
- 20 - Immobilisations incorporelles
- 21 - Immobilisations corporelles
  - 211 - Terrains
    - 2111 - Terrains nus
    - 2112 - Terrains aménagés...

Un cadre comptable donne la liste des comptes à deux chiffres (p. 31), mais le plan de comptes général est détaillé jusqu'aux comptes à six chiffres. Chaque entreprise peut établir son plan de comptes respectant le cadre général proposé par le Plan comptable, mais adapté à ses besoins propres.

Le plan de comptes général est commun aux trois systèmes de présentation des documents de synthèse :
— le système abrégé, obligatoire pour les petites entreprises,
— le système de base, obligatoire pour les moyennes et les grandes entreprises,
— le système développé, d'application facultative.

CADRE COMPTABLE DU PCG 1999 (liste des comptes à deux chiffres)

COMPTES DE BILAN					COMPTES DE GESTION		COMPTES SPÉCIAUX
Classe 1	Classe 2	Classe 3	Classe 4	Classe 5	Classe 6	Classe 7	Classe 8
Comptes de capitaux (capitaux propres, autres fonds propres, emprunts et dettes assimilées)	Comptes d'immobilisations	Comptes de stocks et en-cours	Comptes de tiers	Comptes financiers	Comptes de charges	Comptes de produits	
10. Capital et réserves	20. Immobilisations incorporelles	30.	40. Fournisseurs et comptes rattachés	50. Valeurs mobilières de placement	60. Achats (sauf 603). 603. Variation des stocks (approvisionnements et marchandises)	70. Ventes de produits fabriqués, prestations de services, marchandises	Cette classe de comptes regroupe les comptes spéciaux qui n'ont pas leur place dans les classes 1 à 7.
11. Report à nouveau	21. Immobilisations corporelles	31. Matières premières (et fournitures)	41. Clients et comptes rattachés	51. Banques, établissements financiers et assimilés	61. Services extérieurs	71. Production stockée (ou déstockage)	
12. Résultat de l'exercice	22. Immobilisations mises en concession	32. Autres approvisionnements	42. Personnel et comptes rattachés	52. Instruments de trésorerie	62. Autres services extérieurs	72. Production immobilisée	
13. Subventions d'investissement	23. Immobilisations en cours	33. En-cours de production de biens	43. Sécurité sociale et autres organismes sociaux	53. Caisse	63. Impôts, taxes et versements assimilés		
14. Provisions réglementées	24.	34. En-cours de production de services	44. État et autres collectivités publiques	54. Régies d'avance et accréditifs	64. Charges de personnel	74. Subventions d'exploitation	
15. Provisions pour risques et charges	25.	35. Stocks de produits	45. Groupe et associés	55.	65. Autres charges de gestion courante	75. Autres produits de gestion courante	
16. Emprunts et dettes assimilées	26. Participations et créances rattachées à des participations	36.	46. Débiteurs divers et créditeurs divers	56.	66. Charges financières	76. Produits financiers	
17. Dettes rattachées à des participations	27. Autres immobilisations financières	37. Stocks de marchandises	47. Comptes transitoires ou d'attente	57.	67. Charges exceptionnelles	77. Produits exceptionnels	
18. Comptes de liaison des établissements et sociétés en participation	28. Amortissements des immobilisations	38.	48. Comptes de régularisation	58. Virements internes	68. Dotations aux amortissements et aux provisions	78. Reprises sur amortissements et provisions	
19.	29. Dépréciations des immobilisations	39. Provisions pour dépréciation des stocks et en-cours	49. Provisions pour dépréciation des comptes de tiers	59. Provisions pour dépréciation des comptes financiers	69. Participation des salariés, impôts sur les bénéfices et assimilés	79. Transferts de charges	

La classification des comptes de bilan

Selon le PDG de 1999, cette classification est faite en fonction de la destination des biens dans l'entreprise, en distinguant les classes de comptes suivantes : classe 1 : comptes de capitaux ; classe 2 : comptes d'immobilisations ; classe 3 : comptes de stocks et en-cours ; classe 4 : comptes de tiers ; classe 5 : comptes financiers. La page 31 donne les comptes à 2 chiffres.

Classe 1 : comptes de capitaux (se reporter aux p. 56 à 59)

Sauf quelques exceptions, ces comptes rassemblent des ressources pour l'entreprise correspondant au financement par capitaux appartenant au propriétaire ou aux associés (capitaux propres), ou par capitaux étrangers (emprunts). Ils sont mis au passif du bilan.

Classe 2 : comptes d'immobilisations (se reporter aux p. 52 à 55)

Les comptes d'immobilisations (n° 20 à 27) comprennent tous les biens et valeurs destinés à servir de façon durable à l'activité de l'entreprise. Sont mis à part les amortissements (n° 28) et les dépréciations des immobilisations (n° 29) : l'amortissement est la répartition du coût d'une immobilisation sur sa durée d'utilisation déterminable ; la dépréciation représente une perte de valeur réversible. Les comptes de la classe 2 vont à l'actif du bilan.

Classe 3 : comptes de stocks et en-cours (voir l'inventaire p. 72 et 73)

Ce sont des biens qui interviennent dans le cycle d'exploitation pour être :
– soit vendus en l'état, sans transformation (marchandises), ou à la fin du processus de production (produits finis),
– soit consommés au premier usage (matières et fournitures).
Les comptes figurent à l'actif du bilan ; ce sont des emplois transitoires.

Classe 4 : comptes de tiers (voir p. 33 ci-contre)

Ils enregistrent les créances et les dettes nées au cours de l'exercice et liées à des opérations faites généralement à court terme (moins d'un an).
Selon le PCG 1999, une dette est un passif certain dont l'échéance et le montant sont fixés de façon précise. On comparera cette définition avec celle des provisions pour risques et charges (p. 71). Le PCG 1999 définit un passif comme tout élément du patrimoine ayant une valeur économique négative pour l'entreprise, l'ensemble de ces éléments étant dénommé passif externe (actif = tout élément ayant une valeur économique positive).
De manière générale, les créances vont à l'actif et les dettes au passif du bilan.

Classe 5 : comptes financiers (voir p. 33 ci-contre)

Ils enregistrent les mouvements de valeurs en espèces, chèques, et les opérations faites avec les banques, les centres de chèques postaux, les sociétés de bourse, etc.
Ils comprennent également les valeurs mobilières de placement (VMP), qui sont des titres (actions, obligations) acquis en vue de réaliser un gain à brève échéance et que l'entreprise n'a pas l'intention de conserver durablement. Les comptes financiers sont placés à l'actif du bilan, sauf s'ils enregistrent des dettes (exemple : découvert bancaire).

COMPTES DE TIERS ET COMPTES FINANCIERS

Comptes de tiers (classe 4)

40. FOURNISSEURS ET COMPTES RATTACHÉS
    - 401. Fournisseurs
    - 403. Fournisseurs - Effets à payer
    - 404. Fournisseurs d'immobilisations
    - 405. Fournisseurs d'immobilisations - Effets à payer
    - 408. Fournisseurs - Factures non parvenues
    - 409. Fournisseurs débiteurs

41. CLIENTS ET COMPTES RATTACHÉS
    - 411. Clients
    - 413. Clients - Effets à recevoir
    - 416. Clients douteux ou litigieux
    - 418. Clients - Produits non encore facturés
    - 419. Clients créditeurs

42. PERSONNEL ET COMPTES RATTACHÉS
    - 421. Personnel - Rémunérations dues
    - 422. Comités d'entreprise, d'établissement...
    - 424. Participation des salariés aux résultats
    - 425. Personnel - Avances et acomptes
    - 426. Personnel - Dépôts
    - 427. Personnel - Oppositions
    - 428. Personnel - Charges à payer et produits à recevoir

43. SÉCURITÉ SOCIALE ET AUTRES ORGANISMES SOCIAUX

44. ÉTAT ET AUTRES COLLECTIVITÉS PUBLIQUES
    - 441. État - Subventions à recevoir
    - 442. État - Impôts et taxes recouvrables sur des tiers
    - 443. Opérations particulières avec l'État, etc.
    - 444. État - Impôts sur les bénéfices
    - 445. État - Taxes sur le chiffre d'affaires
    - 446. Obligations cautionnées
    - 447. Autres impôts, taxes et versements assimilés
    - 448. État - Charges à payer et produits à recevoir

45. GROUPE ET ASSOCIÉS

46. DÉBITEURS DIVERS ET CRÉDITEURS DIVERS

47. COMPTES TRANSITOIRES OU D'ATTENTE

48. COMPTES DE RÉGULARISATION
    - 481. Charges à répartir sur plusieurs exercices
    - 486. Charges constatées d'avance
    - 487. Produits constatés d'avance
    - 488. Comptes de répartition périodique des charges et des produits

49. PROVISIONS POUR DÉPRÉCIATION DES COMPTES DE TIERS

Comptes financiers (classe 5)

50. VALEURS MOBILIÈRES DE PLACEMENT
    - 501. Parts dans des entreprises liées
    - 502. Actions propres
    - 503. Actions
    - 504. Autres titres conférant un droit de propriété
    - 505. Obligations et bons émis par la société et rachetés par elle
    - 506. Obligations
    - 507. Bons du Trésor et bons de caisse à court terme
    - 508. Autres valeurs mobilières de placement et autres créances assimilées
    - 509. Versements restant à effectuer sur valeurs mobilières de placement non libérées.

51. BANQUES, ÉTABLISSEMENTS FINANCIERS ET ASSIMILÉS
    - 511. Valeurs à l'encaissement
    - 512. Banques
    - 514. Chèques postaux
    - 515. Caisses du Trésor et des établissements publics
    - 516. Sociétés de bourse
    - 517. Autres organismes financiers
    - 518. Intérêts courus
    - 519. Concours bancaires courants

52. INSTRUMENTS DE TRÉSORERIE

53. CAISSE

54. RÉGIES D'AVANCE ET ACCRÉDITIFS

58. VIREMENTS INTERNES

59. PROVISIONS POUR DÉPRÉCIATION DES COMPTES FINANCIERS

La classification des comptes de gestion

Les ventes constituent l'essentiel des produits de l'entreprise. Le Plan comptable général prévoit d'autres comptes destinés à enregistrer des enrichissements d'origines diverses. En dehors des achats et des charges de personnel, il existe une grande variété de charges représentant des consommations, c'est-à-dire des appauvrissements imputables à l'activité de l'entreprise.

Classe 6 : comptes de charges

- *Les charges d'exploitation* (voir p. 35 pour les comptes concernés) figurent dans les comptes 60 à 65 et dans la subdivision du compte 68 relative à l'exploitation. Le compte 603 concerne les approvisionnements et les marchandises. Les comptes 603 et 68 n'apparaissent qu'à l'inventaire (p. 60), en fin d'exercice.

- *Les charges financières* sont mises dans le compte 66 et dans la subdivision du compte 68 relative aux charges financières. Le compte 66 comprend : les intérêts des emprunts et dettes, des comptes courants, des dettes commerciales, les intérêts sur opérations de financement (escompte…), les escomptes accordés, les pertes de change, les charges nettes (= moins values) sur cessions de valeurs mobilières de placement (VMP).

- *Les charges exceptionnelles* se trouvent dans le compte 67 et dans la subdivision du compte 68 relative à l'exceptionnel. Font partie du compte 67 : les pénalités sur marchés, les pénalités et amendes fiscales, les dons et libéralités, les créances irrécouvrables, les subventions accordées, les valeurs comptables des éléments d'actif cédés (p. 54).

Classe 7 : comptes de produits

- *Les produits d'exploitation* (voir p. 35 pour les comptes concernés) figurent dans les comptes 70 à 75 et dans la subdivision des comptes 78 et 79 relative à l'exploitation. Le compte 70 donne le chiffre d'affaires hors taxes. Le compte 713 concerne les en-cours et les produits. Les comptes 71, 72, 78 et 79 n'apparaissent normalement qu'à l'inventaire (p. 60), à la clôture de l'exercice.

- *Les produits financiers* sont compris dans le compte 76 et dans la subdivision des comptes 78 et 79 relative aux éléments financiers. Font partie du compte 76 : les revenus des titres de participation et des titres immobilisés (p. 52), des prêts, des créances, des VMP, les escomptes obtenus, les gains de change, les produits nets (= plus-values) sur cessions de VMP.

- *Les produits exceptionnels* sont mis dans le compte 77 et dans la subdivision des comptes 78 et 79 relative à l'exceptionnel. Le compte 77 comprend : les dédits et pénalités perçus sur achats et ventes, les libéralités reçues, les subventions d'équilibre, les produits des cessions d'éléments d'actif (p. 54), la quote-part des subventions d'investissement virée au résultat (une fraction de ces subventions est retirée chaque année des capitaux propres pour être mise dans le résultat).

COMPTES DE CHARGES ET DE PRODUITS (extrait)

Charges (classe 6)

60. ACHATS
    - 601. Achats stockés - Matières premières
    - 602. Achats stockés - Autres approvisionnements
    - 604. Achats d'études et prestations de services
    - 605. Achats de matériel, équipements et travaux
    - 606. Achats non stockés de matières et fournitures
    - 607. Achats de marchandises
    - 609. Rabais, remises et ristournes obtenus sur achats
    - 603. Variation des stocks (1)

61. SERVICES EXTÉRIEURS
    - 611. Sous-traitance générale
    - 612. Redevances de crédit-bail
    - 613. Locations
    - 614. Charges locatives et de copropriété
    - 615. Entretien et réparations
    - 616. Primes d'assurances
    - 617. Études et recherches
    - 618. Divers
    - 619. Rabais, remises et ristournes obtenus sur services extérieurs

62. AUTRES SERVICES EXTÉRIEURS
    - 621. Personnel extérieur à l'entreprise
    - 622. Rémunérations d'intermédiaires et honoraires
    - 623. Publicité, publications, relations publiques
    - 624. Transports de biens et transports collectifs du personnel
    - 625. Déplacements, missions et réceptions
    - 626. Frais postaux et de télécom
    - 627. Services bancaires et assimilés
    - 628. Divers
    - 629. Rabais, remises et ristournes obtenus sur autres services extérieurs

63. IMPÔTS, TAXES ET VERSEMENTS ASSIMILÉS

64. CHARGES DE PERSONNEL

65. AUTRES CHARGES DE GESTION COURANTE

66. CHARGES FINANCIÈRES
    - 661. Charges d'intérêts
    - 665. Escomptes accordés
    - 666. Pertes de change

67. CHARGES EXCEPTIONNELLES

68. DOTATIONS AUX AMORTISSEMENTS ET AUX PROVISIONS

681. DAP(*) - Charges d'exploitation

686. DAP(*) - Charges financières

687. DAP(*) - Charges exceptionnelles

69. PARTICIPATION DES SALARIÉS - IMPÔTS SUR LES BÉNÉFICES ET ASSIMILÉS

Produits (classe 7)

70. VENTES DE PRODUITS FABRIQUÉS, PRESTATIONS DE SERVICES, MARCHANDISES
    - 701. Ventes de produits finis
    - 702. Ventes de produits intermédiaires
    - 703. Ventes de produits résiduels
    - 704. Travaux
    - 705. Études
    - 706. Prestations de services
    - 707. Ventes de marchandises
    - 708. Produits des activités annexes
    - 709. Rabais, remises et ristournes accordés par l'entreprise

71. PRODUCTION STOCKÉE (OU DÉSTOCKAGE)
    - 713. Variation des stocks (2)

72. PRODUCTION IMMOBILISÉE

74. SUBVENTIONS D'EXPLOITATION

75. AUTRES PRODUITS DE GESTION COURANTE

76. PRODUITS FINANCIERS

77. PRODUITS EXCEPTIONNELS

78. REPRISES SUR AMORTISSEMENTS ET PROVISIONS
    - 781. RAP(**) (produits d'exploitation)
    - 786. Reprises sur provisions (produits financiers)
    - 787. Reprises sur provisions (produits exceptionnels)

79. TRANSFERTS DE CHARGES
    - 791. TC(***) d'exploitation
    - 796. TC(***) financières
    - 797. TC(***) exceptionnelles

(1) (approvisionnements et marchandises). (2) (en-cours de production, produits)

(*) Dotations aux amortissements et aux provisions. (**) Reprises sur amortissements et provisions.

(***) Transferts de charges.

La facturation des achats et des ventes

La facture est un document commercial établi par le vendeur, qui le remet à l'acheteur, et sur lequel ont été portés les détails des marchandises vendues et les conditions de la vente, notamment les conditions de prix. C'est la facture qui sert de pièce justificative pour l'enregistrement des achats et des ventes. Pour l'étude de la taxe sur la valeur ajoutée, on se reportera à la p. 42.

L'enregistrement des ventes (sans frais accessoires, ni réductions)

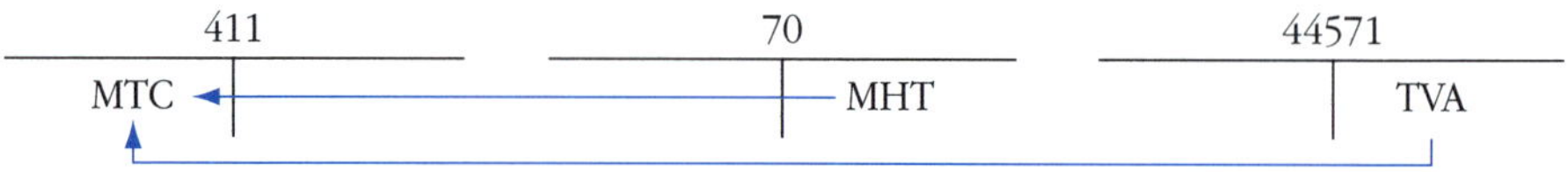

MTC = MHT + TVA

Le montant des ventes hors taxe (MHT) représente un produit et doit être placé au crédit du compte 70 Ventes, ou de ses subdivisions. La TVA facturée au client doit être reversée à l'État ; elle s'enregistre au crédit du compte 44571 TVA collectée. La créance pour le montant taxe comprise (MTC) est placée au débit du compte 411 Clients.

L'enregistrement des achats (sans frais accessoires, ni réductions)

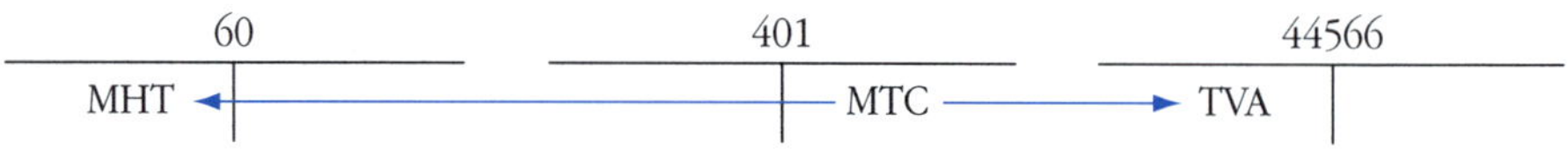

Le montant des achats hors taxe (MHT) constitue une charge pour l'entreprise et doit être noté au débit du compte 60 Achats, ou de ses subdivisions. La TVA incluse dans la facture d'achat représente une créance sur l'État et s'enregistre au débit du compte 44566 TVA déductible sur autres biens et services. Le montant de la facture taxe comprise (MTC) exprime une dette vis-à-vis des fournisseurs ; il est porté au crédit du compte 401 Fournisseurs.

Les frais accessoires

Ce sont des frais supplémentaires qui viennent s'ajouter au prix des produits et des marchandises. Ils sont portés dans les comptes correspondant à leur nature.

Les réductions de prix

On oppose les réductions de caractère commercial aux réductions de caractère financier.

- *Les réductions de caractère commercial :* remises, rabais, ristournes.

Les remises sont des réductions habituelles dues à l'importance de la vente, ou à la profession du client ; les autres réductions sont moins fréquentes.

- *Les réductions de caractère financier* correspondent à l'escompte financier : réduction de prix accordée à un client qui règle avant la date normale d'échéance.

- *Traitement comptable des réductions de prix.* Les réductions de caractère commercial sur facture ne s'enregistrent pas. On porte dans les achats ou dans les ventes le montant net (net commercial). Les réductions de caractère financier s'enregistrent au crédit du compte 765 Escomptes obtenus, chez l'acheteur, ou au débit du compte 665 Escomptes accordés, chez le vendeur.

CONDITIONS DE FACTURATION

Le Conseil de l'Union européenne a adopté en 2001 une directive en vue de simplifier et d'harmoniser les conditions de facturation en matière de TVA. Cette directive a été intégrée dans notre droit interne. Ces nouvelles dispositions sont applicables à compter du 1/7/2003.

Obligation de délivrer une facture

Tout assujetti à la TVA doit en principe délivrer une facture pour l'ensemble des opérations qu'il réalise, à l'exception des biens livrés ou des services rendus à des particuliers. Les nouvelles règles s'appliquent à la facturation des opérations situées en France et, à compter de 2004, à toutes celles réalisées sur le territoire des États membres de la CE.

Mentions obligatoires sur les factures en matière de TVA

Les mentions communes se présentent sous la forme d'une liste et s'appliquent aux parties, à la date et au numéro de la facture, aux opérations réalisées.

– *Les parties :* le nom complet et l'adresse du vendeur ou prestataire assujetti et du client ; le numéro individuel d'identification à la TVA de l'assujetti sous lequel il a effectué la livraison du bien ou la prestation de services (les factures n'excédant pas 150 euros hors taxes (HT) peuvent ne pas le mentionner).

– *La date et le numéro de la facture :* la facture doit comporter un numéro unique basé sur une séquence chronologique et continue (il est possible de faire des séries distinctes de facturation) ; la date de la facture est celle de sa délivrance, ou de son émission en cas de transmission par voie électronique.

– *Les opérations réalisées :* mentions devant figurer sur chaque ligne de la facture : la date de l'opération (si cette date diffère de celle de la facture), la quantité, la dénomination précise des biens et services fournis, le prix unitaire HT, les rabais, remises, ristournes liés à l'opération (les réductions liées au montant global de la facture sont mises en fin de facture), le taux de TVA applicable à l'opération (forme codifiée possible) ; mentions au bas de la facture : le total hors taxes (HT) pour chaque taux d'imposition et la TVA correspondante, puis la TVA totale, les rabais, remises, ristournes ou escomptes liés à l'ensemble des opérations, la référence à un régime particulier (par exemple, mesure d'exonération).

Il existe des mesures de simplification applicables aux factures n'excédant pas 150 euros HT (voir plus haut), à certaines activités, aux factures d'acomptes, aux factures rectificatives. Considérons ces dernières. L'émission de factures rectificatives permet la récupération (imputation ou remboursement) de la TVA correspondante. La facture rectificative est soit une facture nouvelle annulant et remplaçant la précédente, soit une note d'avoir, notamment en cas de réductions (rabais, remises, ristournes) consenties après l'établissement de la facture initiale. Pour permettre la récupération de la TVA, la note d'avoir doit mentionner les noms et adresses des parties, la référence à la facture initiale, le montant HT de la réduction et la TVA correspondante, le montant du total HT et celui de la TVA due après la réduction. Si l'entreprise renonce à la récupération de la TVA, la note d'avoir doit mentionner que la réduction est nette de taxe.

Entraînez-vous

1. Établir la facture du fournisseur ZED : montant brut = 10 000 ; Remise : 10 % ;
TVA : 19,6 % sur le net commercial (facture adressée à l'entreprise X).
2. Enregistrer cette facture au journal, puis dans les comptes du grand livre de X.
3. Enregistrer cette facture au journal, puis dans les comptes du grand livre de ZED.

Corrigé p. 172

Les événements postérieurs à la facturation

Des événements peuvent survenir après la facturation lorsque des réductions de prix sont accordées par le vendeur après la facturation (réductions dites « hors facture ») ou lorsque l'acheteur retourne des produits au vendeur. Dans ces deux cas, l'enregistrement comptable ne peut se faire qu'à partir d'une pièce justificative établie par le vendeur et appelée « facture d'avoir ».

Les réductions de prix hors facture

- *Normalement*, les réductions de prix ont fait l'objet d'une négociation au moment des discussions commerciales ; elles apparaissent donc sur la facture.
- *En pratique*, le fournisseur peut accorder, après facturation (hors facture), des réductions de prix exceptionnelles, dans le cas d'une livraison non conforme à la commande, ou s'il y a paiement avant le terme prévu. On retrouve les réductions de caractère commercial et les réductions de caractère financier.

Les réductions de caractère commercial

- *Chez le vendeur*, l'enregistrement comptable est de sens contraire à celui donné pour une vente (voir p. 36), sans modifier directement le compte 70 Ventes, mais en débitant, pour le montant hors taxe, une subdivision de ce compte, portant le n° 709 Rabais, remises et ristournes accordés par l'entreprise. On débitera également la TVA collectée (compte n° 44571) ; c'est le compte n° 411 Clients qui sera crédité du montant des réductions taxe comprise.
- *Chez l'acheteur*, l'enregistrement comptable est l'opposé de celui d'un achat (voir p. 36) en débitant le compte n° 401 Fournisseurs pour le montant taxe comprise et en créditant le compte n° 44566 pour la TVA et le compte n° 609 Rabais, remises et ristournes obtenus sur achats pour le montant hors taxe.

Les réductions de caractère financier

L'enregistrement comptable est identique à celui indiqué dans la facturation des achats et des ventes (p. 36). Il faut également régulariser la TVA.

- *Chez le vendeur*, on débite le compte n° 665 Escomptes accordés pour le montant hors taxe des réductions et le compte n° 44571 TVA collectée pour la TVA correspondante ; le compte n° 411 Clients est crédité du montant taxe comprise.
- *Chez l'acheteur*, on crédite le compte n° 765 Escomptes obtenus pour le montant hors taxe et le compte n° 44566 pour la TVA correspondante ; le compte n° 401 Fournisseurs est débité du montant taxe comprise.

Le retour de marchandises

Le retour, par le client à son fournisseur, de tout ou partie des marchandises d'une livraison antérieure entraîne l'annulation totale ou partielle de l'opération d'achat-vente.
L'enregistrement comptable du retour de marchandises est donc l'opposé de celui d'une vente (chez le vendeur) et de celui d'un achat (chez l'acheteur). L'annulation portera aussi sur la TVA.

EXEMPLES

Définition

La facture d'avoir (ou note d'avoir) est un document commercial établi par le vendeur, remis à l'acheteur, et qui constate une créance de l'acheteur sur le vendeur à la suite de réductions après la facturation ou de retour de marchandises.

Exercice résolu

Le fournisseur TOM adresse, le 26/9, à son client RISC une note d'avoir, reçue le 29/9, constatant des ristournes accordées sur les ventes de marchandises réalisées pendant la période passée : montant hors taxes (HT) des ristournes = 2 500 ; TVA = 2 500 × 19,6 % = 490.

– Enregistrement de la note d'avoir dans le journal de TOM

	26/9		
709	Rabais, remises et ristournes accordés par l'entreprise	2 500	
44571	TVA collectée	490	
411	Clients		2 990

– Enregistrement de la note d'avoir dans le journal de RISC

	29/9		
401	Fournisseurs	2 990	
44566	TVA déductible sur autres biens et services		490
609	Rabais, remises et ristournes obtenus sur achats		2 500

REMARQUE. Les sommes portées au débit du compte 709 viendront, en fin d'année, diminuer les ventes inscrites au crédit du compte de résultat ; de même, les sommes portées au crédit du compte 609 seront déduites des achats notés au débit du compte de résultat. En revanche, les escomptes accordés (n° 665) iront dans les charges financières et les escomptes obtenus (n° 765) dans les produits financiers (voir l'élaboration du compte de résultat, p. 77).

Exercice

On demande d'enregistrer au journal les deux documents suivants :

a) chez le fournisseur Moliner (= vendeur).

b) chez le client Lopez (= acheteur).

FACTURE	
Moliner	le 10/05/N
	Doit : Lopez
Marchandises (brut)	10 000
Remise 10 %	– 1 000
Net Commercial	9 000
Escompte 2 %	– 180
	8 820
TVA 19,6 %	+ 1 728,72
NET À PAYER	10 548,72

FACTURE D'AVOIR	
Moliner	le 30/05/N
	Avoir à Lopez
Retour de marchandises (brut)	2 000
Remise 10 %	– 200
Net Commercial	1 800
Escompte 2 %	– 36
	1 764
TVA 19,6 %	+ 345,74
NET À VOTRE CRÉDIT	2 109,74

Corrigé p. 173

Opérations avec l'étranger

La mondialisation des échanges a pour effet de multiplier les opérations avec l'étranger. Un grand nombre d'entreprises françaises achètent et vendent des biens et des services en dehors du territoire national. Il faut distinguer deux catégories d'opérations faites hors de France : les opérations internes à l'Union européenne (UE) et les opérations hors Union européenne.

Ventes à l'exportation

Ce sont les ventes effectuées auprès d'entreprises situées en dehors de l'Union européenne (UE). Ces ventes à l'étranger sont exonérées de TVA. Les factures sont valorisées dans la monnaie du pays où réside le vendeur.

Exemple. La société X France vend, le 8/11, à une entreprise canadienne des marchandises A pour 6 000 euros. NB : les comptes 4111 Clients – Ventes de biens ou de prestations de services et 7071 Ventes de marchandises A peuvent recevoir le chiffre 3 en 5e position pour distinguer les ventes à l'exportation des ventes en France.

	8/11		
41113	Clients hors UE	6 000	
70713	Ventes de marchandises A à l'export		6 000

Ventes dans l'Union européenne ou livraisons intracommunautaires

Elles sont soumises à un régime spécial. Les fournisseurs et les clients doivent posséder un numéro individuel d'identification à la TVA qui leur permet de bénéficier d'une exonération de TVA. Comme précédemment, les comptes de tiers et de ventes peuvent recevoir une codification particulière, avec le chiffre 2 en 5e position, pour distinguer les livraisons intracommunautaires des ventes en France.

Si le client communique au fournisseur son numéro d'identification, il bénéficie d'une exonération de TVA ; s'il ne le communique pas, il doit payer la TVA au taux du pays vendeur.

Exemple – Le client a fourni son numéro d'identification : il y a exonération de TVA.

La société X France vend le 3/10, à une entreprise allemande, des marchandises A pour 8 000 euros. Le client allemand a communiqué son numéro d'identification.

	3/10		
41112	Clients UE	8 000	
70712	Ventes de marchandises A dans l'UE		8 000

Exemple – Le client n'a pas fourni son numéro d'identification : il faut appliquer la TVA au taux du pays vendeur.

La société X France vend, le 15/10, des marchandises B pour 1 000 euros à un client espagnol qui n'a pas communiqué son numéro d'identification. La vente est soumise à la TVA française, au taux de 19,6 % : 1 000 × 19,6 % = 196.

	15/10		
41112	Clients UE	1 196	
70722	Ventes de marchandises B dans l'UE		1 000
4452	TVA due intracommunautaire		196

Remarque : Le compte 4452 enregistre la dette à l'égard de l'État au titre de la TVA intracommunautaire, pour la distinguer de 44551 – TVA à décaisser et de 44571 – TVA collectée.

LES ACHATS À L'ÉTRANGER

Les importations

Il s'agit d'achats de biens effectués hors pays de l'Union européenne. Les fournisseurs étrangers ne facturent pas la TVA aux clients français. Lorsque les marchandises arrivent sur le sol français, elles sont soumises aux droits de douane, qui sont à inclure dans le prix d'achat, lequel est taxé à la TVA française. La facture, calculée dans la monnaie étrangère, doit être comptabilisée en euros par le client français.

Exemple : Le 15/6, la société X France achète des marchandises A à un fournisseur américain (montant HT : 3 599 $). Les droits de douane, à régler aux Douanes, s'élèvent à 50 €. La TVA due à l'État est de 588 € et elle est récupérée immédiatement. Le règlement a lieu le 16/7. Cours Euro/Dollar au 15/6 : 1,22 $, au 16/7 : 1,25 $.

	15/6		
60713	Achats de marchandises A hors UE	2 950	
40113	Fournisseurs hors UE (3 599$/1,22)		2 950
	15/6		
60713	Achats de marchandises A hors UE	50	
4672	Créditeurs divers (Douanes)		50
	15/6		
445661	TVA déductible sur autres biens et services	588	
44551	TVA à décaisser (2 950 + 50) x 19,6 %		588
	16/7		
40113	Fournisseurs hors UE	2 950	
512	Banques (3 599$/1,25)		2 879,20
766	Gains de change (2 950 – 2 879,2)		70,80

Remarque : la TVA due à l'État est une dette portée au crédit du compte 44551 TVA à décaisser ; elle est compensée par une créance sur l'État d'égal montant au débit du compte 445661 TVA déductible sur autres biens et services. Ainsi s'opère la récupération immédiate de la TVA.

Les acquisitions intracommunautaires

– *L'acheteur a fourni son numéro d'identification.* Comme il la été vu, le vendeur présente la facture HT, mais l'entreprise acheteuse doit calculer et enregistrer la TVA au taux français.

Exemple : Le 6/3, la société X France achète des marchandises B à son fournisseur allemand (montant HT : 2 000 euros).

	6/3		
60722	Achats de marchandises B dans l'UE	2 000	
40112	Fournisseurs UE		2 000
	6/3		
445662	TVA déductible intracommunautaire	392	
4452	TVA due intracommunautaire		392
	2 000 x 19,6 % = 392		

– *L'acheteur n'a pas fourni son numéro d'identification.* Il reçoit une facture TTC, au taux de TVA du pays vendeur. Cette TVA n'est pas déductible pour l'acheteur.

Exemple : Le 23/2, la société française Z achète des marchandises A à un fournisseur espagnol (montant HT : 1 500 euros, TVA à 16 % : 1 500 x 16 % = 240 euros).

	23/2		
60712	Achats de marchandises A dans l'UE	1 740	
40112	Fournisseurs UE		1 740

La TVA

La taxe sur la valeur ajoutée (TVA) est un impôt indirect créé en France en 1954 et adopté par tous les pays de l'Union européenne. C'est un impôt général sur la consommation, proportionnel au prix des biens et des services, quel que soit le nombre de transactions intervenues au cours du processus de production et de distribution. La TVA fait naître des dettes et des créances à l'égard de l'État, qui sont inscrites dans des subdivisions du compte 445 « État - Taxes sur le chiffre d'affaires » (voir p. 33).

Champ d'application et taux

La TVA frappe la quasi-totalité des opérations des entreprises (ventes, prestations de services, achats et frais généraux, acquisitions d'immobilisations), à l'exception des exportations. Trois taux sont actuellement applicables :
– un taux réduit de 5,5 % (produits et services de première nécessité ou de consommation courante) ;
– un taux particulier de 2,10 % (pour les médicaments, les publications de presse, la redevance télévision) ;
– un taux normal de 19,6 % (pour les autres biens et services soumis à la TVA).
Le taux normal est passé de 18,6 % à 20,6 % en 1996 ; en 2000, il a baissé de 20,6 % à 19,6 %. Auparavant, le taux majoré de 22 % avait été supprimé à compter du 1/1/1993.

Mécanisme de la TVA

La TVA est collectée par l'entreprise, qui la facture aux clients en multipliant le montant hors taxe (HT), relatif aux ventes et prestations de services réalisées, par le taux de TVA correspondant. Le montant de la TVA collectée est reversé aux services fiscaux périodiquement, sous déduction de la TVA que l'entreprise a elle-même supportée sur ses achats et qui figure sur les factures reçues de ses fournisseurs (= TVA déductible) :

TVA à décaisser = TVA collectée – TVA déductible.

Modalités pratiques de la déduction et du paiement de la TVA

La TVA déductible du fait des immobilisations acquises par l'entreprise (= TVA déductible sur immobilisations) vient en déduction de la TVA collectée au titre des opérations réalisées le même mois. La TVA déductible sur les autres biens et services vient en diminution de la TVA collectée au titre des opérations réalisées le même mois : il y a suppression de la règle du décalage d'un mois.

Décompte de TVA (au titre du mois de janvier)		
• TVA collectée (en janvier)		c
• TVA déductible (en janvier)		d
• sur achats de janvier	x	
• sur services (frais généraux) de janvier	x	
• sur acquisitions d'immobilisations de janv.	x	
TOTAL :	d	
• TVA à décaisser (au titre de janvier)		c – d

Le paiement au Trésor de la somme (c – d), enregistrée comme dette au 31 janvier, sera effectué dans le courant du mois suivant (février).
Si (c – d) est négatif, le montant de la TVA déductible non utilisé, soit (d – c), sera ajouté à la TVA déductible du mois suivant (crédit de taxe à reporter).

ENREGISTREMENT COMPTABLE DE LA TVA

Comptes utilisés (voir p. 33 et 35 pour les comptes à trois chiffres)

4452 - TVA due intracommunautaire
44551 - TVA à décaisser
44562 - TVA déductible sur immobilisations
44566 - TVA déductible sur autres biens et services
44567 - Crédit de TVA à reporter
44571 - TVA collectée

Enregistrement d'opérations avec TVA (au journal)

- 10 mai : achat de marchandises à crédit : 11 960 €, dont 1 960 € de TVA.
- 15 mai : réparation d'un camion de livraison : 4 784 €, dont 784 € de TVA.
- 20 mai : acquisition de matériel de bureau : 17 940 €, dont 2 940 € de TVA déductible.
- 26 mai : vente de marchandises à crédit : 47 840 €, dont 7 840 F de TVA.

	10 mai		
607	Achats de marchandises	10 000	
44566	TVA déductible sur autres biens et services	1 960	
401	Fournisseurs		11 960
	15 mai		
615	Entretien et réparations	4 000	
44566	TVA déductible sur autres biens et services	784	
401	Fournisseurs		4 784
	20 mai		
2183	Matériel de bureau et matériel informatique	15 000	
44562	TVA déductible sur immobilisations	2 940	
404	Fournisseurs d'immobilisations		17 940
	26 mai		
411	Clients	47 840	
707	Ventes de marchandises		40 000
44571	TVA collectée		7 840

Décompte de TVA au titre du mois de mai

Décompte de TVA du mois de mai		
TVA collectée en mai		7 840
TVA déductible en mai		5 684
– sur achats de biens et services de mai : 1 960 + 784	2 744	
– sur acquisitions d'immobilisations de mai	2 940	
TOTAL	5 684	
TVA à décaisser (au titre de mai)		2 156

Enregistrement à la fin du mois de la TVA due à l'État

	31 mai		
44571	TVA collectée	7 840	
44551	TVA à décaisser		7 840
	31 mai		
44551	TVA à décaisser	5 684	
44562	TVA déductible sur immobilisations		2 940
44566	TVA déductible sur autres biens et services		2 744

Les charges de personnel

Les charges de personnel constituent, dans la plupart des entreprises un ensemble important et complexe à traiter. Elles comprennent les rémunérations versées aux salariés proprement dits, c'est-à-dire aux titulaires d'un contrat de travail, et celles dont bénéficient les dirigeants de sociétés. Il faut y ajouter les charges sociales prélevées au profit des divers organismes sociaux.

Le salaire brut et le salaire net

Le salaire brut est égal au salaire de base, augmenté de divers éléments, comme les majorations pour heures supplémentaires, ou certaines primes.
Sur le salaire brut, éventuellement plafonné, sont calculées les cotisations salariales (retenues, à la charge du salarié, opérées au profit des organismes sociaux). La différence entre le salaire brut, d'une part, les acomptes versés et les cotisations salariales, d'autre part, constitue le salaire net à payer :

$$\text{SALAIRE BRUT} = \underbrace{\text{SALAIRE NET A PAYER + ACOMPTES VERSÉS}}_{\text{Salarié}} + \underbrace{\text{COTISATIONS SALARIALES}}_{\text{Organismes sociaux}}$$

Les cotisations à verser aux organismes sociaux

Il existe aussi des cotisations patronales à la charge des employeurs, calculées pour certaines, sur le salaire brut et, pour d'autres sur un salaire plafonné. Le plafond et le taux des cotisations sont révisés deux fois par an, le 1er janvier et le 1er juillet.
Parmi les cotisations salariales et les cotisations patronales, on distingue :
– les cotisations de Sécurité sociale, couvrant les risques suivants : maladie, maternité, invalidité, décès, vieillesse, veuvage, accidents du travail et qui doivent être versées à l'URSSAF (Union de recouvrement des cotisations de Sécurité sociale et d'allocations familiales) ;
– les cotisations de chômage, versées à des organismes spécialisés : les ASSEDIC (Associations pour l'emploi dans l'industrie et le commerce) ;
– les cotisations de retraite complémentaire, versées à des organismes particuliers : les caisses de retraite, pour assurer le paiement d'une retraite complémentaire aux non-cadres et aux cadres.

Synthèse

CHARGES DE PERSONNEL		BÉNÉFICIAIRES	
Éléments	Montant	Salariés	Organismes sociaux
Salaire brut	SB	+ SB	
Retenues des cotisations salariales au profit des organismes sociaux	0	– CS	+ CS
Cotisations patronales	CP		+ CP
TOTAUX	SB + CP	SB – CS	CS + CP

Pour les entreprises, les charges relatives au personnel comprennent le salaire brut (SB) et les cotisations patronales (CP). Sur ce total de charges (SB + CP), les salariés reçoivent le salaire brut diminué des cotisations salariales (SB – CS) et les organismes sociaux se voient verser les cotisations salariales et patronales (CS + CP).

EXEMPLE

Principaux taux des cotisations et plafonds (au 1/1/2005)

COTISATIONS Au 1/1/2005, P = 2 516 € On désigne par P le plafond mensuel de Sécurité sociale	PATRONALES		SALARIALES	
	sur plafond (%)	sur salaire total (%)	sur plafond (%)	sur salaire total (%)
* Sécurité sociale (total)	8,30 (1)	20,20	6,55 (1)	0,95
• Assurance maladie		12,80		0,75
• Assurance vieillesse	8,20 (1)	1,60	6,55 (1)	0,10
• Assurance veuvage				0,10
• Allocations familiales		5,40		
• Aide au logement	0,10 (1)	0,40 (2)		
• Accidents du travail		variable		
* Chômage ASSEDIC – Tranche A	4,00 (1)		2,40 (1)	
– Tranche B	4,00 (3)		2,40 (3)	
* Retraite complémentaire				
(non-cadres) – Tranche I	4,50 (1)		3,00 (1)	
– Tranche II	10,50 (4)		7,00 (4)	
* CSG (7,5 %) + CRDS (0,5 %)				8,00 (5)

(1) Sur plafond égal à P. (2) À la charge des entreprises de plus de 9 salariés. (3) Sur rémunérations comprises entre P et 4P. (4) Sur rémunérations comprises entre P et 3P (pour entreprises existantes au 1/1/97). (5) Sur 97 % du salaire brut.

Calcul d'un salaire net suivant le bulletin de paye (en euros)

• Salaire brut mensuel			3 000,00
• Cotisations sociales			
I - Sécurité sociale		193,30	
1 - Maladie : 3 000 × 0,75 % =	22,50		
2 - Vieillesse : 2 516 × 6,55 % + 3 000 × 0,10 %	167,80		
3 - Veuvage : 3 000 × 0,10 % =	3,00		
II - Autres organismes sociaux		181,36	
1 - Chômage ASSEDIC			
(3 000 × 2,40 %) =	72,00		
2 - Retraite complémentaire non-cadres			
(2 516 × 3 %) + (3 000 – 2 516) × 7 % =	109,36		
• CSG + CRDS (impôts) : 3 000 × 0,97 × 8 % =		232,80	
TOTAL DES RETENUES SALARIALES		607,46	607,46
• Salaire net à payer :			2 392,54

Calcul des cotisations patronales (en euros)

I - Sécurité sociale (cotisation d'accidents du travail : 2 %)		874,83
1 - sur salaire plafonné : 2 516 × 8,30 % =	208,83	
2 - sur salaire total : 3 000 × (20,20 % + 2 %) =	666,00	
II - Autres organismes sociaux		284,04
1 - Chômage ASSEDIC		
(3 000 × 4 %) =	120,00	
2 - Retraite complémentaire non-cadres		
(2 516 × 4,50 %) + (3 000 – 2 516) × 10,50 % =	164,04	
TOTAL DES COTISATIONS PATRONALES		1 158,87

La trésorerie

Les opérations réalisées par l'entreprise avec des tiers (clients, fournisseurs, personnel, banquiers...) trouvent, en principe, leur point d'aboutissement dans un règlement par la caisse, la banque ou les chèques postaux. Le nouveau compte 52 « Instruments de trésorerie » du PCG 1999 est utilisé pour comptabiliser les variations de valeurs des contrats et options sur les marchés organisés, qui s'inscrivent dans le cadre d'opérations de couverture.

Les règlements reçus par l'entreprise

Ils affectent le débit des comptes financiers.

- *Les chèques reçus par l'entreprise :* le chèque reçu doit être remis par l'entreprise à sa banque, ou à son centre de chèques postaux, pour encaissement. Le montant du chèque sera inscrit au crédit du compte de l'entreprise tenu par l'organisme financier, qui reconnaît ainsi une dette vis-à-vis d'elle. Le compte Banque (ou le compte Chèques postaux) sera débité, dans l'entreprise, pour ce même montant, au moment de la réception de l'avis de crédit envoyé par l'organisme financier.

- *Les virements reçus :* il y a virement lorsque le débiteur (celui qui doit une somme d'argent) donne l'ordre à sa banque de virer la somme due sur le compte de son créancier. L'entreprise créancière est avertie du virement à l'arrivée de son extrait de compte. Le compte Banque (ou Chèques postaux) est débité à ce moment-là.

Les règlements effectués par l'entreprise

Ils sont portés au crédit des comptes financiers.

- *Les sorties d'espèces de la caisse :* elles concernent généralement de menues dépenses, ou des dépôts faits en banque, ou aux chèques postaux.

- *Les chèques ou les virements émis par l'entreprise :* dès l'émission des chèques ou des virements, les comptes de trésorerie sont crédités en comptabilité, sans attendre l'avis de la banque ou des chèques postaux ; en effet, la somme représentée par le chèque (= la provision) devient indisponible dès le moment où il est émis.

L'état de rapprochement bancaire

L'entreprise réalise, avec sa banque, des opérations qui sont enregistrées :
– dans le compte Banque tenu par l'entreprise,
– dans le compte Entreprise tenu par la banque.
Puisqu'une ressource à la banque (point de départ d'un flux) est associée à un emploi d'égal montant dans l'entreprise (point d'arrivée du même flux), et vice versa, les deux comptes ci-dessus, dits comptes réciproques, doivent présenter un solde de même montant, mais de sens opposé.
En pratique, les deux partenaires (banque et entreprise) n'enregistrent pas chacune des opérations au même moment, si bien qu'à une date donnée, les soldes sont généralement différents. Un contrôle s'avère alors nécessaire, en établissant un état de rapprochement extra-comptable, dans lequel on complète chaque compte avec les opérations non enregistrées, qui figurent dans l'autre compte, de manière à obtenir deux soldes égaux et opposés.

UN EXEMPLE D'ÉTAT DE RAPPROCHEMENT

Données de l'exemple

Le 30 avril, le compte Banque tenu par l'entreprise MCS présente un solde débiteur de 24 836 €. L'extrait du compte Entreprise MCS, tenu par la banque et adressé par cette dernière à l'entreprise, accuse, à la même date, un solde créditeur de 32 547 €.

Un pointage est effectué dans les deux comptes et l'on retrouve les mêmes sommes de part et d'autre, sauf en ce qui concerne les opérations suivantes :

– opération enregistrée dans l'entreprise, mais non à la banque : chèque n° 625141, à l'ordre d'un fournisseur de l'entreprise, non encore présenté à l'encaissement = 3 795 € ;

– opérations enregistrées dans la comptabilité de la banque, mais non dans l'entreprise :

• virement au profit de l'entreprise, provenant d'un client : 4 265 €.

• intérêts à la charge de l'entreprise : 349 €.

Compte Entreprise MCS tenu par la banque

Débit		Crédit	
Chèque n° 625141 à un fournisseur	3 795	Solde créditeur avant correction	32 547
Solde créditeur après correction (1)	28 752		
	32 547		32 547

(1) Le formalisme comptable conduit à placer artificiellement le solde créditeur au débit du compte, pour que les totaux au débit et au crédit soient égaux (32 547).

Compte Banque tenu par l'entreprise MCS

Débit		Crédit	
Solde débiteur avant correction	24 836	Charges d'intérêts	349
Virement d'un client	4 265	*Solde débiteur après correction* (2)	28 752
	29 101		29 101

(2) Le formalisme comptable conduit à placer artificiellement le solde débiteur au crédit du compte, pour que les totaux au débit et au crédit soient égaux (29 101).

Écritures à passer après présentation de l'état de rapprochement

Les deux opérations non enregistrées dans l'entreprise font l'objet de deux écritures au journal de l'entreprise, pour que le solde du compte Banque au 30 avril soit bien débiteur de 28 752 €.

512		Banque	4 265	
	411	Clients		4 265
661		Charges d'intérêts	349	
	512	Banque		349

Entraînez-vous

Le 31 mai suivant, le compte Banque tenu par l'entreprise MCS présente un solde débiteur de 12 525 €. L'extrait du compte Entreprise MCS tenu par la banque a un solde créditeur de 18 930 € à la même date. Après pointage, on note les différences suivantes :

– opération enregistrée dans l'entreprise mais non à la banque : virement à l'ordre d'un fournisseur = 4 436 € ;

– opérations enregistrées à la banque mais non dans l'entreprise :

• intérêts d'obligations encaissés par la banque pour l'entreprise : 2 217 €.

• frais de garde concernant les titres déposés par l'entreprise à la banque : 248 €.

1. Présentez l'état de rapprochement bancaire au 31 mai.

2. Passez dans le journal de l'entreprise les écritures résultant des informations fournies par l'extrait de la banque.

Corrigé p. 173

La création des effets de commerce

Une opération est dite au comptant lorsque le paiement a lieu immédiatement ; on utilise alors généralement le chèque, qui est un simple instrument de paiement.
Une opération est dite à crédit lorsque le paiement a lieu à terme ; on peut utiliser, dans ce cas, l'effet de commerce qui est un instrument de paiement et un instrument de crédit.

Un effet de commerce est un titre qui constate la créance du créancier sur le débiteur

L'effet de commerce le plus fréquemment utilisé est la lettre de change. Il existe une autre variété d'effet de commerce : le billet à ordre.

La lettre de change (ou traite)

La lettre de change, ou traite, est un titre créé par le créancier. On dit que le créancier tire une traite sur son débiteur. En conséquence, le créancier (qui agit) est appelé le tireur, tandis que le débiteur (qui subit) s'appelle le tiré. Le tireur donne l'ordre au tiré de payer la somme due, appelée valeur nominale, à une date fixée (l'échéance), au profit du bénéficiaire (généralement le tireur lui-même).
C'est le bénéficiaire qui garde la lettre de change entre ses mains ; pour cette raison, on l'appelle le porteur. Le tireur (créancier) envoie parfois l'effet à l'acceptation du débiteur ; ce dernier appose alors sa signature sur la traite et la lui retourne. On dit que la traite est acceptée.

Le billet à ordre

Le billet à ordre est un titre créé à l'initiative du débiteur, qui s'engage à payer à une date fixée (l'échéance) la somme due au créancier (bénéficiaire du billet à ordre). Dans ce cas, deux personnes seulement interviennent :
– le tireur = le débiteur = le souscripteur,
– le bénéficiaire = le créancier.

Comparaison de la lettre de change et du billet à ordre

PERSONNES	LETTRE DE CHANGE	BILLET À ORDRE
Tireur	Créancier	Débiteur
Tiré	Débiteur	
Bénéficiaire	Créancier ou tierce personne	Créancier

Enregistrement comptable de la création d'un effet de commerce

▬ *Chez le bénéficiaire :* au moment de l'entrée en portefeuille de l'effet de commerce chez le bénéficiaire, ce dernier l'inscrit au débit du compte n° 413 Clients-Effets à recevoir. Il y a naissance d'une créance particulière matérialisée par un effet de commerce.

▬ *Chez le débiteur :* le débiteur, dès qu'il a connaissance de la création de l'effet, doit porter son montant au crédit du compte n° 403 Fournisseurs-Effets à payer.

MODÈLE DE LETTRE DE CHANGE

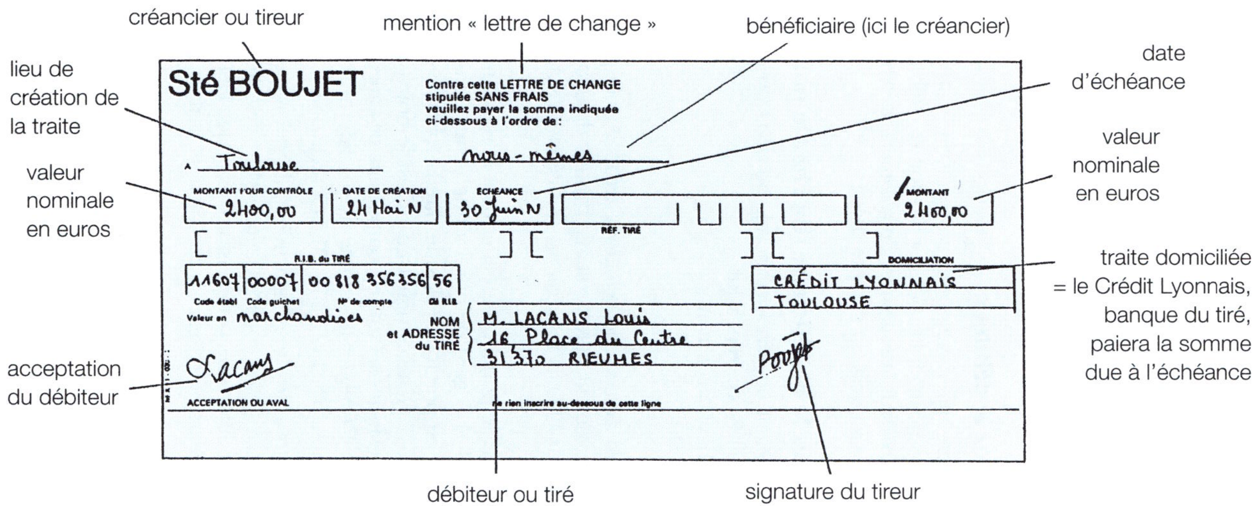

Commentaires

Les effets de commerce (lettres de change et billets à ordre) sont généralement sur un support papier, comme ce modèle de lettre de change. Les entreprises remettent ces documents sur papier à leurs banques, qui chargent les effets de commerce sur ordinateur et les conservent. Le nouveau support devient alors l'ordinateur, mais il n'élimine pas le support papier. Entre banques, il y a échange de bandes magnétiques ou télétransmission directe. Seules certaines entreprises importantes chargent directement leurs effets sur ordinateur. Il est à noter que le timbre fiscal sur les effets est désormais supprimé.

Les opérations sur effets de commerce

Les effets de commerce, après leur création, peuvent circuler, changer de mains. Le débiteur doit payer, à l'échéance, la valeur nominale de l'effet au dernier porteur.
Dans le cas où le débiteur ne peut pas payer, on est en présence d'un effet impayé : le nominal de l'effet impayé et les frais lui sont imputés.

Analyse des opérations chez le débiteur

La valeur nominale de l'effet représente une dette portée au crédit du compte n° 403 Fournisseurs-Effets à payer. À la date d'échéance, la seule obligation du débiteur consiste à payer le nominal de l'effet au dernier porteur. Au moment du paiement, il débitera le compte n° 403 Fournisseurs-Effets à payer et créditera un compte de trésorerie.

Analyse des opérations chez le bénéficiaire (ou chez le porteur)

Le bénéficiaire, porteur de l'effet, détient une créance portée au débit du compte n° 413 Clients-Effets à recevoir. Trois possibilités s'offrent à lui :
- conserver l'effet jusqu'à sa remise à l'encaissement,
- l'endosser au profit d'un tiers,
- le remettre à l'escompte.

Remise à l'encaissement : le bénéficiaire attend la date d'échéance pour présenter l'effet à l'encaissement, soit au débiteur directement (rare), soit à la banque du débiteur (l'effet est dit domicilié). Le compte n° 413 Clients-Effets à recevoir est crédité, pour solde, par le débit d'un compte de trésorerie.

Endossement au profit d'un tiers : le porteur d'un effet peut le remettre, avant la date d'échéance, en paiement à un tiers T, à l'égard de qui il a une dette. Dans ce cas, il doit endosser l'effet avant de le remettre, en portant au dos du titre la formule d'endossement suivante : « Veuillez payer à l'ordre de T ; date et signature ». C'est le nouveau bénéficiaire T qui présentera l'effet au débiteur à l'échéance. Dans la comptabilité de l'ancien bénéficiaire, il faudra annuler la dette à l'égard de T (débiter le compte n° 401 Fournisseurs) et constater la sortie de l'effet (créditer le compte n° 413 Clients-Effets à recevoir).

Remise à l'escompte : si le porteur a des besoins d'argent, il peut remettre l'effet à sa banque, avant la date d'échéance, pour l'escompter. La banque lui verse le nominal diminué des frais : l'agio. L'agio comprend différentes commissions, ainsi que l'intérêt calculé sur la valeur nominale de l'effet entre la date de remise à l'escompte et la date d'échéance.

Les incidents de paiement

Le non-paiement de l'effet à l'échéance présente des inconvénients pour le porteur, qui peut cependant se retourner contre celui qui lui a remis l'effet (le remettant). Deux procédés permettent d'éviter le non-paiement : le report d'échéance, l'avance de fonds au débiteur par le tireur. Si ces deux procédés ne peuvent être utilisés, l'effet devient impayé.

EXEMPLES

Enregistrement et paiement des effets à payer

01/04 : achat à crédit de marchandises au fournisseur A, pour 1 196 €, dont TVA 196 €.
12/04 : le fournisseur A tire une traite de nominal 1 196 €, échéance au 31/05.
03/06 : avis de la banque nous avertissant qu'elle a effectué le paiement de la traite à l'échéance.

dates	401 Fournisseurs		403 Fournisseurs Ef. à payer		4456 TVA déductible		512 Banque		607 Achats de marchandises	
01/04		1 196			196				1 000	
12/04	1 196			1 196						
03/06			1 196					1 196		

Création et remise à l'encaissement d'une traite

04/06 : vente à crédit de marchandises pour 2 392 €, dont TVA 392 €.
20/06 : tirage d'une lettre de change, date d'échéance le 31/07.
02/08 : avis d'encaissement de la banque, à qui a été remis l'effet pour encaissement.

dates	411 clients		413 Clients Ef. à recevoir		4457 TVA collectée		512 Banque		707 Ventes de marchandises	
04/06	2 392					392				2 000
20/06		2 392	2 392							
02/08				2 392			2 392			

Création et remise à l'escompte d'une traite

15/I0 : tirage d'une traite de nominal 6 000 €, au 30/11 sur le client C.
04/11 : la banque nous fait parvenir l'avis de crédit, à la suite de la remise à l'escompte de l'effet le 31/10 :

• nominal :		6 000,00
– intérêts (30 jours) :	90,00	
– commissions :	50,00	
– TVA sur commissions :	9,80	
Total des agios :	149,80	– 149,80
• net porté en compte :		5 850,20

	411 Clients		413 Clients Ef. à recevoir		512 Banque		4456 TVA déductible		627 Services bancaires		661 Charges d'intérêts	
15/10		6 000	6 000									
04/11				6 000	5 850,20		9,80		50		90	

L'entrée des immobilisations dans l'entreprise

Le décret comptable du 29/11/1983 et le Plan comptable général de 1999 définissent les immobilisations comme les éléments d'actif destinés à servir, de façon durable, à l'activité de l'entité (= entreprise, association...). Il est parfois difficile de distinguer les immobilisations, qui doivent être placées à l'actif du bilan, des charges, qui sont des consommations et viennent diminuer le résultat de l'exercice.

Les trois catégories d'immobilisations

Les immobilisations incorporelles (n° 20). Incorporel signifie : qui n'a pas de corps, qui n'est pas matériel. Les immobilisations incorporelles sont des droits de l'entreprise sur des éléments incorporels tels que le fonds commercial, le droit au bail, les brevets, les licences, etc. Il faut y ajouter des frais (c'est-à-dire des charges) liés à la constitution et au développement de l'entreprise, que l'on porte à l'actif du bilan, sous la rubrique « frais d'établissement », pour les étaler sur plusieurs exercices.

Les immobilisations corporelles (n° 21). Ce sont les biens meubles et immeubles sur lesquels s'exerce un droit de propriété : terrains, constructions, installations techniques, matériels et outillages.

Les immobilisations financières (n° 26 et 27). Elles sont constituées par des titres : titres de participation et titres immobilisés. Les premiers sont des actions, des parts sociales, qui permettent à l'entreprise qui les possède d'exercer une influence, un contrôle, sur la société émettrice ; les seconds sont des titres que l'entreprise n'a pas la possibilité de revendre à bref délai.

L'évaluation des immobilisations à l'entrée dans le patrimoine

Les immobilisations peuvent être acquises par l'entreprise, fabriquées par elle, ou prises en location (crédit-bail). Seules les deux premières catégories peuvent être inscrites en immobilisations ; dans l'opération de crédit-bail, l'entreprise enregistre le loyer en charge, mais n'inscrit pas le bien à l'actif du bilan.

Les immobilisations acquises par l'entreprise. Dès leur facturation, elles sont enregistrées au débit du compte correspondant de la classe 2, à leur coût d'acquisition :

Prix d'achat hors TVA déductible
+ Droits de douane
+ Frais de transport, d'installation, de montage

= Coût d'acquisition

Un coût est une somme de charges.

Les immobilisations fabriquées par l'entreprise. Elles figurent, à l'entrée dans le patrimoine, à leur coût de production, qui comprend l'ensemble des charges supportées pour leur production :

Matières premières utilisées
+ Main-d'œuvre et charges sociales
+ Autres charges non directement liées à la production du bien

= Coût de production

LA MISE EN ŒUVRE

Comptes d'immobilisations (classe 2)

20. IMMOBILISATIONS INCORPORELLES
    - 201. Frais d'établissement
    - 203. Frais de recherche et de développement
    - 205. Concessions et droits similaires, brevets, licences, marques, procédés, logiciels, droits et valeurs similaires
    - 206. Droit au bail
    - 207. Fonds commercial
    - 208. Autres immobilisations incorporelles

21. IMMOBILISATIONS CORPORELLES
    - 211. Terrains
    - 212. Agencements et aménagements de terrains
    - 213. Constructions
    - 214. Constructions sur sol d'autrui
    - 215. Installations techniques, matériels et outillage industriels
        - 2154. Matériel industriel
    - 218. Autres immobilisations corporelles
        - 2182. Matériel de transport
        - 2183. Matériel de bureau et matériel informatique
        - 2184. Mobilier

22. IMMOBILISATIONS MISES EN CONCESSION

23. IMMOBILISATIONS EN COURS

25. PARTS DANS DES ENTREPRISES LIÉES

26. PARTICIPATIONS ET CRÉANCES RATTACHÉES À DES PARTICIPATIONS
    - 261. Titres de participation
    - 266. Autres formes de participation
    - 267. Créances rattachées à des participations
    - 268. Créances rattachées à des sociétés en participation
    - 269. Versements restant à effectuer sur titres de participation non libérés

27. AUTRES IMMOBILISATIONS FINANCIÈRES
    - 271. Titres immobilisés autres que les titres immobilisés de l'activité de portefeuille (droit de propriété)
    - 272. Titres immobilisés (droit de créance)
    - 273. Titres immobilisés de l'activité de portefeuille (TIAP)
    - 274. Prêts
    - 275. Dépôts et cautionnements versés
    - 276. Autres créances immobilisées
    - 277. Actions propres ou parts propres
    - 279. Versements restant à effectuer sur titres immobilisés non libérés

28. AMORTISSEMENTS DES IMMOBILISATIONS

29. DÉPRÉCIATIONS DES IMMOBILISATIONS

Exemple d'acquisition d'une immobilisation

– 2 mai : réception de la facture d'achat d'un matériel industriel ; prix HT : 50 000 €, TVA déductible à 19,6 % : 50 000 × 19,6 % = 9 800 € ; prix TTC : 59 800 €.

– 6 mai : facture de l'entreprise ayant transporté et installé le matériel : 1 196 € dont TVA 196 €.

	2 mai		
2154	Matériel industriel	50 000	
44562	TVA déductible sur immobilisations	9 800	
404	Fournisseurs d'immobilisations		59 800
	6 mai		
2154	Matériel industriel	1 000	
44562	TVA déductible sur immobilisations	196	
404	Fournisseurs d'immobilisations		1 196

La sortie des immobilisations de l'entreprise

Le règlement 2002-10 du CRC a introduit la notion de dépréciation d'un actif amortissable (p. 63), qui apparaît lorsque la valeur actuelle du bien est devenue inférieure à sa valeur nette comptable. Dans l'exemple ci-contre, le bien amortissable est supposé n'avoir pas subi une telle dépréciation (le règlement 2002-10 est applicable dès 2005).

Le traitement comptable de la cession des immobilisations

On est conduit à distinguer deux catégories d'immobilisations :

- *les immobilisations amortissables*, qui subissent une dépréciation irréversible, du fait de l'usage ou du temps ; il en est ainsi pour les constructions, les installations techniques, les matériels et outillages industriels ;
- *les immobilisations non amortissables*, qui peuvent subir un amoindrissement de valeur dont les effets ne sont pas irréversibles ; c'est le cas des terrains (autres que les terrains de gisement) et des titres (titres de participation et titres immobilisés).

La cession d'une immobilisation amortissable

L'amortissement est constaté à la fin de chaque exercice par le débit du compte 68 Dotations aux amortissements et aux provisions et le crédit du compte 28 Amortissements des immobilisations (voir p. 64). Les amortissements cumulés viennent à l'actif du bilan en diminution de la valeur brute (ou valeur d'entrée) de l'immobilisation ; la différence entre valeur brute et amortissements cumulés constitue la valeur nette comptable (VNC).

S'il y a une dépréciation (p. 63), elle est constatée en débitant le compte 68 par le crédit du compte 29 Dépréciations des immobilisations ; elle vient diminuer la VNC à l'actif.

En cas de cession, la VNC (valeur brute – amortissements cumulés) est portée au débit du compte 675 Valeurs comptables des éléments d'actif cédés ; le prix de cession est mis au crédit du compte 775 Produits des cessions d'éléments d'actif (par le débit d'un compte de trésorerie ou de créance). La dépréciation, si elle existe, est annulée en débitant le compte 29 Dépréciations des immobilisations par le crédit du compte 78 Reprises sur amortissements et provisions.

La cession d'une immobilisation non amortissable

Le schéma de l'enregistrement de la cession est identique à celui présenté pour les immobilisations amortissables, avec une seule différence : il n'y a pas de comptes d'amortissements à solder. On inscrit la valeur brute (ou valeur d'entrée) au débit du compte 675 (crédit : le compte d'immobilisation) et le prix de vente au crédit du compte 775 (débit : créance ou trésorerie). *Cas particulier* : les moins-values sur TIAP (p. 53) vont au débit du compte 675 et les plus-values au crédit du compte 775.

Si l'immobilisation a fait l'objet, antérieurement à la cession, d'une provision pour dépréciation, portée au crédit du compte n° 29 Dépréciations des immobilisations, il faut annuler la provision en la débitant, par le crédit du compte de produit n° 78 Reprises sur amortissements et provisions.

EXEMPLE

Enregistrement de la cession d'une immobilisation amortissable

– 01/07/N : l'entreprise acquiert au comptant (paiement par chèque) un véhicule de tourisme pour le prix de 60 000 €. Ce bien est amortissable, en 5 ans, linéairement (taux d'amortissement : 20 % par an, soit 60 000 × 20 % = 12 000 € pour l'année, soit 1 000 € par mois).

– 31/12/N : constatation de l'amortissement à la fin de l'exercice N (6 mois d'utilisation) : 60 000 × 20 % × 6/12 = 6 000 €

– 01/04/N + 1 : le matériel est vendu pour le prix de 49 000 € (paiement par chèque). On enregistrera successivement :

– l'amortissement pendant N + 1 = 60 000 × 20 % × 3/12 = 3 000 € ;

– la prise en compte de la valeur nette comptable = 60 000 – (6 000 + 3 000) = 51 000 €

– le produit de la vente.

	01/07/N		
2182	Matériel de transport	60 000	
512	Banque		60 000
	31/12/N		
68	Dotations aux amortissements et aux provisions	6 000	
28182	Amortissements du matériel de transport		6 000
	01/04/N+1		
68	Dotations aux amortissements et aux provisions	3 000	
28182	Amortissements du matériel de transport		3 000
	01/04/N+1		
28182	Amortissements du matériel de transport	9 000	
675	Valeurs comptables des éléments d'actif cédés	51 000	
2182	Matériel de transport		60 000
	01/04/N+1		
512	Banque	49 000	
775	Produits des cessions d'éléments d'actif		49 000

Présentation des comptes de l'entreprise après report des opérations précédentes (sommes en milliers d'euros)

	2182		28182		512		675		68		775	
01/07/N	60					60						
31/12/N				6					6			
01/04/N + 1				3					3			
01/04/N + 1		60	9				51					
01/04/N + 1					49							49

Détermination du résultat de la cession

Prix de vente (produit exceptionnel n° 775)	49 000
– Valeur nette comptable (charge exceptionnelle n° 675)	– 51 000
= Résultat de la cession	– 2 000

Le résultat négatif correspond à une perte sur cession de 2 000 €.

Le financement par capitaux propres

Les capitaux propres comprennent : le capital, les primes (d'émission, de fusion, d'apport), les écarts de réévaluation, l'écart d'équivalence, les réserves, le report à nouveau, le résultat de l'exercice, les subventions d'investissement et les provisions réglementées. Ils participent, avec les éléments du passif externe, au financement de l'entreprise.

Capital (n° 101) - Primes (n° 104)

Dans l'entreprise individuelle, le compte n° 101 Capital individuel sert à enregistrer les apports ou les prélèvements du chef d'entreprise, ainsi que les résultats des exercices successifs. Le compte n° 108 (p. 57) le remplace en cours d'année.

Débit — 101 Capital individuel — Crédit

Débit	Crédit
• Prélèvements de l'entrepreneur • Pertes des exercices successifs	• Apports de l'entrepreneur (à la création et en cours d'activité) • Bénéfices des exercices successifs

Dans la société commerciale, le capital est la représentation des apports faits à la société par les associés au moment de sa constitution, ou au cours de son existence.
Les primes sont la partie des apports non représentés dans le capital de la société.

Réserves (n° 106)

Elles représentent des bénéfices conservés dans l'entreprise et non distribués aux associés des sociétés commerciales, soit du fait des dispositions du droit des sociétés (réserve légale), soit du fait des associés (réserve facultative).

Écart d'équivalence (n° 107)

C'est la différence entre la valeur d'équivalence (VE) des titres d'une société contrôlée de manière exclusive (p. 82) et leur prix d'acquisition. La VE est égale à la quote-part des capitaux propres plus l'écart d'acquisition (p. 84) concernant les titres.

Report à nouveau (n° 11)

Il est constitué par le montant des bénéfices antérieurs (report à nouveau bénéficiaire) ou des pertes antérieures (report à nouveau déficitaire) non encore affectés.

Résultat de l'exercice (n° 12)

Le compte 12 Résultat de l'exercice enregistre pour solde, en fin d'exercice (voir p. 78), les comptes de charges (classe 6) et les comptes de produits (classe 7).

Subventions d'investissement (n° 13)

Ce sont des aides accordées à l'entreprise, généralement sans contrepartie, en vue d'assurer le financement d'immobilisations ou d'activités à long terme.

Provisions réglementées (n° 14)

Elles résultent de dispositions d'ordre fiscal et correspondent à des avantages accordés par le fisc, sous la forme d'une réduction de la base d'imposition, engendrant de véritables ressources de financement.

ENREGISTREMENT COMPTABLE DES OPÉRATIONS

Création de l'entreprise individuelle

– 02/01/N : M. Durand crée son entreprise individuelle et dépose en banque, au compte ouvert au nom de l'entreprise, une somme de 60 000 €.

		Débit	Crédit
	02/01/N		
512	Banque	60 000	
101	Capital individuel		60 000

Fonctionnement du compte 108 Compte de l'exploitant

– 06/05/N : apport complémentaire de M. Durand, en espèces : 15 000 €.
– 08/06/N : règlement par chèques de dépenses personnelles pour un total de 7 000 €.
– 12/10/N : prélèvement dans la caisse de l'entreprise : 10 000 €.
– 31/12/N : le solde du compte de l'exploitant est viré au compte n° 101.

		Débit	Crédit
	06/05/N		
53	Caisse	15 000	
108	Compte de l'exploitant		15 000
	08/06/N		
108	Compte de l'exploitant	7 000	
512	Banque		7 000
	12/10/N		
108	Compte de l'exploitant	10 000	
53	Caisse		10 000

Le compte n° 108 a été débité de 7 000 + 10 000 = 17 000 € et crédité de 15 000 €; il est débiteur pour 2 000 €. On le soldera en le créditant pour 2 000 €, par le débit du compte n° 101 (diminution du capital individuel de 2 000 €).

		Débit	Crédit
	31/12/N		
101	Capital individuel	2 000	
108	Compte de l'exploitant		2 000

Affectation du résultat de l'exercice

– 31/12/N : le compte de résultat de l'entreprise Durand fait apparaître un bénéfice de 18 000 € (solde créditeur du compte n° 120 Résultat de l'exercice [bénéfice]) que M. Durand laisse dans son entreprise. Le solde créditeur du compte n° 120 est viré pour solde (en le débitant) au compte n° 101.

		Débit	Crédit
	31/12/N		
120	Résultat de l'exercice (Bénéfice)	18 000	
101	Capital individuel		18 000

Présentation du compte 101

Débit	101 Capital	individuel	Crédit
31/12/N	2 000	02/01/N	60 000
Solde créditeur		31/12/N	18 000
au 31/12/N	76 000		
	78 000		78 000

Le financement par emprunts

Les capitaux propres ne suffisent généralement pas pour couvrir les besoins de financement de l'entreprise ; le recours aux emprunts s'avère nécessaire, mais il faut respecter un équilibre entre les capitaux propres et les capitaux étrangers, de manière à éviter un endettement excessif.

Amortissement des emprunts

Les emprunts doivent faire l'objet d'un remboursement, appelé amortissement (il s'agit d'un amortissement financier, à ne pas confondre avec l'amortissement dépréciation des immobilisations). Par ailleurs, un intérêt, généralement annuel, doit être versé au prêteur ; du point de vue comptable, l'intérêt constitue une charge financière.

Les deux types d'emprunts : emprunt indivis et emprunt obligataire

Dans l'emprunt indivis, les fonds sont prêtés par un établissement financier unique, tandis que dans l'emprunt obligataire, il y a fractionnement de l'emprunt en de nombreux titres (appelés obligations) souscrits par différents prêteurs. L'étude est limitée aux emprunts indivis.

Caractéristiques de l'emprunt indivis

Un emprunt indivis est caractérisé par :
- le montant du capital emprunté : E
- le taux d'intérêt nominal : i (par période et pour un euro)
- la durée de l'emprunt : n (généralement en années)
- les modalités d'amortissement :
  • soit en totalité en fin d'emprunt (emprunt « in fine »),
  • soit par amortissements constants,
  • soit par annuités constantes (système fréquent en France).

Emprunt indivis remboursable par annuités constantes

À la fin de chaque année, l'emprunteur verse une annuité constante désignée par a :

$$a = E \times \frac{i}{1 - (1 + i)^{-n}} \qquad \text{avec : } (1 + i)^{-n} = \frac{1}{(1 + i)^{n}}$$

L'annuité comprend :
- l'intérêt sur l'emprunt restant dû au début de l'année considérée,
- le remboursement (amortissement) d'une partie de l'emprunt.

Pour la première année, l'intérêt vaut : E.i et le premier amortissement : a - E.i

On démontre que chaque amortissement est égal au précédent amortissement multiplié par (1 + i).

LE TRAITEMENT COMPTABLE D'UN EMPRUNT INDIVIS

Tableau d'amortissement de l'emprunt

– 01/01/N : émission d'un emprunt indivis de 100 000 €, porté sur le compte bancaire de l'entreprise.
Caractéristiques de l'emprunt : • i = 10 % (ou 0,10) • n = 5 ans • remboursement par 5 annuités constantes venant à échéance le 1er janvier de chacune des années N + 1, N + 2, N + 3, N + 4, N + 5.

– Calcul de l'annuité : $a = 100\,000 \times \dfrac{0{,}10}{1-(1{,}1)^{-5}} = 26\,379{,}75$

Dates d'échéance des annuités (1)	Capital restant dû avant échéance (2)	Intérêt (3) = (2) × 0,10	Annuité (4)	Amortissement (5) = (4) – (3)
01/01/N + 1	100 000,00	10 000,00	26 379,75	16 379,75
01/01/N + 2	83 620,25 (a)	8 362,03	26 379,75	18 017,72
01/01/N + 3	65 602,53 (b)	6 560,25	26 379,75	19 819,50
01/01/N + 4	45 783,03 (c)	4 578,30	26 379,75	21 801,45
01/01/N + 5	23 981,58 (d)	2 398,17	26 379,75	23 981,58
		31 898,75	131 898,75	100 000,00

(a) 100 000 – 16 379,75 (b) 83 620,25 – 18 017,72 (c) 65 602,53 – 19 819,50
(d) 45 783,03 – 21 801,45

Enregistrement de l'émission de l'emprunt

	01/01/N		
512	Banque	100 000,00	
164	Emprunts auprès des établissements de crédit		100 000,00

Service de l'emprunt

	01/01/N + 1		
661	Charges d'intérêts	10 000,00	
164	Emprunts auprès des établissements de crédit	16 379,75	
512	Banque		26 379,75
	01/01/N + 2		
661	Charges d'intérêts	8 362,03	
164	Emprunts des établissements de crédit	18 017,72	
512	Banque		26 379,75

Pour les autres dates d'échéance, les sommes figurent sur les trois dernières lignes du tableau d'amortissement.

Cas d'un emprunt remboursable en totalité « in fine »

Dans ce cas, les versements à effectuer aux quatre premières échéances (01/01/N+1, 01/01/N+2, 01/01/N+3, 01/01/N+4) sont égaux respectivement à 10 000 € (= intérêt sur le capital restant dû). Au 01/01/N+5, la somme versée sera : 110 000 € (100 000 € de remboursement de l'emprunt, en une seule fois, plus l'intérêt annuel sur cet emprunt, à 10 %).

Les travaux d'inventaire en fin d'exercice

Le temps a été découpé en périodes arbitraires annuelles : les exercices ; à la fin de chaque exercice, il faut arrêter les comptes afin de mesurer les performances (dans le compte de résultat) et d'évaluer la richesse accumulée (dans le bilan).

Les travaux d'inventaire sont des travaux de fin d'exercice

L'exercice coïncide généralement avec l'année civile, les travaux d'inventaire sont effectués à la fin du mois de décembre et les écritures d'inventaire sont enregistrées à la date du 31 décembre.

La loi impose un contrôle par inventaire

D'après le Code de commerce, tout commerçant, personne physique ou morale, « doit contrôler par inventaire, au moins une fois tous les douze mois, l'existence et la valeur des éléments actifs et passifs du patrimoine de l'entreprise ». Il s'agit d'un inventaire matériel, ou extra-comptable, distinct de l'inventaire comptable, ce dernier consistant à traduire dans les comptes, par les écritures d'inventaire, les données fournies par l'inventaire matériel.

Le livre d'inventaire

« Tout commerçant tient obligatoirement un livre-journal, un grand livre et un livre d'inventaire » (art. du décret comptable du 29 novembre 1983). Les données fournies par l'inventaire matériel sont regroupées sur le livre d'inventaire ; par ailleurs, les comptes annuels (bilan, compte de résultat et annexe) sont transcrits chaque année sur le livre d'inventaire, sauf lorsqu'ils doivent être publiés en annexe au registre du commerce et des sociétés.

Schéma des travaux d'inventaire

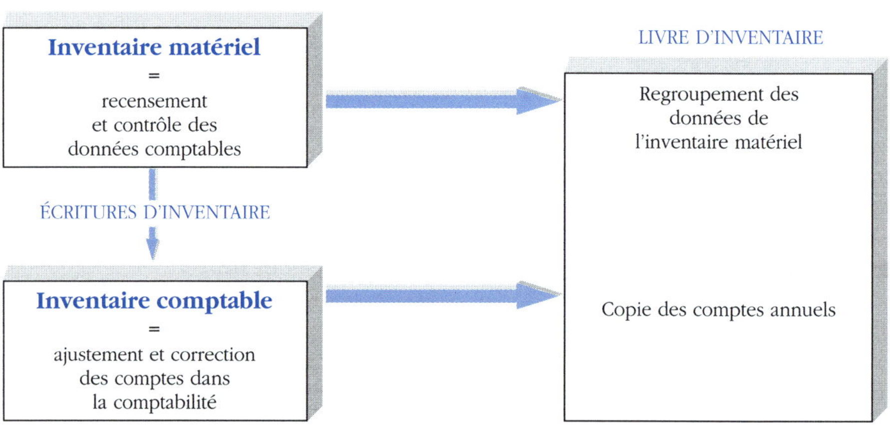

L'INFLUENCE DE L'INVENTAIRE COMPTABLE SUR LE RÉSULTAT

Exercice résolu

• Au 31/12/N, dans la balance avant inventaire de l'entreprise Duval, les produits s'élèvent à 500 000 €, et les charges à 450 000 € ; le résultat (bénéfice) provisoire vaut donc :

500 000 – 450 000 = 50 000

À la suite de l'inventaire, les corrections suivantes doivent être apportées :

1. Les matériels ont subi une dépréciation de 30 000 € pendant l'année N.
2. Les titres acquis par l'entreprise Duval au cours de l'année N pour 90 000 € ne valent plus que 85 000 €.
3. Un emprunt de 200 000 € contracté le 01/04/N doit entraîner le paiement d'un intérêt au taux de 10 % l'an, payable à terme échu le 01/04/N + 1; il convient de rattacher à l'exercice N les intérêts courus (soit 200 000 × 10 % × 9/12 = 15 000).
4. Une créance de 20 000 € est jugée définitivement irrécouvrable.
5. L'entreprise Duval possède un portefeuille d'obligations qui doivent rapporter des intérêts de 9 000 € au titre de l'année N.
6. Des primes d'assurance de 12 000 € ont été payées et portées dans les charges de l'exercice N en décembre N, mais elles concernent l'exercice N +1.
7. Une vente de 10 000 € a été enregistrée dans les produits de l'exercice N, mais les marchandises n'ont pas encore été livrées le 31/12/N et sont toujours dans les entrepôts de l'entreprise Duval.

Question : Quel est le résultat définitif de l'entreprise Duval ?

• *Détermination du résultat définitif de l'Entreprise Duval*

Résultat provisoire (bénéfice)	+ 50 000
1 – Dépréciation du matériel (charge)	– 30 000
2 – Moins-value sur titres (charge)	– 5 000
3 – Intérêts courus de l'emprunt (charge)	– 15 000
4 – Créance irrécouvrable (charge)	– 20 000
5 – Revenus des obligations (produit)	+ 9 000
6 – Primes d'assurance constatées d'avance (diminution de charge)	+ 12 000
7 – Vente de marchandises constatée d'avance (diminution de produit)	– 10 000
Résultat définitif (perte)	– 9 000

À la suite des ajustements et des corrections d'inventaire, le bénéfice provisoire de 50 000 € est transformé en une perte définitive de 9 000 €.
Les écritures d'inventaire permettent d'obtenir, notamment, des comptes de charges et de produits donnant le résultat définitif de l'exercice.

Le recensement des comptes

On doit apporter aux comptes, repris dans la balance avant inventaire (p. 20), toutes les corrections nécessaires, pour respecter les principes comptables (p. 24) et éviter les erreurs. Il faut suivre un programme précis de travail (contrôle approfondi classe par classe et compte par compte), de manière à ne rien omettre.

Amortissement et dépréciation des actifs

Le règlement 2002-10 du CRC relatif à l'amortissement et à la dépréciation des actifs modifie le PCG. Il est applicable à partir du 1/1/2005. Trois nouveautés sont introduites : l'amortissement par composants, les tests de dépréciation de valeur de l'IASB (IAS 36), la révision du plan d'amortissement des actifs qui se sont dépréciés à la clôture de l'exercice précédent.

Amortissement des actifs : définitions

Sont amortissables les biens qui ont une *durée d'utilisation déterminable* : immobilisations corporelles (sauf terrains) et incorporelles protégées juridiquement (brevets, licences).
L'amortissement est la constatation d'une *consommation* : c'est la répartition du montant amortissable d'un actif (valeur brute – valeur résiduelle) sur sa durée d'utilisation déterminable.
Le plan d'amortissement traduit cette répartition du montant amortissable selon le rythme de consommation du bien, à partir de sa mise en service.
Le mode d'amortissement exprime « le rythme de consommation des avantages économiques de l'actif en fonction de son utilisation probable ».
La mesure de la consommation peut se faire en termes d'unités de temps ou d'unités d'œuvre, si les règles fiscales l'autorisent.
La valeur résiduelle vient en diminution de la base amortissable à l'origine ; c'est le montant attendu, net des frais de sortie, de la cession de l'actif sur le marché à la fin de son utilisation.
Exemple : Une entreprise renouvelle ses véhicules automobiles tous les 2 ans. Elle acquiert un véhicule en janvier N pour le prix de 25 000 euros. Le montant attendu de revente de ce véhicule dans 2 ans est de 15 000 euros. Le montant amortissable est de 10 000 euros (25 000 – 15 000) et la durée d'utilisation de 2 ans. Le mode d'amortissement pourra être une répartition en fonction des kilomètres parcourus pendant chacune des années ou une répartition linéaire sur les 2 ans (5 000 euros par an).

Révision du plan d'amortissement et amortissement par composants

- *Le plan d'amortissement doit être révisé* au cours de la vie du bien s'il y a modification significative de l'utilisation prévue à l'origine, ou modification de la base amortissable. Précisons ce dernier point. Si, à la clôture d'un exercice, le bien a subi une dépréciation (voir p. 63), sa base amortissable est modifiée pour l'exercice suivant et le plan d'amortissement est révisé pour l'avenir. Si, ultérieurement, les causes de la dépréciation cessent, la dépréciation est annulée. La base amortissable est alors réévaluée et le plan d'amortissement ajusté pour les années futures (précisions p. 63).

- *L'amortissement par composants* est introduit par le règlement : devront être comptabilisés séparément et faire l'objet d'un plan d'amortissement propre les éléments d'immobilisations corporelles devant être remplacés périodiquement et ayant des utilisations différentes. Cette possibilité d'éclater la valeur d'un actif est nouvelle ; elle permettra, par exemple, de donner pour un immeuble des durées d'amortissement différentes à l'immeuble lui-même, à l'ascenseur, à la chaufferie.

DÉPRÉCIATION DES ACTIFS

Test de dépréciation des actifs à la clôture de chaque exercice

La dépréciation d'un actif est la constatation que sa valeur actuelle est devenue inférieure à sa valeur nette comptable. La valeur actuelle est la plus élevée de la valeur vénale ou de la valeur d'usage. La valeur vénale est le prix de vente sur le marché, net de frais de sortie. La valeur d'usage est calculée généralement à partir des flux nets de trésorerie attendus de l'utilisation et de la sortie de l'actif. Le concept de flux de trésorerie (= cash flow) est utilisé par les gestionnaires et les financiers ; son utilisation s'étend désormais au domaine comptable. Le taux d'actualisation des flux futurs doit refléter le taux de rendement espéré par les investisseurs ; on peut retenir comme taux d'actualisation le coût des capitaux utilisés par l'entreprise (ou coût moyen pondéré du capital, selon la terminologie financière).

En fin d'exercice, l'entreprise doit rechercher des indices de perte de valeur (valeur de marché, taux d'intérêt, obsolescence de l'actif, performances réduites,...). S'il existe de tels indices, la mise en œuvre du *test de dépréciation* consiste à rechercher *si la valeur actuelle est notablement inférieure à la valeur nette comptable*. Dans l'affirmative, la dépréciation est constatée. Elle n'est pas irréversible : à la fin d'un exercice ultérieur, si la valeur actuelle a augmenté, la dépréciation est ajustée (reprise totale ou partielle de la dépréciation) et le plan d'amortissement est modifié pour les années restant à courir. Cependant, la valeur nette comptable de l'actif, augmentée à la suite de la reprise d'une dépréciation, ne doit pas être supérieure à la valeur nette comptable (valeur brute – amortissements) qui aurait été déterminée si aucune dépréciation n'avait été comptabilisée pour cet actif au cours des années antérieures.

Exemple de suivi des dépréciations à chaque clôture

Années	Valeur nette comptable selon plan d'amortissement d'origine = plafond VNC	Amortissements		Valeur actuelle estimée	Dépréciation		Valeur nette comptable retenue
		Dotations	Cumulés		Dot/Reprises	Cumulée	
2005	80	20	20	80	0	0	80
2006	60	20	40	48	12	12	48
2007	40	16	56	42	– 8	4	40
2008	20	20	76	20	0	4	20
2009	0	20	96	0	0	4	0

Le tableau ci-dessus concerne un bien acquis pour 100 au début de 2005 et amorti sur 5 ans en linéaire, avec une valeur résiduelle nulle au bout de 5 ans. Le plan d'amortissement élaboré fin 2005 prévoit une dotation de 20 par an (100/5).

Fin 2006, la valeur nette comptable (VNC) est de 60, alors que la valeur actuelle est estimée à 48 ; une dépréciation de 12 (60 – 48) est constatée. Le plan d'amortissement est modifié fin 2006 pour les 3 années suivantes (durée et utilisation de l'actif supposées inchangées) ; il prévoit une dotation de 16 (48/3) par an, pour amortir la VNC retenue, égale à 48.

Fin 2007, la VNC est de : 48 – 16 = 32, alors que la valeur actuelle estimée du bien est de 42. Or, selon le plan d'amortissement prévu à l'origine, la VNC aurait été de 40 à cette date. Le bien figurera donc au bilan fin 2007 pour 40, avec une reprise de la dépréciation de 8 (40 – 32). Le plan d'amortissement est modifié fin 2007 et prévoit une dotation de 20 par an pour 2008 et 2009 : il n'y a pas, en effet, de nouvel indice de perte de valeur pour ces deux dernières années. Fin 2009, le bien de 100 a été amorti de 96 et déprécié de 4 ; sa valeur nette comptable est nulle : 100 – (96 + 4) = 0. La valeur nette comptable d'un actif correspond à sa valeur brute (= valeur d'entrée dans le patrimoine) diminuée des amortissements cumulés et des dépréciations.

La comptabilisation des amortissements

La charge d'amortissement est inscrite chaque année dans le compte de résultat, les amortissements cumulés venant en déduction de la valeur brute du bien à l'actif du bilan. On a considéré (p. 64 et 65) la dépréciation comme nulle ; si elle apparaît, elle est traitée comme une provision pour dépréciation (p. 66), qui est portée au crédit du compte 29 Dépréciations des immobilisations (par le débit du compte 68).

Les comptes à utiliser

La charge d'amortissement est constatée au débit du compte de charge n° 68 Dotations aux amortissements et aux provisions (DAP), ou de l'une de ses subdivisions :

- n° 681 Dotations aux amortissements et aux provisions - Charges d'exploitation
- n° 687 Dotations aux amortissements et aux provisions - Charges exceptionnelles.

La diminution de la valeur des éléments d'actif est portée au crédit du compte n° 28 Amortissements des immobilisations, ou de l'une de ses subdivisions :

- n° 280 Amortissements des immobilisations incorporelles
- n° 281 Amortissements des immobilisations corporelles.

Schéma des enregistrements comptables (K€ = 1 000 €)

- Données : un matériel industriel de 300 K€ est acquis le 01/01/N + 1 et amorti linéairement en trois ans, à raison de 100 K€ par an. On utilisera les comptes : 2154 Matériel industriel et 28 154 Amortissements du matériel industriel.
- Solution :

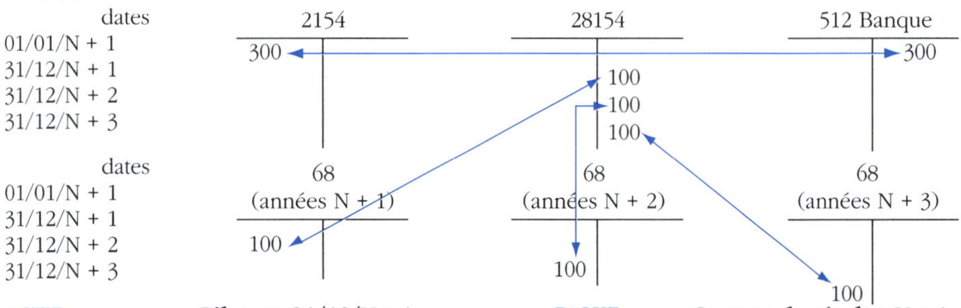

ACTIF	Bilan au 31/12/N + 1	PASSIF
Matériel industriel	300	
– Amortissements	100	
Valeur nette comptable	200	

Compte de résultat N + 1	
DAP 100	

ACTIF	Bilan au 31/12/N + 2	PASSIF
Matériel industriel	300	
– Amortissements	200	
Valeur nette comptable	100	

Compte de résultat N + 2	
DAP 100	

ACTIF	Bilan au 31/12/N + 3	PASSIF
Matériel industriel	300	
– Amortissements	300	
Valeur nette comptable	0	

Compte de résultat N + 3	
DAP 100	

EXEMPLE

Données

– 01/10/N : acquisition d'un matériel industriel au prix hors TVA déductible de 100 000 € ; le matériel est amorti selon le système linéaire, sur une durée de vie de cinq ans, (l'amortissement annuel est égal à 1/5 du prix hors TVA du matériel). L'exercice coïncide avec l'année civile.

– 31/12/N : enregistrement de l'amortissement relatif à l'année N (trois mois).

– 31/12/N + I : enregistrement de l'amortissement relatif à l'année N + 1.

– 31/12/N + 2 :
- enregistrement de l'amortissement relatif à l'année N + 2,
- présentation des comptes n° 2154 Matériel industriel, n° 28154 Amortissements du matériel industriel et n° 68 Dotations aux amortissements et aux provisions,
- présentation du bilan au 31/12/N + 2 et du compte de résultat à la même date, compte tenu des seules opérations indiquées ci-dessus.

Livre-journal

	01/10/N		
2154	Matériel industriel	100 000	
44562	TVA déductible sur immobilisations (19,6 %)	19 600	
404	Fournisseurs d'immobilisations		119 600
	31/12/N		
68	Dotations aux amortissements et aux provisions	5 000	
28154	Amortissements du matériel industriel		5 000
	31/12/N+1		
68	Dotations aux amortissements et aux provisions	20 000	
28154	Amortissements du matériel industriel		20 000
	31/12/N+2		
68	Dotations aux amortissements et aux provisions	20 000	
28154	Amortissements du matériel industriel		20 000

Grand livre

2154 Matériel industriel

Débit	Crédit
(01/10/N) 100 000	

28154 Amortissements du matériel industriel

Débit	Crédit
	5 000 (31/12/N)
	20 000 (31/12/N + 1)
	20 000 (31/12/N + 2)

68 Dotations aux amortissements et aux provisions (N + 2)

Débit	Crédit
20 000	

Bilan

ACTIF — Bilan au 31/12/N + 2 — PASSIF

ACTIF		PASSIF
Matériel industriel	100 000	
– Amortissements	45 000	
Valeur nette comptable	55 000	

Compte de résultat

Débit — Compte de résultat de l'année N + 2 — Crédit

Débit		Crédit
Dotations aux amortissements et aux provisions	20 000	

Les provisions pour dépréciation

Les provisions pour dépréciation correspondent à une diminution de valeur d'un élément d'actif, qui n'est pas définitive mais accidentelle, anormale, et qui peut disparaître si des circonstances favorables surviennent. De ce fait, elles peuvent concerner la plupart des éléments d'actif : les immobilisations, les stocks, les comptes de tiers et les comptes financiers.

Les principaux comptes de provisions

En règle générale, pour obtenir les numéros des comptes de provisions, il faut ajouter le chiffre 9 immédiatement après le 1er chiffre de gauche des numéros des comptes pouvant être concernés par des provisions. Exemples :

3 – Stocks et en-cours → 39 – Provisions pour dépréciation des stocks et en-cours
4 – Comptes de tiers → 49 – Provisions pour dépréciation des comptes de tiers
5 – Comptes financiers → 59 – Provisions pour dépréciation des comptes financiers
mais 2 – Immobilisations → 29 – Dépréciations des immobilisations (règlement CRC 2002-10)

L'enregistrement comptable des provisions

68 Dotations aux amortissements et aux provisions

Compte n° 29, ou 39, ou 49, ou 59 (ou une subdivision de l'un de ces comptes)

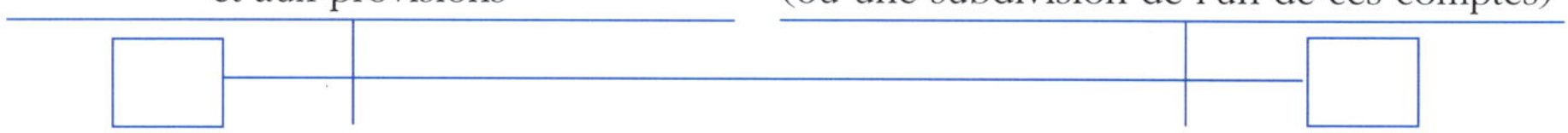

La somme inscrite au débit du compte n° 68 vient diminuer le résultat de l'exercice à la fin duquel elle est enregistrée

Les provisions pour dépréciation sont portées en soustraction des valeurs correspondantes à l'actif du bilan.

L'évaluation des provisions

Titres. On distingue les titres immobilisés (comptes 261, 271 et 272, 273 : voir p. 53) et les titres de placement (compte 50 : voir p. 33). À l'entrée dans le patrimoine, la valeur d'entrée des titres est le prix d'achat, plus les frais accessoires d'achat. À l'inventaire, la valeur d'inventaire est : la valeur d'utilité pour 261 ; le cours moyen du dernier mois, sinon la valeur de négociation pour 271, 272 et 50 ; la valeur de marché pour 273. L'évaluation est faite élément par élément, sauf pour 273 (titre par titre). Si la valeur d'inventaire est inférieure à la valeur d'entrée, on crée une provision (sauf baisse anormale et momentanée pour 271, 272, 50).

Stocks. La provision est constituée si la valeur d'inventaire (= valeur actuelle fonction du marché et de l'utilité du bien) est inférieure à la valeur d'entrée (= coût moyen pondéré d'achat ou de production, ou 1er entré 1er sorti, voir p. 121).

Clients. Lorsqu'une créance est d'un recouvrement incertain, en raison des difficultés financières du débiteur, cette créance est mise à part dans un compte de créances douteuses (compte 416 « Clients douteux ou litigieux ») ; de plus, une provision pour dépréciation des comptes de clients (n° 491) est constituée pour le montant de la dépréciation estimée ; elle se calcule sur la créance hors TVA (voir p. 67).

EXEMPLES

Provisions pour dépréciation des titres de placement

L'entreprise D.S.L. a acquis, au cours de l'exercice N, trois catégories de valeurs mobilières de placement (VMP) : actions A, actions B, actions C. S'agissant de titres cotés, leur valeur d'inventaire est égale au cours moyen du dernier mois (ici décembre N).

Titres	Nombre au 31/12/N (1)	Valeur d'entrée unitaire (2)	Valeur d'inventaire (3)	+ ou – values unitaires (4)	+ ou – values totales (5)
Actions A	100	80	75	– 5	– 500
Actions B	200	120	140	+ 20	+ 4 000
Actions C	50	250	180	– 70	– 3 500

(1) C'est le nombre de titres détenus par l'entreprise au 31/12/N. (2) Prix d'achat + frais accessoires d'achat. (3) Le cours moyen de décembre N représente la valeur d'inventaire. (4) C'est la différence entre la valeur d'inventaire (3) et la valeur d'entrée (2). (5) Le résultat est obtenu en multipliant (4) par (1).

En application du principe de prudence (p. 24), la plus-value de 4 000 n'est pas comptabilisée ; seules les moins-values de 500 et de 3 500 sont constatées par une provision de : 500 + 3 500 = 4 000.

	31/12/N		
68	Dotations aux amortissements et aux provisions	4 000	
590	Provisions pour dépréciation des valeurs mobilières de placement		4 000

Si la baisse des actions A et C est anormale et momentanée, l'entreprise n'est pas obligée de constituer une provision à concurrence des plus-values latentes normales constatées sur les autres titres ; dans ce cas, la provision à constituer devient nulle :
+ 4 000 – 500 – 3 500 = 0.

Provisions pour dépréciation des comptes de clients

À la fin de l'exercice N, il apparaît que la créance sur le client Reval, d'un montant de 47 840 € (TVA incluse), est devenue douteuse. On estime que le risque de non-paiement existe à concurrence de 40 % du montant hors TVA de la créance.

- Le montant hors TVA de la créance vaut 47 840 : 1,196 = 40 000.
- Puisque la TVA ne sera jamais une charge pour l'entreprise (en cas d'impayé, elle sera restituée par l'État), la provision se calcule sur le montant hors TVA :

40 000 × 40 % = 16 000

1re étape : enregistrement de la créance douteuse pour le montant TVA incluse

	31/12/N		
416	Clients douteux ou litigieux	47 840	
411	Clients		47 840

2e étape : création de la provision

	31/12/N		
68	Dotations aux amortissements et aux provisions	16 000	
491	Provisions pour dépréciation des comptes de clients		16 000

Modifications des provisions pour dépréciation

La provision pour dépréciation constitue une diminution de valeur qui n'est pas définitive. Si celle-ci est modifiée à la fin de l'exercice suivant, il faut ajuster la provision ; en particulier, il est nécessaire de supprimer la provision (en la soldant), lorsque la dépréciation a disparu. À la fin de chaque exercice, il faut ajuster les provisions existantes, ou éventuellement les annuler.

L'augmentation des provisions

Elle est effectuée en utilisant le même mécanisme comptable que lors de la création des provisions.

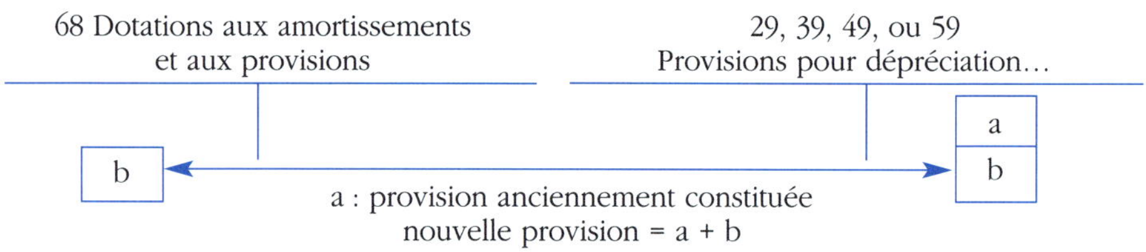

La diminution des provisions

Elle est obtenue en débitant le compte de provisions pour dépréciation et en créditant le compte de produits n° 78 Reprises sur amortissements et provisions.

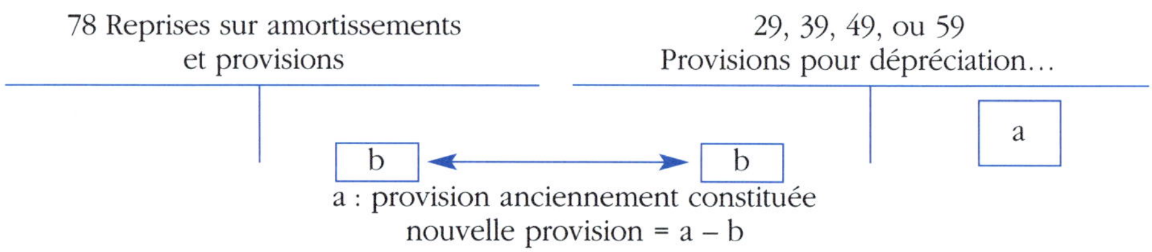

L'annulation des provisions

L'annulation est une diminution pour la valeur de la provision anciennement constituée.

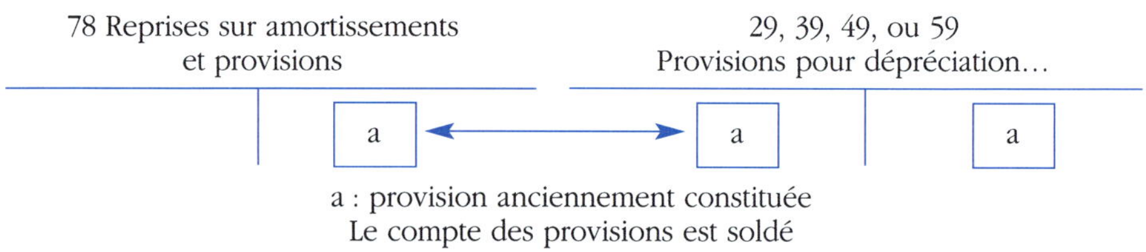

Les modifications des autres provisions (présentées à la p. 70)

Elles sont opérées en utilisant les enregistrements comptables décrits ci-dessus, selon le cas : augmentation, diminution, ou annulation des provisions.

EXEMPLES

Modifications des provisions pour dépréciation des titres de placement

Au 31/12/N+1, l'entreprise D.S.L. possède toujours les trois catégories d'actions A, B et C acquises au cours de l'exercice N (voir p. 67) ; pour simplifier, on suppose que leur nombre n'a pas changé. La valeur d'inventaire de ces titres au 31/12/N + 1 est à comparer à leur valeur d'entrée pour calculer les nouvelles provisions (voir tableau ci-dessous).

Titres	Valeur d'inventaire totale fin N + 1 (1)	Valeur d'entrée totale (2)	+ ou - values totales (1) – (2)	Provisions nouvelles	Provisions au 31/12/N
Actions A	7 200	8 000	– 800	800	500
Actions B	24 500	24 000	+ 500	néant	néant
Actions C	10 000	12 500	– 2 500	2 500	3 500

– Actions A : la provision ancienne était de 500 ; elle doit être augmentée de 300 pour que la nouvelle provision soit égale à 800.
– Actions B : la plus-value de 500 n'est pas comptabilisée.
– Actions C : la provision ancienne était de 3 500 ; elle doit être diminuée de 1 000 pour que la nouvelle provision soit égale à 2 500.

	31/12/N + 1		
68	Dotations aux amortissements et aux provisions	300	
590	Provisions pour dépréciation des valeurs mobilières de placement		300
	31/12/N + 1		
590	Provisions pour dépréciation des valeurs mobilières de placement	1 000	
78	Reprises sur amortissements et provisions		1 000

Modification des provisions pour dépréciation des comptes de clients

À la fin de l'exercice N + 1, la créance sur le client Reval, d'un montant de 47 840 € (TVA comprise), n'a toujours pas été recouvrée. Une provision de 16 000 € avait été constituée au 31/12/N (voir p. 67). On estime qu'un quart seulement du montant de la créance sera probablement recouvré.

La perte latente sur la créance Reval s'élève à : 40 000 × 3/4 = 30 000. La provision constituée précédemment est insuffisante et doit être augmentée de : 30 000 – 16 000 = 14 000.

	10 mai		
68	Dotations aux amortissements et aux provisions	14 000	
491	Provisions pour dépréciation des comptes de clients		14 000

Les autres provisions

Les provisions pour dépréciation étudiées précédemment enregistrent une dépréciation d'éléments d'actif et sont portées en soustraction à l'actif du bilan, comme les amortissements des immobilisations. D'autres provisions figurent au passif du bilan, parce qu'elles constituent des dettes incertaines (= les provisions pour risques et charges), ou parce qu'elles viennent augmenter les capitaux propres (= les provisions réglementées).

Les provisions réglementées (n°14)

En réalité, ce ne sont pas de véritables provisions, c'est-à-dire des prévisions de dettes probables, mais des aides fiscales, enregistrées en utilisant la technique des provisions. Elles présentent, de ce fait, un caractère exceptionnel.

687 Dotations aux amortissements et aux provisions - charges exceptionnelles

14 Provisions réglementées

Le résultat de l'exercice est diminué de la somme portée au débit du compte n° 687.

Les provisions réglementées viennent au passif du bilan, dans les capitaux propres.

Les principales provisions réglementées

143 Provisions réglementées relatives aux stocks
- 1431 Hausse des prix
- 1432 Fructuation des cours

145 Amortissements dérogatoires

N.B. : Les amortissements dérogatoires ne correspondent pas à la dépréciation effective des immobilisations et représentent la différence entre l'amortissement fiscal autorisé et la dépréciation effective.

Les provisions pour risques et charges (n° 15)

Selon le PCG, ce sont des passifs dont l'échéance ou le montant n'est pas fixé de façon précise (passif défini p. 71). Le CRC (p. 9) a limité leur constatation au bilan.

68 Dotations aux amortissements et aux provisions

15 Provisions pour risques et charges

Le résultat de l'exercice est diminué de la somme portée au débit du compte n° 68.

Les provisions pour risques et charges sont portées au passif du bilan, entre les capitaux propres et les dettes.

Les principales provisions pour risques et charges

151 Provisions pour risques
- 1511 Provisions pour litiges
- 1512 Provisions pour garanties données aux clients
- 1514 Provisions pour amendes et pénalités
- 1515 Provisions pour pertes de change

153 Provisions pour pensions et obligations similaires

155 Provisions pour impôts

157 Provisions pour charges à répartir sur plusieurs exercices
- 1572 Provisions pour grosses réparations

PROVISIONS POUR RISQUES ET CHARGES : NOUVELLES RÈGLES

Le règlement 2000-06 du CRC sur les passifs, qui modifie le PCG, concerne les passifs et les provisions pour risques et charges.
Les nouvelles règles issues de ce texte sont très proches de celles de la norme internationale IAS 37 (principale différence : les provisions pour grosses réparations sont autorisées en France et ne le sont plus selon les normes IAS).

Nouvelle terminologie

– *Un passif* est un élément du patrimoine ayant une valeur économique négative pour l'entité, c'est-à-dire une obligation de l'entité à l'égard d'un tiers dont il est probable ou certain qu'elle provoquera une sortie de ressources au bénéfice de ce tiers, sans contrepartie au moins équivalente attendue de celui-ci. L'ensemble de ces éléments est dénommé *passif externe*.
– *Une dette* est un passif dont l'échéance et le montant sont fixés de façon précise.
– *Une provision pour risques et charges* est un passif dont l'échéance ou le montant n'est pas fixé de façon précise.
– *Les charges à payer* sont des passifs certains dont il est parfois nécessaire d'estimer le montant ou l'échéance avec une incertitude moindre que pour les provisions pour risques et charges.
– *Un passif éventuel* est soit une obligation potentielle de l'entité à l'égard d'un tiers, résultant d'événements dont l'existence ne sera confirmée que par la survenance, ou non, d'un ou plusieurs événements futurs incertains, soit une obligation à l'égard d'un tiers, dont il n'est pas probable ou certain qu'elle provoquera une sortie de ressources sans contrepartie au moins équivalente.

Conditions pour comptabiliser une provision pour risques et charges

L'IASC définit la prudence, qui constitue l'un des principes fondamentaux de la comptabilité (voir p. 24), comme les précautions prises, face à des incertitudes, dans les jugements nécessaires pour faire des estimations. Or un excès de prudence dans l'évaluation des provisions pour risques et charges aura pour effet de rendre les états financiers non fiables. Il faut donc mieux encadrer ces provisions et le règlement 2000-06 fixe les conditions à réunir pour les comptabiliser correctement.
Une provision pour risques et charges est comptabilisée à la clôture de l'exercice aux conditions suivantes :

1. à la date de clôture, l'entreprise a une obligation à l'égard d'un tiers ;
2. il est probable, ou certain, à la date d'établissement des comptes, que cette obligation provoquera une sortie de ressources au bénéfice du tiers, sans contrepartie au moins équivalente attendue de celui-ci après la date de clôture ;
3. le montant de l'obligation peut être évalué avec une fiabilité suffisante (l'impossibilité d'obtenir une évaluation fiable est évoquée dans des cas exceptionnels). En revanche, un passif éventuel n'est pas à comptabiliser au bilan ; il est mentionné dans l'annexe.

L'utilisation des estimations est inhérente à la préparation des états financiers et elle est essentielle dans le cas des provisions pour risques et charges, où l'incertitude est importante.
Les provisions doivent être revues à chaque fin d'exercice et ajustées pour refléter la meilleure estimation ; quand les raisons qui les ont motivées ont disparu, les provisions pour risques et charges sont annulées et rapportées au résultat, en utilisant le compte de produits 78 Reprises sur amortissements et provisions.

L'ajustement des autres comptes de bilan

D'autres ajustements que les amortissements et les provisions concernent les stocks, les créances et les dettes, la trésorerie. On distingue : 1°) les variations des stocks qui sont des charges : approvisionnements (matières et fournitures) et marchandises ; 2°) les variations des stocks qui sont des produits : en-cours et produits (biens).

L'ajustement des comptes de stocks d'approvisionnements et de marchandises

En fin d'exercice, il faut inclure dans les charges du compte de résultat les achats consommés d'approvisionnements et de marchandises, calculés ainsi :

achats consommés = achats + variations des stocks
variations des stocks = stocks initial (Si) – stock final (Sf)

CHARGES	**Compte de résultat**	PRODUITS
Achats	x	
+ Variation des stocks (Si – Sf)	y	
= Achats consommés	x + y	

L'ajustement des comptes de stocks de produits en cours et de produits

En fin d'exercice, il faut inclure dans les produits du compte de résultat, la production vendue et la production stockée de produits et d'en cours, calculées comme suit :
Production vendue = ventes de produits, de travaux, d'études, de prestations de services
Production stockée = stock final (Sf) – stock initial (Si)

CHARGES	**Compte de résultat**	PRODUITS
	Production vendue	a
	+ Production stockée (Sf—Si)	b
	+ Production immobilisée	c
	= Production de l'exercice	a + b + c

L'ajustement des créances et des dettes en monnaie nationale

En fin d'exercice, on doit isoler les créances douteuses et ajuster les provisions (voir p. 67 et 69). De plus, il faut enregistrer au débit du compte n° 654 Pertes sur créances irrécouvrables la part des créances dont le recouvrement est impossible.

L'ajustement des créances et des dettes en monnaies étrangères

Les créances et les dettes sont, à leur entrée dans l'entreprise, comptabilisées en monnaie nationale sur la base du dernier cours du change. Si le cours du change s'est modifié à l'inventaire, il apparaît des gains latents ou des pertes latentes. Les gains latents sont portés au crédit du compte n° 477 Différences de conversion - PASSIF, par le débit des comptes de créances et de dettes. Les pertes latentes sont portées au débit du compte n° 476 Différences de conversion - ACTIF par le crédit des comptes de créances et de dettes. Les pertes latentes entraînent la constitution d'une provision pour risques (n° 1515, voir p. 70).

L'ajustement des comptes bancaires

On effectue un état de rapprochement (voir p. 46 et 47).

APPLICATIONS CONCERNANT LES STOCKS

Les stocks de marchandises

Au 31/12/N, à l'inventaire, le stock final de marchandises est évalué à 55 000 €. Au début de l'exercice N, le stock initial de marchandises s'élevait à 60 000 € (évaluation faite à l'inventaire au 31/12/N – 1). Les achats de marchandises ont été de 200 000 € au cours de l'exercice N.

Livre-journal

– 1re étape : annulation du stock initial

	31/12/N		
6037	Variation des stocks de marchandises	60 000	
37	Stocks de marchandises		60 000

– 2e étape : enregistrement du stock final

	31/12/N		
37	Stocks de marchandises	55 000	
6037	Variation des stocks de marchandises		55 000

Grand livre

	37 Stocks de marchandises		6037 Variation des stocks de marchandises	
Solde avant ajustement	60 000			
Annulation du stock initial		60 000	60 000	
Enregistrement du stock final	55 000			55 000
	Solde débiteur : 55 000		Solde débiteur : 5 000	

Compte de résultat

CHARGES	Compte de résultat de l'exercice N	PRODUITS
Achats de marchandises	200 000	
+ Variations des stocks (Si – Sf)	5 000	
= Coût d'achat des marchandises vendues	205 000	

Remarque : dans le cas d'un stock final supérieur au stock initial, la variation des stocks (Si – Sf) serait négative dans le compte de résultat, ce qui correspondrait à un solde créditeur du compte 6037 qui est un compte de charges.

Les stocks de produits

Au 31/12/N, à l'inventaire, le stock final de produits est de 30 000 €, alors que le stock initial s'élevait à 40 000 €. Les ventes de produits ont été de 350 000 €. Pour mémoire, la production immobilisée de l'exercice N est nulle.

Livre-journal

Les mêmes écritures que ci-dessus sont passées, en remplaçant :
– le compte n° 6037 par le compte n° 7135 Variation des stocks de produits
– le compte n° 37 par le compte n° 35 Stocks de produits

Grand livre

Même démarche que précédemment.

Compte de résultat (présentation p. 72)

a = 350 000 ; b = –10 000 ; c = 0 ; a + b + c = 340 000

L'ajustement des comptes de gestion

Le résultat de l'exercice doit inclure toutes les charges consommées et tous les produits acquis se rattachant à l'exercice en cours, y compris les charges et les produits n'ayant pas encore été enregistrés en comptabilité. Inversement, il faut exclure les charges et les produits comptabilisés pendant l'exercice mais ne le concernant pas.

Charges non encore enregistrées en fin d'exercice et le concernant

On doit débiter un compte de charges et créditer un compte de régularisation, qui est un compte particulier de dettes : dettes provisionnées, ou charges à payer.

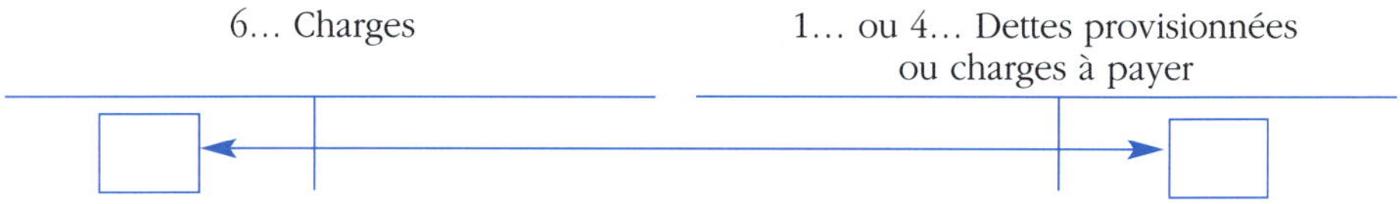

Au début de l'exercice suivant, l'enregistrement ci-dessus est contre-passé (p. 75)

Produits non encore enregistrés en fin d'exercice et le concernant

On doit créditer un compte de produits et débiter un compte de régularisation, qui est un compte particulier de créances : produits à recevoir.

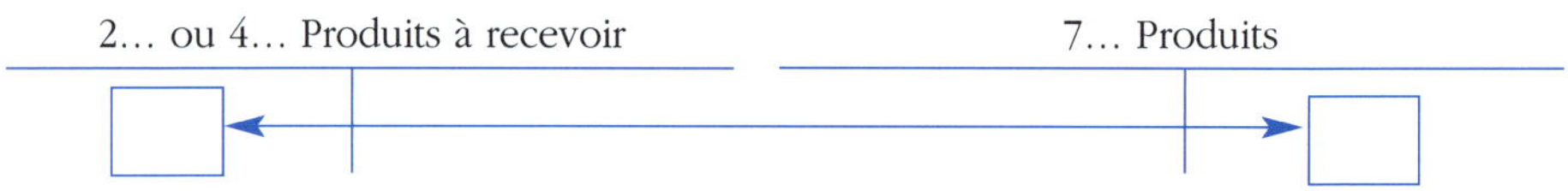

Au début de l'exercice suivant, l'enregistrement ci-dessus est contre-passé.

Charges constatées d'avance

Il faut créditer un compte de charges en débitant un compte de régularisation, qui est une créance sur l'exercice suivant : n° 486 Charges constatées d'avance.

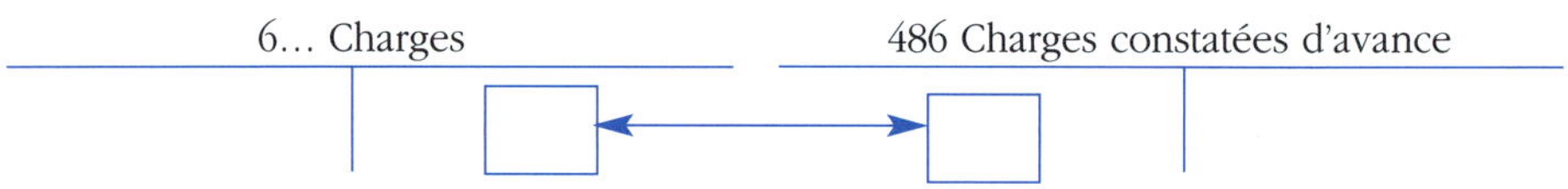

Il y a contre-passation de cet enregistrement au début de l'exercice suivant (p. 75).

Produits constatés d'avance

Un compte de produits doit être débité en créditant un compte de régularisation, qui représente une dette vis-à-vis de l'exercice suivant (n° 487).

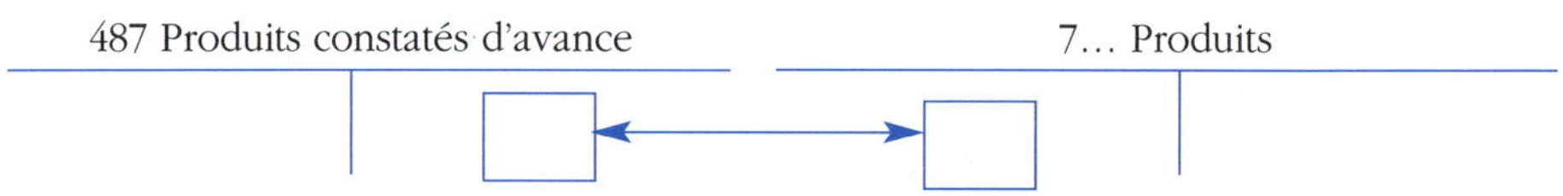

On contre-passe cet enregistrement au début de l'exercice suivant.

EXEMPLES

Dans les exemples qui suivent, pour simplifier, il n'a pas été tenu compte de la TVA.

Charges à payer

31/12/N : des marchandises achetées pour 10 000 € figurent dans le stock final, mais la facture n'est pas encore parvenue (le critère de rattachement de la charge à l'exercice est la livraison).
01/01/N + 1 : contre-passation de l'enregistrement comptable précédent.
10/01/N + 1 : réception de la facture d'achat, d'un montant de 10 000 €.

	20/09/N		
607	Achats de marchandises	10 000	
408	Fournisseurs - Factures non parvenues		10 000
	31/12/N		
408	Fournisseurs - Factures non parvenues	10 000	
607	Achats de marchandises		10 000
	01/01/N + 1		
607	Achats de marchandises	10 000	
401	Fournisseurs		10 000

Le résultat de l'exercice N est diminué de 10 000 € (écriture au 31/12/N).
Le résultat de l'exercice N + 1 n'est pas modifié par l'achat de marchandises (qui concerne l'exercice N) : en effet, le compte 607 Achats de marchandises, en N + 1, est crédité, puis débité de 10 000 €.

Charges constatées d'avance

20/09/N : on a payé les primes d'assurance du matériel de transport pour la période allant du 0l/10/N au 30/09/N + 1 : le montant versé est de 12 000 € (soit 1 000 € par mois).
31/12/N : 9 mois de primes payées (du 01/01/N + 1 au 30/09/N + 1) représentent des charges constatées d'avance pour l'exercice N : 1 000 × 9 = 9 000 €.
01/01/N + 1 : contre-passation de l'enregistrement comptable précédent, qui opère le transfert des charges sur l'exercice N + 1.

	20/09/N		
616	Primes d'assurance	12 000	
512	Banques		12 000
	31/12/N		
486	Charges constatées d'avance	9 000	
616	Primes d'assurance		9 000
	01/01/N + 1		
616	Primes d'assurances	9 000	
486	Charges constatées d'avance		9 000

Le résultat de l'exercice N est diminué de : 12 000 – 9 000 = 3 000 € (3 mois de primes).
Le résultat de l'exercice N + l est diminué de : 9 000 € (9 mois de primes).

Le compte de résultat

Le résultat traduit l'enrichissement (ou l'appauvrissement) de l'entreprise pendant l'exercice, qu'il s'agisse d'opérations courantes (résultat courant) ou exceptionnelles (résultat exceptionnel). Le compte de résultat est présenté en conformité avec les modèles, en tableau ou en liste, du système de base ou du système abrégé (pour les petites entités). Seul le système développé, facultatif et plus détaillé, se limite à un tracé en tableau.

Les deux présentations du compte de résultat

Le compte de résultat peut être présenté sous forme d'un compte, en inscrivant les produits dans la partie droite et les charges dans la partie gauche du compte. C'est la présentation généralement adoptée en France et dite en tableau.
Le compte de résultat peut être présenté en liste, en plaçant les charges en dessous des produits, de manière à faire apparaître, par différence, des soldes ou des résultats intermédiaires. C'est la présentation retenue par les Anglo-Saxons.

La présentation en tableau dans la comptabilité française

Charges (hors taxes)	Exercice		Produits (hors taxes)	Exercice	
	N	N – 1		N	N –1
I - Charges d'exploitation II - Charges financières III - Charges exceptionnelles IV - Participation des salariés V - Impôts sur les bénéfices **Solde créditeur = bénéfice**			I - Produits d'exploitation II - Produits financiers III - Produits exceptionnels **Solde débiteur = perte**		
Total général			**Total général**		

La présentation en liste dans la comptabilité française

Produits et charges (hors taxes)	Exercice N	Exercice N – 1
Produits d'exploitation – Charges d'exploitation = Résultat d'exploitation (1)		
Produits financiers – Charges financières = Résultat financier (2)		
Résultat courant avant impôts (3) = (1) + (2)		
Produits exceptionnels – Charges exceptionnelles = Résultat exceptionnel (4)		
Participation des salariés aux résultats (5) Impôts sur les bénéfices (6)		
Bénéfice ou perte (3) + (4) – (5) – (6)		

PRÉSENTATION DU COMPTE DE RÉSULTAT

Au 31/12/N, les soldes des comptes de charges et de produits d'une entreprise, après ajustements d'inventaire, sont donnés ci-après. On demande de présenter le compte de résultat.

607 Achats de marchandises	200 000	
6037 Variation des stocks de marchandises	5 000	
616 Primes d'assurance	33 000	
630 Impôts, taxes et versements assimilés	18 500	
640 Charges de personnel	95 000	
661 Charges d'intérêts	25 000	
675 Valeurs comptables des éléments d'actif cédés	24 000	
681 D.A.P. (1) - charges d'exploitation	28 400	
707 Ventes de marchandises		450 000
765 Escomptes obtenus		1 200
775 Produits des cessions d'éléments d'actif		39 700

(1) Dotations aux amortissements et aux provisions.

CHARGES — Compte de résultat de l'exercice N — PRODUITS

CHARGES		PRODUITS	
CHARGES D'EXPLOITATION		**PRODUITS D'EXPLOITATION**	
Achats de marchandises	200 000	Ventes de marchandises	450 000
Variation de stocks de marchandises	5 000		
Autres achats et charges externes	33 000		
Impôts, taxes et versements assimilés	18 500		
Charges de personnel	95 000		
Dotations aux amortissements et aux provisions	28 400		
CHARGES FINANCIÈRES		**PRODUITS FINANCIERS**	
Intérêts et charges assimilées	25 000	Escomptes obtenus	1 200
CHARGES EXCEPTIONNELLES		**PRODUITS EXCEPTIONNELS**	
Sur opérations en capital	24 000	Sur opérations en capital	39 700
Solde créditeur = bénéfice	62 000		
TOTAL GÉNÉRAL	490 900	TOTAL GÉNÉRAL	490 900

Place des comptes de charges et de produits dans le compte de résultat

CHARGES (p. 35)		PRODUITS (p. 35)	
catégories	numéros des comptes	catégories	numéros des comptes
Exploitation	60 à 65 + 681	Exploitation	70 à 75 + 781 + 791
Financières	66 + 686	Financiers	76 + 786 + 796
Exceptionnelles	67 + 687	Exceptionnels	77 + 787 + 797

Remarque concernant l'imposition des bénéfices

Il existe deux types d'impôt sur les bénéfices : l'impôt sur les sociétés et l'impôt sur le revenu. L'impôt sur les sociétés frappe les bénéfices des sociétés anonymes et des SARL ; il constitue une charge de la société (n° 695) et il est payé par elle. Le résultat qui apparaît dans le compte de résultat est, pour ces sociétés, un résultat après impôt.

L'impôt sur le revenu concerne le bénéfice des entreprises individuelles et des sociétés de personnes. L'impôt n'est pas alors une charge de l'entreprise, mais une charge personnelle de l'exploitant ou des associés et il est payé par eux. Le résultat dégagé en comptabilité est un résultat avant impôt ; c'est le cas dans l'exemple ci-dessus.

Le bilan

Les comptes annuels (ou documents de synthèse) comprennent le bilan, le compte de résultat et l'annexe. Ils sont élaborés à la fin de l'exercice, après les travaux d'inventaire (p. 20). Le bilan est l'état des ressources et des moyens dont dispose l'entreprise ; il peut être établi avant ou après la répartition du résultat. Il est presque toujours présenté en tableau. Le PCG 1999 propose un seul modèle en liste placé dans le système de base. Mais la présentation en liste par les commerçants n'est pas prévue par la législation.

Le compte n° 12 Résultat de l'exercice

Il apparaît à la fin de l'exercice, par virement des comptes de charges et de produits, qui se trouvent soldés. Chacun des comptes de charges est crédité, de manière à être soldé, par le débit du compte n° 12 ; chacun des comptes de produits est débité pour solde, par le crédit du compte n° 12.

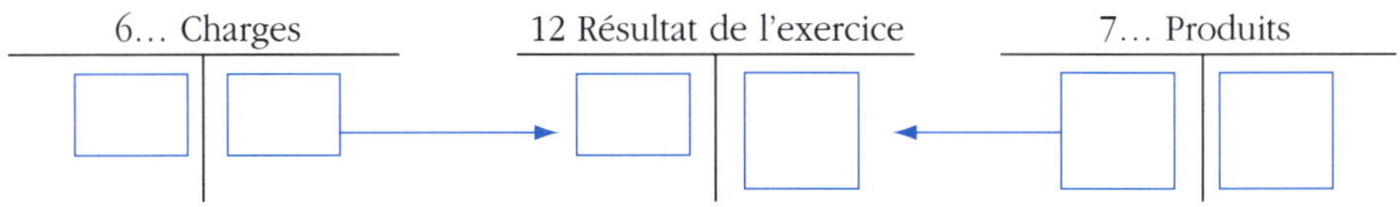

Le bilan regroupe les soldes des comptes de bilan (classes 1, 2, 3, 4, 5)

– *Principe* : les comptes de bilan ayant un solde débiteur sont placés à l'actif du bilan, les comptes ayant un solde créditeur figurent au passif.

– *Exceptions* : Certains comptes créditeurs viennent en déduction à l'actif (il en est ainsi pour les amortissements et les provisions pour dépréciation). Les comptes 11 « Report à nouveau » et 12 « Résultat de l'exercice » sont débiteurs en cas de pertes et s'inscrivent alors au passif du bilan avec le signe moins.

Structure du bilan en tableau (système de base)

Actif	Exercice N			Exercice N–1	Passif	Exercice N	Exercice N–1
	Brut	(A)	Net	Net			
I - Actif immobilisé II - Actif circulant III - Charges à répartir IV - Primes de remboursement V - Écarts de conversion Actif					I - Capitaux propres II - Provisions pour risques et charges III - Dettes IV - Écarts de conversion Passif		
Total général (de I à V)					Total général (de I à IV)		

(A) Amortissements et provisions (à déduire).

PRÉSENTATION DU BILAN (SYSTÈME ABRÉGÉ)

Actif (A) Amortissements et provisions (à déduire)	Exercice N Brut	Exercice N (A)	Exercice N Net	Exercice N – 1 Net	Passif	Exercice N	Exercice N – 1
Actif immobilisé (a) :					Capitaux propres (c) :		
Immobilisations incorporelles :					Capital		
Fonds commercial (b)					Écart de réévaluation (c)		
Autres					Réserves :		
Immobilisations corporelles					Réserve légale		
Immobilisations financières (1)					Réserves réglementées		
Total I	X	X	X	X	Autres (4)		
Actif circulant :					Report à nouveau (d)		
Stocks et en-cours (autres que marchandises) (a)					**Résultat de l'exercice** (bénéfice ou perte) (d)		
Marchandises (a)					Provisions réglementées		
Avances et acomptes versés sur commandes					**Total I**	X	X
Créances (2) :					Provisions pour risques et charges **(II)**	X	X
Clients et comptes rattachés (a)					Dettes (5) :		
Autres (3)					Emprunts et dettes assimilées		
Valeurs mobilières de placement					Avances et acomptes reçus sur commandes en cours		
Disponibilités (autres que caisse)					Fournisseurs et comptes rattachés		
Caisse					Autres (3)		
Total II	X	X	X	X			
Charges constatées d'avance (2) (*) **(III)**	X	X	X	X	**Total III**	X	X
					Produits constatés d'avance (2) **(IV)**	X	X
Total général (I + II + III)	X	X	X	X	**Total général (I+II+III+IV)**	X	X
(1) Dont à moins d'un an (2) Dont à plus d'un an (3) Dont comptes courants d'associés					(4) Dont réserves statutaires (5) Dont à plus de 5 ans Dont à plus d'un an et moins de 5 ans Dont à moins d'un an		

(a) Les actifs avec clause de réserve de propriété sont regroupés sur une ligne distincte portant la mention « dont… avec clause de réserve de propriété ». En cas d'impossibilité d'identifier les biens, un renvoi au pied du bilan indique le montant restant à payer sur ces biens, qui comprend celui des effets non échus. (b) Y compris droit au bail. (c) A détailler conformément à la législation en vigueur. (d) Montant entre parenthèses ou précédé du signe moins (–) lorsqu'il s'agit de pertes. (*) Le cas échéant, les entités ouvrent un poste « Charges à répartir sur plusieurs exercices » qui forme le total III, le total général étant modifié en conséquence.

L'annexe

Le bilan et le compte de résultat, ne peuvent, à eux seuls, donner une image fidèle de la situation et de l'activité de l'entreprise. Il faut savoir comment les chiffres ont été obtenus, ce qui est important, s'ils influencent le jugement des destinataires de l'information ; il faut que les états financiers soient clairs et compréhensibles. Aussi, l'annexe constitue un 3e document de synthèse, dont le rôle est de compléter et de commenter l'information donnée par le bilan et le compte de résultat.

Les caractéristiques générales de l'annexe

Le décret comptable (p. 9) fournit le contenu de l'annexe en 24 points (p. 81) et le PCG 1999 détaille les informations à fournir. Mais on n'a donné aucune règle concernant : 1°) la structure et la présentation de l'annexe (sauf des modèles de tableaux dans le PCG 1999) ; 2°) les caractéristiques et les qualités de l'information.

La structure et la présentation de l'annexe

Il est nécessaire d'éviter la lourdeur, le foisonnement et l'inorganisation de l'information. Il n'existe pas de présentation normalisée et c'est à l'entreprise de trouver un ordre de classement assurant la cohérence de l'information.
Dans leur majorité, les entreprises adoptent la structure suivante :

- *Éléments fondamentaux d'information* :
— principes comptables et méthodes d'évaluation (choix, dérogations, exceptions)
— comparabilité des comptes (changements de méthodes, autres ruptures de comparabilité et traitements correspondants).

- *Explications des postes du bilan et du compte de résultat* : la lecture des comptes annuels est facilitée par des renvois du bilan et du compte de résultat vers l'annexe, en mettant en évidence les informations importantes.

- *Autres informations.*

Les qualités de l'information à fournir dans l'annexe

- *L'information doit être comprise par le plus grand nombre de lecteurs* et, pour cela, il convient d'éviter l'abondance, la trop grande technicité, l'obscurité de l'information.

- *L'information doit être significative* : est significative toute information qui, si elle n'était pas communiquée, serait susceptible de modifier le jugement du lecteur des comptes.
L'entreprise doit fournir toutes les informations significatives : c'est à cause de leur caractère significatif que la présentation des informations dans l'annexe devient obligatoire.

- *L'information doit être claire et succincte* : la qualité de l'annexe tient beaucoup plus à la pertinence des indications présentées qu'à leur volume.
L'utilisation d'un tableau ne constitue pas forcément le meilleur choix dans tous les cas. Un commentaire de quelques lignes peut être préférable lorsqu'il y a peu de données chiffrées. De toute façon, la présentation d'un tableau ne dispense de commentaire : un tableau doit être expliqué.

CONTENU DE L'ANNEXE EN FRANCE

L'annexe doit contenir des informations expressément prévues par les textes.

Informations obligatoires quelles que soient les circonstances

Selon le Code de commerce, doivent figurer dans l'annexe : des informations complémentaires lorsque l'application d'une prescription comptable ne suffit pas pour donner l'image fidèle ; les motifs de dérogation aux prescriptions comptables dont l'application se révélerait impropre à donner une image fidèle ; la justification des modifications intervenues dans la présentation des comptes annuels et dans les méthodes d'évaluation.

Informations obligatoires en raison de leur importance significative et de la taille de l'entreprise

L'article 24 du décret comptable (29/11/1983) donne une liste de 24 points : les personnes physiques n'ont pas à fournir les informations 10 à 24 ; les personnes morales, qui peuvent adopter une présentation simplifiée des comptes annuels en raison de leur taille, ne sont pas tenues de mentionner à l'annexe les informations 18 à 24. Voici les informations à fournir par toutes les entreprises (9 premiers points) :

1. les modes et méthodes d'évaluation appliqués aux divers postes du bilan et du compte de résultat ;
2. les méthodes utilisées pour le calcul des amortissements et des provisions, leur montant par catégories en distinguant ceux qui ont été pratiqués pour l'application de la législation fiscale ;
3. les circonstances qui empêchent de comparer d'un exercice à l'autre certains postes du bilan et du compte de résultat, et, le cas échéant, les moyens qui permettent d'en assurer la comparaison ;
4. les mouvements ayant affecté les divers postes de l'actif immobilisé ;
5. la nature, le montant et le traitement comptable des écarts de conversion en monnaie nationale d'éléments exprimés en monnaie étrangère ;
6. les méthodes utilisées, en cas de réévaluation, pour le calcul des valeurs retenues, la liste des postes concernés au bilan et au compte de résultat et les montants correspondants, le traitement fiscal de l'écart de réévaluation, les mouvements ayant affecté, pendant l'exercice, les postes de passif concernés ;
7. les créances et les dettes classées selon la durée restant à courir jusqu'à leur échéance en distinguant, d'une part, les créances à un an au plus et, d'autre part, les dettes à un an au plus, à plus d'un an et cinq ans au plus et à plus de cinq ans ;
8. l'indication, pour chacun des postes relatifs aux dettes, de celles garanties par des sûretés réelles ;
9. le montant des engagements financiers classés par catégories, en distinguant, le cas échéant, ceux qui concernent les dirigeants, les filiales, les participations et les autres entreprises liées.

Annexe selon le PCG 1999

Le PCG 1999 décrit le contenu des informations à fournir dans l'annexe : règles et méthodes comptables ; compléments d'information relatifs au bilan et au compte de résultat ; autres éléments d'information. S'y ajoutent les informations présentées sous forme de tableau : 1°) système de base (T = tableau, Tx = tableaux) : T des immobilisations ; T des amortissements ; T des provisions ; état des échéances des créances et des dettes ; T des filiales et participations ; Tx du portefeuille de TIAP (p. 53) ; 2°) système développé : T des soldes intermédiaires de gestion ; capacité d'autofinancement ; T de financement en compte (p. 97 et p. 99) et en liste.

La consolidation

Les comptes consolidés ont pour objet de présenter la situation financière et le résultat d'un ensemble d'entreprises appelé groupe comme si ces dernières ne constituaient qu'une seule entité. Le nouveau dispositif de consolidation en France vise à rapprocher la réglementation française des référentiels internationaux. Les comptes consolidés comprennent le bilan consolidé, le compte de résultat consolidé et l'annexe ; cette dernière prescrit l'établissement d'un tableau des flux de trésorerie.

Qu'est-ce que consolider ?

Consolider c'est substituer au montant des titres de participation, qui figurent à l'actif du bilan d'une entreprise consolidante, la part des capitaux propres (éventuellement retraités et y compris le résultat de l'exercice) de l'entreprise émettrice des titres. Les composantes des capitaux propres figurent à la p. 56.

La consolidation en France

Le règlement européen du 19/7/2002 (voir p. 28) fait obligation aux sociétés européennes cotées d'établir, à compter du 1/1/2005, leurs comptes consolidés conformément aux normes de l'IASB. Pour les sociétés non cotées, les États membres peuvent autoriser ou obliger ces sociétés à élaborer leurs comptes consolidés conformément aux normes internationales. En France, le CNC a adopté la position suivante, face aux options ouvertes par le règlement européen :
1) limiter *l'application obligatoire* des normes de l'IASB en 2005 aux comptes consolidés des sociétés cotées ;
2) ouvrir l'option aux sociétés non cotées, c'est-à-dire *autoriser* ces sociétés, si elles le souhaitent, à établir des comptes consolidés en se référant aux normes de l'IASB ; si elles ne le souhaitent pas, elles continueront à élaborer leurs comptes consolidés selon les règles françaises, en application du règlement 99-02 du CRC.
De toute manière, il apparaît nécessaire et urgent de faire évoluer les règles du PCG, consacrées uniquement aux comptes individuels (p. 30), vers les normes de l'IASB (en effet, les sociétés françaises utilisant les normes IASB pour leurs comptes consolidés doivent publier des comptes individuels en normes françaises).

Le périmètre de consolidation

Les comptes de groupe sont les comptes consolidés des sociétés incluses dans le périmètre de consolidation : la société mère et les sociétés qu'elle contrôle, ou, sur lesquelles elle exerce une influence notable. Le contrôle peut être exclusif ou conjoint.

- *Le contrôle est exclusif* si la société consolidante possède plus de 50 % des droits de vote (= contrôle majoritaire), ou bien si elle nomme la majorité des organes dirigeants (= contrôle de fait), ou bien si elle exerce une influence dominante en vertu d'un contrat (= contrôle contractuel).

- *Le contrôle est conjoint* s'il est partagé entre un petit nombre de sociétés vis-à-vis de filiales communes et si ce contrôle fait l'objet d'un accord contractuel.

- *L'influence notable* sur une entreprise est présumée si une société possède au moins 20 % des droits de vote de cette entreprise, directement ou indirectement.

EXEMPLE DE CALCULS PRÉPARATOIRES À LA CONSOLIDATION

– Une société M crée une filiale A et souscrit 90 % de son capital, qui s'élève à un million d'euros. Les bilans des deux sociétés, à la création de la filiale, sont les suivants (montants en milliers d'euros) :

Bilan de M

Actif		Passif	
Immobilisations	4 000	Capital	3 000
Titres de participation A	900	Réserves	1 700
Autres actifs	3 600	Dettes	3 800
	8 500		8 500

Bilan de A

Actif		Passif	
Immobilisations	500	Capital	1 000
Autres actifs	500		
	1 000		1 000

intérêts de M = 90 % de 1 000 = 900

intérêts minoritaires = 10 % de 1 000 = 100

On peut représenter le lien financier entre M et A de la manière simplifiée suivante :

M —— 90 % ——> A

– À la fin de la première année d'activité, la filiale A a réalisé un bénéfice de 100 000 euros et les bilans se présentent ainsi (montants en milliers d'euros) :

Bilan de M

Actif		Passif	
Immobilisations	5 000	Capital	3 000
		Réserves	1 700
Titres de participation A	900	Résultat	500
Autres actifs	4 600	Dettes	5 300
	10 500		10 500

Bilan de A

Actif		Passif	
Immobilisations	600	Capital	1 000
Autres actifs	800	Résultat	100
		Dettes	300
	1 400		1 400

intérêts de M = 90 % de (1 000 + 100) = 990

intérêts minoritaires = 10 % de (1 000 + 100) = 110

Les titres de participation A détenus par M donnent droit à :

- 90 % du capital de A = 900 ← valeur des titres A dans le bilan de M
- 90 % des résultats de A = 90 ← part de M dans le résultat de A (= plus-value sur titres A détenus par M)

TOTAL 990

- Conclusion : les titres de participation A détenus par M lui donnent la propriété de 90 % des capitaux propres de A, soit 90 % de l'actif et 90 % des dettes. En effet : Capitaux propres = actif – dettes ⇒90 % des capitaux propres = 90 % de l'actif – 90 % des dettes.

Les méthodes de consolidation

Il y a trois méthodes de consolidation : 1) la méthode de l'intégration globale, qui s'impose en cas de contrôle exclusif ; 2) la méthode de l'intégration proportionnelle, retenue en cas de contrôle conjoint ; 3) la méthode de la mise en équivalence, utilisée si l'influence notable existe. L'intégration globale est la seule méthode complète de consolidation.

La méthode de l'intégration globale

C'est la seule méthode complète de consolidation. Elle consiste à :
– intégrer dans les comptes de l'entreprise consolidante tous les éléments du bilan et du résultat de l'entreprise consolidée, après retraitements éventuels,
– éliminer les opérations et les comptes qui les concernent réciproquement,
– répartir les capitaux propres et le résultat entre les intérêts de l'entreprise consolidante et les intérêts des autres associés, appelés « intérêts minoritaires ».
La différence constatée entre la quote-part du capital et des réserves de l'entreprise consolidée revenant à l'entreprise consolidante et la valeur comptable des titres, que détient cette dernière, représente une « différence de consolidation » à porter dans les capitaux propres (réserves consolidées) du bilan consolidé.

La méthode de l'intégration proportionnelle

Cette méthode convient dans le cas de filiales communes (contrôle conjoint), mais elle est peu utilisée à l'étranger. Elle consiste à intégrer dans les comptes de l'entreprise consolidante la fraction représentative de ses intérêts dans les éléments du bilan et du résultat de l'entreprise consolidée, et à éliminer les opérations et les comptes qui les concernent réciproquement. L'intégration proportionnelle est soumise aux mêmes règles que l'intégration globale, avec une différence : l'absence d'intérêts minoritaires.

La méthode de la mise en équivalence

Ce n'est pas une vraie méthode de consolidation mais plutôt une méthode de réévaluation des titres de participation dans un contexte de consolidation. On substitue à la valeur comptable des titres, dans le bilan de l'entreprise détentrice, la part des capitaux propres (y compris le résultat) que représentent ces titres, lesquels, ainsi valorisés, viennent à l'actif du bilan consolidé dans le poste « Titres mis en équivalence » (p. 87). La part de l'entreprise consolidante dans le résultat de la société consolidée apparaît en clair dans le compte de résultat consolidé, sous la rubrique
« Quote-part dans les résultats des entreprises mises en équivalence » (p. 87).

Signification de l'écart d'acquisition

Cet écart est la différence entre le coût d'acquisition des titres d'une entreprise consolidable et la part acquise dans les capitaux propres de cette entreprise à la date d'acquisition. L'écart est positif si l'on paie plus cher que cela ne vaut ; il est inscrit à l'actif du bilan consolidé (p. 87) et amorti sur une durée raisonnable. L'écart négatif est compensé par des écarts positifs et l'excédent négatif est rapporté au résultat.

APPLICATION DE LA MÉTHODE DE L'INTÉGRATION GLOBALE

Bilan des sociétés M et A (suite de la p. 83)

À la fin de la 2e année d'activité de la société A, on donne les bilans de M et de A (montants en milliers d'euros). Chez A, le bénéfice de la 1re année d'activité (= 100) a été intégralement conservé et mis en réserves, tandis que, chez M, on a distribué 200 de dividendes, le reste (= 300) étant ajouté aux réserves.

Bilan de M

Actif		Passif	
Immobilisations	6 000	Capital	3 000
		Réserves	2 000
Titres de participation A	900	Résultat	800
Autres actifs	5 100	Dettes	6 200
	12 000		12 000

Bilan de A

Actif		Passif	
Immobilisations	750	Capital	1 000
Autres actifs	950	Réserves	100
		Résultat	200
		Dettes	400
	1 700		1 700

intérêts de M = 90 % de (1 000 + 100 + 200) = 1 170

intérêts minoritaires = 10 % de (1 000 + 100 + 200) = 130

Partage des capitaux propres de la filiale A entre part du groupe et intérêts minoritaires

Capitaux propres de A	Montant	Part du groupe : 90 %	Intérêts minoritaires : 10 %
Capital	1 000	900	100
Réserves	100	90	10
Total capital et réserves	1 100	990	110
Résultat	200	180	20

900 : Valeur des titres A détenus par M

90 : Part de M dans les réserves de A (= différence de consolidation)

180 : Part de M dans le résultat de A

Présentation du bilan consolidé du groupe M + A

On procède au cumul des deux bilans (addition des nombres) puis on constate le partage des capitaux propres de A, avec élimination des titres de participation, qui font double emploi avec les éléments de A repris. On note : dc = différence de consolidation.

Bilan consolidé du groupe M + A

ACTIF		PASSIF	
Actif immobilisé		**Capitaux propres (part du groupe)**	
Immobilisations (6 000 + 750)	6 750	Capital (M)	3 000
		Réserves consolidées (M : 2 000 + dc : 90)	2 090
Actif circulant		Résultat consolidé (800 + 180)	980
Autres actifs (5 100 + 950)	6 050	Total	6 070
		Intérêts minoritaires	
		• sur capital et réserves	110
		• sur résultat	20
		Total	130
		Dettes (6 200 + 400)	6 600
Total de l'actif	12 800	Total du passif	12 800

Aspects techniques

Avant la consolidation, il faut résoudre certains problèmes pratiques : inventaire des titres de la société mère, étude des liaisons financières entre les sociétés, mise sur pied du plan comptable du groupe pour uniformiser les procédures comptables, les méthodes d'évaluation et le contenu des informations, etc. Après réalisation des travaux de consolidation, sont présentés les documents de synthèse consolidés : bilan, compte de résultat, annexe. Les modèles de la page 87 sont fournis par l'arrêté du 22/6/1999.

Les travaux de consolidation

Ils comprennent des retraitements pour harmoniser les comptes des différentes sociétés, l'élimination des opérations réciproques entre sociétés du groupe, la présentation des comptes consolidés.

Les principaux retraitements dans les comptes des sociétés consolidées

Les sociétés du groupe peuvent ne pas appliquer les mêmes méthodes d'évaluation, notamment pour des raisons fiscales ou juridiques (filiales situées dans des pays étrangers). Avant d'intégrer les comptes des sociétés consolidées dans ceux de la société mère, il faut les retraiter, pour respecter les principes et méthodes de consolidation définis par le groupe. Parmi les exemples de retraitements les plus courants, on peut citer : le retraitement des amortissements, des provisions, le retraitement des impôts sur les bénéfices, le résultat du groupe ayant été modifié par les retraitements précédents.

L'élimination des opérations réciproques

Le groupe formant une entité unique, les comptes consolidés ne doivent faire apparaître que les opérations effectuées avec des tiers extérieurs à cette entité. Il faut donc éliminer toutes les opérations, dites réciproques, réalisées entre les sociétés du groupe. Certaines de ces éliminations n'affectent pas les capitaux propres consolidés, ou le résultat consolidé ; il en est ainsi pour l'élimination des dettes et créances réciproques, ou des produits et des charges réciproques.

D'autres éliminations, au contraire, influent sur les éléments précités, par exemple l'élimination des dividendes reçus de sociétés consolidées par la société mère, ou l'élimination du profit réalisé par une société du groupe et compris dans le stock d'une autre société consolidée, ou encore l'élimination des plus-values sur cessions internes d'immobilisations.

La présentation des comptes consolidés

- *Bilan consolidé*. Il est présenté sous forme de tableau (p. 87) (ou éventuellement sous forme de liste). Il est établi avant répartition (ou avant et après répartition).

- *Compte de résultat consolidé*. Il est présenté sous forme de liste (ou éventuellement de tableau), selon un classement des produits et des charges soit par nature, soit par destination (p. 87). Il y a rapprochement avec la comptabilité anglo-saxonne.

- *Annexe*. Elle doit comporter toute information de caractère significatif. L'arrêté du 22/6/1999 donne une liste non limitative d'informations à fournir : éléments fondamentaux, explications des postes du bilan et du compte de résultat, autres éléments.

DOCUMENTS DE SYNTHÈSE CONSOLIDÉS

Modèle de bilan

Actif	Exercice N	Exercice N - 1	Passif	Exercice N	Exercice N - 1
Actif immobilisé Écarts d'acquisition .... Immobilisations incorporelles .... Immobilisations corporelles .... Immobilisations financières...................... Titres mis en équivalence... **Actif circulant** Stocks et en cours .... Clients et comptes rattachés Autres créances et comptes de régularisation .... Valeurs mobilières de placement .... Disponibilités			**Capitaux propres (part du groupe)** Capital (1) .... Primes (1) .... Réserves et résultat consolidés (2) .... Autres (3) .... **Intérêts minoritaires** ... **Provisions pour risques et charges** .... Dettes Emprunts et dettes financières .... Fournisseurs et comptes rattachés .... Autres dettes et comptes de régularisation		
Total de l'actif			**Total du passif**		

(1) De l'entreprise mère consolidante. ; (2) Dont résultat net de l'exercice ; (3) À détailler dans le tableau de variation des capitaux propres consolidés (part du groupe).

Modèle de compte de résultat (classement des charges et produits par destination)

	Exercice N	Exercice N - 1
Chiffre d'affaires		
Coût des ventes		
Charges commerciales		
Charges administratives		
Autres charges et produits d'exploitation		
Résultat d'exploitation		
Charges et produits financiers		
Résultat courant des entreprises intégrées		
Charges et produits exceptionnels		
Impôts sur les résultats		
Résultat net des entreprises intégrées		
Quote-part dans les résultats des entreprises mises en équivalence		
Dotations aux amortissements des écarts d'acquisition		
Résultat net de l'ensemble consolidé		
Intérêts minoritaires		
Résultat net (part du groupe)		
Résultat par action		
Résultat dilué par action		

Les soldes intermédiaires de gestion

Il est possible de distinguer différents niveaux dans les produits et les charges et de calculer, pour chaque niveau, une fraction du résultat de l'exercice appelée solde intermédiaire de gestion (SIG). Dans l'annexe spécifique au système développé, le PCG 1999 fournit un tableau de calcul des SIG tels qu'ils sont présentés ci-dessous.

Solde n° 1 : marge commerciale (MC)

MC = ventes de marchandises – coût d'achat des marchandises vendues
Coût d'achat des marchandises vendues = achats et frais d'achat de marchandises
+ (stock initial – stock final) de marchandises

Solde n° 2 : production de l'exercice (PE)

PE = production vendue + production stockée + production immobilisée
Production vendue = ventes de produits, de travaux, d'études, de services
Production stockée = (stock final – stock initial) de produits finis et d'en cours
Production immobilisée = travaux faits par l'entreprise pour elle-même

Solde n° 3 : valeur ajoutée (VA)

Cet indicateur fondamental exprime la création ou l'accroissement de valeur que l'entreprise apporte aux biens et services provenant des tiers.

VA = MC + PE – consommation en provenance des tiers

Consommation en provenance des tiers = comptes 60 (sauf marchandises), 61 et 62

Solde n° 4 : excédent brut d'exploitation (EBE)

EBE = VA + subventions d'exploitation – impôts et taxes – charges de personnel
Les produits calculés (reprises sur amort. et provisions = RAP) et les charges calculées (dotations aux amort. et provisions = DAP) sont exclus de l'EBE.

Solde n° 5 : résultat d'exploitation (RE)

RE = EBE + RAP d'exploitation + autres produits d'exploitation
– DAP d'exploitation – autres charges d'exploitation

Solde n° 6 : résultat courant avant impôt (RCAI)

RCAI = RE + produits financiers – charges financières

Solde n° 7 : résultat exceptionnel

Résultat exceptionnel = produits exceptionnels – charges exceptionnelles

Solde n° 8 : résultat de l'exercice

Résultat de l'exercice = RCAI + résultat exceptionnel
– participation des salariés – impôts sur les bénéfices

Solde n° 9 : plus ou moins-values sur cessions d'éléments d'actif (PMVCEA)

PMVCEA = produits des cessions d'éléments d'actif
– valeur comptable des éléments d'actif cédés

EXEMPLE

On donne les charges et les produits relatifs aux exercices N et N – 1 pour une entreprise productrice du secteur de la chimie (sommes en millions d'euros).

CHARGES	N	N – 1	PRODUITS	N	N – 1
Matières 1res consommées	1 000	955	Ventes	3 286	3 036
Services extérieurs consommés	770	670	Autres produits d'exploitation	20	25
Impôts et taxes	75	70	Produits financiers	10	8
Salaires et charges sociales	900	898	Produits exceptionnels	105	85
Autres charges d'exploitation	50	52			
Dotations aux amortissements et aux provisions	145	135	Les stocks de produits finis sont les suivants : – au 31/12/N – 2 : 450 – au 31/12/N –1 : 485 – au 31/12/N : 370		
Charges financières	101	112			
Charges exceptionnelles	150	195			
Impôts sur les bénéfices	45	43	L'entreprise a fabriqué des machines destinées à ses propres besoins et qui ont coûté : 35 en N et 40 en N – 1		

On a calculé ci-dessous les soldes intermédiaires de gestion pour les exercices N et N – 1, en les exprimant en millions d'euros et en pourcentage par rapport à la production.

Tableau de calcul des soldes intermédiaires de gestion

n°	DÉSIGNATION	N		N-1	
1	Production vendue	3 286		3 036	
2	Production stockée	– 115		35	
3	Production immobilisée	35		40	
4	**PRODUCTION DE L'EXERCICE (1 + 2 + 3)**	3 206	100	3 111	100
5	Matières premières consommées	1 000	31,19	955	30,70
6	Services extérieurs consommés	770	24,02	670	21,54
7	Consommations en provenance des tiers (5 + 6)	1 770	55,21	1 625	52,23
8	**VALEUR AJOUTÉE (4 – 7)**	1 436	44,79	1 486	47,76
9	Impôts et taxes	75	2,34	70	2,25
10	Charges de personnel	900	28,07	898	28,87
11	**EXCÉDENT BRUT D'EXPLOITATION (8 – 9 – 10)**	461	14,38	518	16,65
12	Autres produits d'exploitation	20	0,62	25	0,80
13	Dotations aux amortissements et aux provisions	145	4,52	135	4,34
14	Autres charges d'exploitation	50	1,56	52	1,67
15	**RÉSULTAT D'EXPLOITATION (11 + 12 – 13 – 14)**	286	8,92	356	11,44
16	Produits financiers	10	0,31	8	0,26
17	Charges financières	101	3,15	112	3,60
18	**RÉSULTAT COURANT AVANT IMPÔT (15 + 16 – 17)**	195	6,08	252	8,10
19	Produits exceptionnels	105	3,27	85	2,73
20	Charges exceptionnelles	150	4,68	195	6,27
21	**RÉSULTAT EXCEPTIONNEL (19 – 20)**	– 45	– 1,40	– 110	– 3,54
22	Participation des salariés	0	0	0	0
23	Impôts sur les bénéfices	45	1,40	43	1,38
24	**RÉSULTAT DE L'EXERCICE (18 + 21 – 22 – 23)**	105	3,27	99	3,18

Commentaire : la faible amélioration du résultat de l'exercice entre N – 1 et N cache deux mouvements en sens inverse :

– une dégradation du résultat courant,

– compensée par une amélioration du résultat exceptionnel.

Le résultat courant étant un indicateur essentiel de la rentabilité, l'évolution est donc défavorable (cause essentielle = augmentation des services extérieurs consommés).

La capacité d'autofinancement

Le financement des entreprises peut être assuré par fonds propres ou par endettement. Les fonds propres sont d'origine externe (apports en capital) ou d'origine interne (autofinancement). La capacité d'autofinancement (CAF) est un flux de trésorerie potentielle engendré par l'activité de l'entreprise.

La CAF est calculée à partir du compte de résultat

Dans les produits du compte de résultat, distinguons les produits monétaires PM, créateurs de recettes en monnaie, et les produits non monétaires PNM, non générateurs de recettes, calculés par l'entreprise et comprenant les reprises sur amortissements et provisions RAP et les subventions d'investissement virées au résultat SIVR.
Retenons : Produits = PM + PNM (1) ; PNM = RAP + SIVR (2).

Dans les charges, distinguons les charges monétaires CM, génératrices de dépenses en monnaie, et les charges non monétaires CNM, non génératrices de dépenses, calculées par l'entreprise et comprenant les dotations aux amortissements et provisions DAP et la valeur comptable des éléments d'actif cédés VCEAC.
Retenons : Charges = CM + CNM (3) ; CNM = DAP + VCEAC (4).

La CAF est un surplus potentiel de trésorerie lié à toute l'activité

La CAF représente l'excédent des produits monétaires PM sur les charges monétaires CM, en retirant des produits monétaires PM les produits des cessions d'éléments d'actif PCEA, qui sont considérés comme hors activité normale. On obtient donc :

CAF = (PM – PCEA) – CM = (PM – CM) – PCEA (5)

Calcul de la CAF à partir de l'excédent brut d'exploitation EBE

L'excédent brut d'exploitation EBE est le surplus potentiel de trésorerie lié à l'exploitation. Pour obtenir la CAF, il suffit, à partir de l'EBE, d'ajouter et de retrancher les autres éléments monétaires hors exploitation, comme suit :

CAF = EBE + autres produits monétaires (sauf PCEA) non liés à l'exploitation – autres charges monétaires non liées à l'exploitation

Calcul de la CAF à partir du résultat de l'exercice

Les relations (1) et (3) donnent :

résultat = produits – charges = PM + PNM – CM – CNM

soit : PM – CM = résultat + CNM – PNM (6)

En remplaçant dans (5) PM – CM par son expression dans (6), on obtient :

CAF = résultat + CNM – PNM – PCEA

La CAF est égale au résultat, augmenté des charges non monétaires et diminué des produits non monétaires et des produits des cessions d'éléments d'actif.

CALCUL DE LA CAPACITÉ D'AUTOFINANCEMENT

CHARGES	Compte de résultat de l'exercice N (en milliers d'euros)		PRODUITS
CHARGES D'EXPLOITATION		**PRODUITS D'EXPLOITATION**	
12 Achats de matières 1res	1 650	1 Production vendue	3 840
13 Variation des stocks de mat. 1res	100	2 Production stockée	326
14 Autres achats et charges externes	240	3 Production immobilisée	54
15 Impôts et taxes	226	4 Reprises sur amort. et provisions	75
16 Salaires et traitements	957	5 Autres produits	49
17 Charges sociales	429		
18 Dotations aux amortissements et aux provisions	332		
19 Autres charges	56		
TOTAL	3 990	TOTAL	4 344
CHARGES FINANCIÈRES		**PRODUITS FINANCIERS**	
20 Dotations aux amortissements et aux provisions	125	6 Autres intérêts et produits assimilés	37
21 Intérêts et charges assimilées	354	7 Reprises sur provisions	23
22 Différences négatives de change	42	8 Différences positives de change	55
TOTAL	521	TOTAL	115
CHARGES EXCEPTIONNELLES		**PRODUITS EXCEPTIONNELS**	
23 Sur opérations de gestion	88	9 Sur opérations de gestion	122
24 Sur opérations en capital (a)	168	10 Sur opérations en capital (b)	477
25 Dotations aux amortissements et aux provisions	241	11 Reprises sur provisions	113
TOTAL	497	TOTAL	712
26 Impôts sur les bénéfices	65		
SOLDE CRÉDITEUR = BÉNÉFICE	98		
TOTAL GÉNÉRAL	5 171	TOTAL GÉNÉRAL	5 171

(a) Dont VCEAC = 168 (b) Dont PCEA = 477

1. Calcul de la capacité d'autofinancement de l'exercice à partir de l'EBE

Production de l'exercice = (1) + (2) + (3) = 3 840 + 326 + 54 = 4 220
Consommation en provenance des tiers = (12) + (13) + (14) = 1 650 + 100 + 240 = 1 990
Valeur ajoutée = 4 220 – 1 990 = 2 230
EBE = valeur ajoutée – impôts et taxes – charges de personnel = 2 230 – 226 – 957 – 429
= 618
Autres produits monétaires = (5) + (6) + (8) + (9) = 49 + 37 + 55 + 122 = 263
Autres charges monétaires = (19) + (21) + (22) + (23) + (26) = 56 + 354 + 42 + 88 + 65 = 605
CAF = EBE + autres produits monétaires – autres charges monétaires = 618 + 263 – 605 = 276
Remarque : les PCEA sont exclus des autres produits monétaires (voir p. 90).

2. Calcul de la capacité d'autofinancement de l'exercice à partir du résultat

Charges non monétaires = (18) + (20) + (24) + (25) = 332 + 125 + 168 + 241 = 866
Produits non monétaires = (4) + (7) + (11) = 75 + 23 + 113 = 211
CAF = résultat + charges non monétaires – produits non monétaires – PCEA
= 98 + 866 – 211 – 477 = 276

Bilan fonctionnel et bilan financier

En partant du bilan du PCG 1999, il faut procéder à divers retraitements pour obtenir un bilan fonctionnel ou un bilan financier. Les deux approches sont différentes (p. 93) : le fonds de roulement (FR) financier est une marge de sécurité, une garantie contre le risque de faillite ; le FR fonctionnel doit couvrir les besoins de financement dus à l'activité.

Qu'est-ce qu'un bilan fonctionnel ?

Il s'agit d'un bilan dans lequel les éléments de l'actif et du passif sont regroupés selon trois grandes fonctions permettant d'analyser la vie de l'entreprise :

- *la fonction financement* : correspondent à cette fonction les ressources stables (capitaux propres, amortissements et provisions, dettes financières stables) placées dans la partie haute du passif du bilan ;
- *la fonction investissement* : les éléments correspondants figurent en haut de l'actif du bilan, dans l'actif immobilisé, et sont exprimés en valeurs brutes ;
- *la fonction exploitation* : elle rassemble les postes du bas du bilan (actif circulant à l'actif et dettes non financières au passif).

La notion de bilan fonctionnel s'inscrit dans une conception moderne de l'analyse financière qui privilégie le critère de rotation de l'actif circulant et des dettes.

Caractéristiques du bilan fonctionnel

Le bilan fonctionnel est un bilan reprenant les valeurs brutes à l'actif (avant amortissements et provisions pour dépréciation) et dressé avant répartition du résultat de l'exercice. Les amortissements et les provisions pour dépréciation viennent au passif, avec les capitaux propres. Les dettes financières (c'est-à-dire les dettes à l'égard des établissements de crédit, ou les emprunts) sont séparées des dettes non financières (dettes à l'égard des fournisseurs, dettes fiscales et sociales…) au passif. Les dettes financières, elles-mêmes, sont subdivisées en dettes financières stables et en dettes de trésorerie (découvert bancaire).

Distinction entre le bilan fonctionnel et le bilan financier

Pour les banquiers, les éléments du bilan doivent être classés en séparant :
– d'une part, les actifs et passifs à plus d'un an (placés en haut du bilan),
– d'autre part, les actifs et passifs à moins d'un an (placés au bas du bilan).

Le bilan financier reprend les valeurs nettes à l'actif et il est dressé après répartition du résultat. Les actifs à plus d'un an sont constitués par l'actif net immobilisé et par les créances nettes à plus d'un an ; les actifs à moins d'un an renferment les stocks, les créances à moins d'un an et les disponibilités. Les passifs à plus d'un an regroupent les capitaux propres et les dettes à plus d'un an ; les passifs à moins d'un an rassemblent les dettes à moins d'un an, y compris les dettes de trésorerie. Le bilan financier correspond à la conception financière traditionnelle, privilégiant le critère de liquidité : il s'agit de s'assurer que l'entreprise peut payer ses dettes à court terme.

SCHÉMAS DU BILAN FONCTIONNEL ET DU BILAN FINANCIER

Exemple de bilan (présentation détaillée page 95)

ACTIF — **Bilan de l'entreprise X au 31/12/N (en milliers d'euros)** — PASSIF

ACTIF		PASSIF	
Immobilisations brutes	400	Capitaux propres	250
– Amortissements	– 100	(y compris résultat : 50)	
Immobilisations nettes	300	Provisions pour risques et charges (3)	150
Actif circulant brut (1)	600	Dettes (4)	400
– Provisions pour dépréciation (2)	– 100		
Actif circulant net	500		
TOTAL GÉNÉRAL	800	**TOTAL GÉNÉRAL**	800

(1) dont créances à plus d'un an : 150
dont disponible : 50

(2) dont provisions pour créances à plus d'un an : 30

(3) dettes à plus d'un an, en totalité

(4) dont dettes financières stables : 100
dont concours bancaires courants : 20

Schéma du bilan fonctionnel

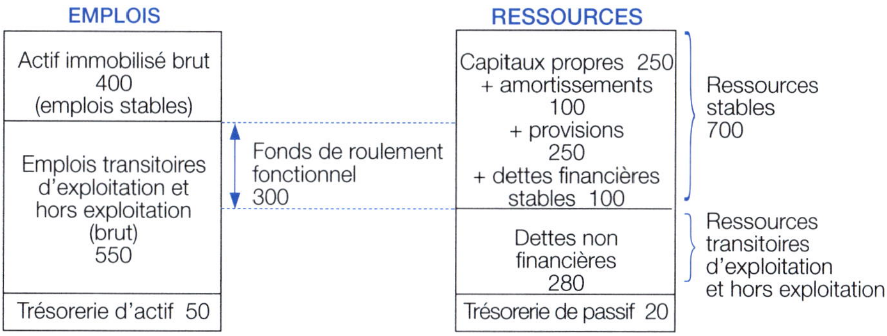

Schéma du bilan financier

(le résultat est conservé par l'entreprise et ajouté au capital)

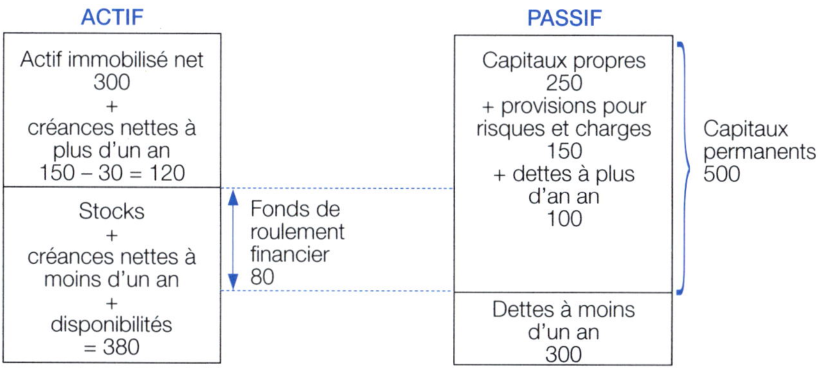

Le fonds de roulement fonctionnel

Les emplois au bilan doivent être couverts grâce à des ressources. Le classement des éléments dans le bilan fonctionnel permet de calculer le fonds de roulement. Ce dernier est nécessaire pour faire face au besoin en fonds de roulement qui apparaît du fait des décalages (stocks, clients, fournisseurs...). L'ajustement entre fonds de roulement et besoin en fonds de roulement est réalisé grâce à la trésorerie.

Le fonds de roulement fonctionnel (ou FR net global = FRNG)

Le fonds de roulement fonctionnel est la différence, calculée à partir du bilan fonctionnel, entre les ressources stables (capitaux propres + amortissements + provisions pour dépréciation + provisions pour risques et charges + dettes financières stables) et l'actif immobilisé brut. C'est un indicateur de sécurité financière. Le PCG 1999 utilise le terme de fonds de roulement net global (FRNG), adopté p. 95.

Le besoin en fonds de roulement (BFR)

Le besoin en fonds de roulement est issu des décalages provenant des opérations d'exploitation et décrits à la p. 100 : décalages entre les achats de biens et les ventes de ces mêmes biens, qui donnent naissance aux stocks, décalages entre les ventes et les paiements correspondants reçus des clients, qui engendrent des créances, décalages entre les achats et les paiements effectués aux fournisseurs, qui font naître des dettes. Les stocks et les créances correspondent à des emplois, donc à un besoin de financement, tandis que les dettes non financières (dettes à l'égard des fournisseurs, dettes fiscales et sociales...) constituent des ressources couvrant en partie ce besoin.

La partie du besoin né de l'activité et non financé par les dettes non financières représente le besoin en fonds de roulement (BFR) :

Besoin en fonds de roulement = stocks + créances – dettes non financières

On peut diviser le besoin en fonds de roulement en deux parties :

– le besoin en fonds de roulement d'exploitation (BFRE) regroupant les éléments liés au cycle d'exploitation (achat, production, vente) :

BFRE = stocks + créances d'exploitation – dettes d'exploitation

– le besoin en fonds de roulement hors exploitation (BFRHE) avec les éléments indépendants du cycle d'exploitation :

BFRHE = créances diverses + val. mobilières de placement – dettes diverses

Remarque : Il est préférable de classer les val. mobilières de placement dans la trésorerie.

La trésorerie (T), dite aussi trésorerie nette

Elle est définie comme la différence entre les disponibilités et les dettes de trésorerie (= dettes financières non stables), c'est-à-dire entre la trésorerie d'actif et la trésorerie de passif :

Trésorerie = disponibilités – dettes de trésorerie

La trésorerie permet d'assurer l'ajustement entre le fonds de roulement et le besoin en fonds de roulement, puisque l'on a : **FRNG – BFR = T** (1)

(1) Pour vérifier cette égalité, on remplace chacun des éléments (FRNG, BFR, T) par son expression ; on retrouve l'égalité nécessaire entre les emplois (actif) et les ressources (passif).

MESURE DES CONCEPTS

Données

On reprend le bilan de l'entreprise X au 31/12/N, donné à la p. 93, en détaillant certaines rubriques.

ACTIF **Bilan de l'entreprise X au 31/12/N (en milliers d'euros)** PASSIF

ACTIF	brut	am + p(*)	net	PASSIF	
Immobilisations	400	100	300	Capital	200
Stocks	110		110	Résultat	50
Créances d'exploitation	240	70	170	Provisions pour risques et charges	150
Créances diverses	200	30	170	Dettes financières (1)	120
Disponibilités	50		50	Dettes fournisseurs	200
				Dettes fiscales et sociales	60
				Dettes diverses	20
TOTAL GÉNÉRAL	1 000	200	800	TOTAL GÉNÉRAL	800

(*) Amortissements et provisions

(1) dont concours bancaires courants : 20

Calcul du fonds de roulement net global (FRNG)

Ressources stables :		700
Capital	200	
Résultat	50	
Amortissements et provisions pour dépréciation d'actif	200	
Provisions pour risques et charges	150	
Dettes financières stables	100	
TOTAL :	700	
– Actif immobilisé brut :		– 400
= Fonds de roulement net global (FRNG)		300

Calcul du besoin en fonds de roulement (BFR)

Besoins :		350
Stocks	110	
Créances d'exploitation	240	
TOTAL :	350	
– Ressources :		– 260
Dettes fournisseurs	200	
Dettes fiscales et sociales	60	
TOTAL :	260	
= Besoin en fonds de roulement d'exploitation		90
Besoins :		200
Créances diverses	200	
TOTAL :	200	
– Ressources (dettes diverses) :		– 20
= Besoin en fonds de roulement hors exploitation		180
BFR = BFR d'exploitation + BFR hors exploitation = 90 + 180 = 270		

Calcul de la trésorerie (T)

T = Disponibilités – Dettes de trésorerie = 50 – 20 = 30

Vérification de la relation fondamentale : FRNG – BFR = T

On vérifie cette relation nécessaire : 300 – 270 = 30

Le tableau de financement du PCG (tableau I)

Un tableau de financement explicatif de la variation de trésorerie est présenté à la p. 103. Il existe de nombreux autres modèles, tel celui prévu par le PCG 1999 dans l'annexe du système développé : c'est un tableau de financement explicatif de la variation du fonds de roulement net global (FRNG), présenté en deux parties (I p. 97 et II p. 99).

Les deux parties du tableau de financement du PCG 1999

– Le tableau I permet de calculer la variation du fonds de roulement net global (FRNG) à partir des éléments stables à l'actif et au passif des bilans :

variation du FRNG entre N – 1 et N = FRNG(N) – FRNG(N – 1)

– Le tableau II donne la variation du besoin en fonds de roulement (BFR d'exploitation et BFR hors exploitation) et de la trésorerie (T) entre N – 1 et N :

variation du BFR entre N – 1 et N = BFR(N) – BFR(N–1)

variation de la trésorerie T entre N–1 et N = T(N) – T(N–1)

Structure du tableau I présenté à la page 97

Les ressources (à droite) :

– capacité d'autofinancement de l'exercice : ce sont les ressources dégagées par l'activité de l'entreprise au cours de l'exercice N (voir pp. 90 et 91) ;
– cessions ou réductions d'éléments de l'actif immobilisé : les cessions sont évaluées au prix de vente hors taxes ;
– augmentation des capitaux propres : il s'agit des apports en numéraire ou en nature, mais non d'une incorporation des réserves au capital, qui ne constitue pas une vraie ressource, c'est-à-dire un véritable flux financier ;
– augmentation des dettes financières : il s'agit de l'augmentation des emprunts, à l'exclusion des concours bancaires courants et des soldes créditeurs de banques qui ne sont pas des ressources stables.

Les emplois (à gauche) :

– distributions mises en paiement au cours de l'exercice : ce sont les dividendes payés au cours de l'exercice N et provenant du résultat de l'exercice N–1;
– acquisitions d'éléments de l'actif immobilisé : on inscrit le prix payé ;
– réduction des capitaux propres : il s'agit du remboursement du capital aux associés, ou des retraits de l'exploitant individuel ;
– remboursements de dettes financières, à l'exclusion, comme il a été vu plus haut, des concours bancaires courants et des soldes créditeurs de banques.

Si les ressources sont supérieures aux emplois, il existe une ressource nette, venant s'inscrire dans la partie inférieure gauche et destinée à couvrir le besoin en fonds de roulement calculé dans le tableau 2e partie. Dans le cas contraire, l'excédent des emplois sur les ressources, qui constitue un emploi net, est noté dans la partie inférieure droite ; cet emploi net devra être couvert par les ressources provenant du tableau 2e partie.

I. TABLEAU DE FINANCEMENT EN COMPTE (PCG 1999)

Données (voir p. 102)

Pour établir des comparaisons, nous reprenons les données qui ont servi à présenter le tableau de financement explicatif de la variation de trésorerie (p. 102). On pourra se reporter à la p. 103, notamment pour le calcul de la capacité d'autofinancement de l'exercice.

Tableau de financement de l'exercice N (1re partie, ou I)

Calculs préalables :

FRNG(N) = 700 + 100 + 190 + 900 −1620 =	270
FRNG(N − 1) = 700 + 120 + 600 − 1200 =	220
Variation du fonds de roulement net global = FRNG(N) − FRNG(N − 1) =	+ 50

EMPLOIS	Exercice N	Exercice N − 1	RESSOURCES	Exercice N	Exercice N − 1
Distributions mises en paiement au cours de l'exercice	–		Capacité d'autofinancement de l'exercice	400	
Acquisitions d'éléments de l'actif immobilisé :			Cessions ou réductions d'éléments de l'actif immobilisé :		
Immobilisations incorporelles	–		Cessions d'immobilisations :		
Immobilisations corporelles	420		– incorporelles	–	
Immobilisations financières	–		– corporelles	–	
Charges à répartir sur plusieurs exercices *(a)*			Cessions ou réductions d'immobilisations financières	–	
Réduction des capitaux propres (réduction de capital, retraits)	–		Augmentation des capitaux propres :		
			Augmentation de capital ou apports	–	
			Augmentation des autres capitaux propres	–	
Remboursements de dettes financières *(b)*	30		Augmentation des dettes financières *(b) (c)*	100	
Total des emplois	450	×	Total des ressources	500	×
Variation du fonds de roulements net global (ressource nette)	50		Variation du fonds de roulement net global (emploi net)		

(a) Montant brut transféré au cours de l'exercice.
(b) Sauf concours bancaires courants et soldes créditeurs de banques.
(c) Hors primes de remboursement des obligations.

Le tableau de financement du PCG (tableau II)

Ce tableau II est présenté à la p. 99. Pour chaque poste (stocks, créances...), les variations sont calculées par différence entre le montant brut figurant au bilan de l'exercice N et le montant brut porté dans le bilan de l'exercice N – 1 (l'évaluation des besoins à financer justifie l'utilisation des valeurs brutes).

Utilisation des colonnes Besoins et Dégagement

– Si, pour un poste de l'actif circulant (stocks, par exemple), la différence :

valeur brute (N) – valeur brute (N – 1)

est positive, il apparaît un besoin à financer et cette différence est notée dans la colonne Besoins. Si la différence est négative, il y a diminution d'un emploi, qui dégage une ressource inscrite dans la colonne Dégagement.

– Si, pour un poste de dettes (dettes d'exploitation, dettes hors exploitation, dettes de trésorerie), la différence : valeur (N) – valeur (N – 1) est positive, il apparaît une ressource, notée dans la colonne Dégagement ; dans le cas contraire, il y a diminution de ressource, inscrite dans la colonne Besoins.

Variations Exploitation

Elles regroupent les variations des actifs d'exploitation (stocks et créances d'exploitation) et les variations des dettes d'exploitation. Sur la ligne A, dans la colonne Solde, on inscrit la différence entre le total des dégagements d'exploitation et le total des besoins d'exploitation. Un solde négatif exprime un besoin en fonds de roulement d'exploitation, un solde positif une ressource en fonds de roulement d'exploitation.

Variations Hors exploitation

Elles regroupent les variations des actifs hors exploitation (autres débiteurs) et les variations des dettes hors exploitation (autres créditeurs). Sur la ligne B, dans la colonne Solde, il peut apparaître un besoin en fonds de roulement hors exploitation (solde négatif), ou une ressource (solde positif).

Le total A +B, s'il est négatif, traduit le besoin de l'exercice en fonds de roulement ; s'il est positif, il représente un dégagement de fonds de roulement.

Variations Trésorerie

Elles regroupent les variations des disponibilités et les variations des dettes de trésorerie. Sur la ligne C, dans la colonne Solde, il peut apparaître un montant négatif (besoin net de trésorerie), ou un montant positif (dégagement net de trésorerie).

Le total A +B + C indique un emploi net (montant négatif), ou une ressource nette (montant positif). Si le tableau I fait ressortir un FRNG qui est une ressource nette, le tableau II montre comment cette ressource a été utilisée et aboutit à un emploi net d'égal montant. Une ressource nette dans II engendre un emploi net dans I.

II. TABLEAU DE FINANCEMENT EN COMPTE (PCG 1999) : DONNÉES (voir p. 102)

Variation du fonds de roulement net global	Exercice N			Exercice N – 1
	Besoins 1	Dégagement 2	Solde 2 – 1	Solde
Variation « Exploitation » :				
Variation des actifs d'exploitation :				
Stocks et en cours	–	–		
Avances et acomptes versés sur commandes		–		–
Créances Clients, Comptes rattachés et autres créances d'exploitation (a)	100 (1)			
Variation des dettes d'exploitation :				
Avances et acomptes reçus sur commandes en cours	–	–		
Dettes Fournisseurs, Comptes rattachés et autres dettes d'exploitation (b)		30 (2)		
Totaux	100	30		
A. Variation nette « Exploitation » (c)			– 70 (4)	± X
Variation « Hors exploitation » :				
Variation des autres débiteurs (a) (d)	–	–		
Variation des autres créditeurs (b)	–	–		
Totaux	0	0		
B. Variation nette « Hors exploitation » (c) ..			0 (5)	± X
TOTAL A + B :				
Besoins de l'exercice en fonds de roulement			– 70 (6)	– X
ou				
Dégagement net de fonds de roulement dans l'exercice				+ X
Variation « Trésorerie »				
Variation des disponibilités..........................		20 (3)		
Variation des concours bancaires courants et soldes créditeurs de banques	–	–		
Totaux	0	20		
C. Variation nette « Trésorerie » (c).............			+ 20 (7)	± X
Variation du fonds de roulement net global (Total A + B + C) :				
Emploi net			– 50 (8)	–
ou				
Ressource nette				+

(a) Y compris charges constatées d'avance selon leur affectation à l'exploitation ou non.
(b) Y compris produits constatés d'avance selon leur affectation à l'exploitation ou non.
(c) Les montants sont assortis du signe (+) lorsque les dégagements l'emportent sur les besoins et du signe (–) dans le cas contraire.
(d) Y compris valeurs mobilières de placement.
(1) Clients (N) – clients (N–1) = 350 – 250 = 100. (2) Fournisseurs (N) – fournisseurs (N–1) = 110 – 80 = 30. (3) Disponibilités (N) – disponibilités (N–1) = 30 – 50 = – 20 ; un besoin de – 20 équivaut à un dégagement de 20. (4) 30 – 100 = – 70. (5) 0 – 0 = 0. (6) (–70) + (0) = – 70. (7) 20 – 0 = + 20. (8) (–70) + (+20) = – 50.

Les flux de trésorerie dans l'entreprise

Comme il a été vu à la page 14, la vie de l'entreprise peut être analysée en faisant apparaître trois grandes fonctions : la fonction exploitation, la fonction investissement, la fonction financement. Chacune de ces fonctions contribue à la variation de trésorerie venant affecter l'actif du bilan. La compréhension du texte qui suit sera facilitée si l'on repère chacun des flux sur le schéma de la p. 101.

Les flux de la trésorerie provenant des opérations d'exploitation (X)

Des décalages apparaissent entre le moment où les biens entrent dans les stocks et le moment où ils en sortent (R1 et R2). Si toutes les opérations étaient faites au comptant (sans décalage entre la naissance de l'opération et le paiement), le flux de trésorerie provenant des opérations d'exploitation serait égal à la différence entre les produits monétaires et les charges monétaires. Mais il y a des décalages (R3) liés au crédit accordé aux clients (les ventes sont encaissées plus tard) et des décalages (R4) liés au crédit obtenu des fournisseurs (les achats sont payés plus tard), si bien que le flux de trésorerie apparaissant réellement au bilan vaut :

Produits monétaires liés à l'exploitation
– Charges monétaires liées à l'exploitation
± Variations dues aux décalages de trésorerie correspondants

= Flux de trésorerie provenant des opérations d'exploitation (X)

Les flux de la trésorerie affectée aux opérations d'investissement (Y)

Des décalages de trésorerie apparaissent ici également, compte tenu du crédit obtenu des fournisseurs d'immobilisations, ou du crédit accordé aux acheteurs d'immobilisations.

Acquisitions d'immobilisations
– Cessions d'immobilisations
± Variations dues aux décalages de trésorerie correspondants

= Flux de trésorerie affectée aux opérations d'investissement (Y)

Les flux de la trésorerie provenant des opérations de financement (Z)

Ce sont les ressources extérieures provenant des mouvements de capitaux (augmentations de capital, réductions de capital), ou des mouvements de la dette sous forme d'emprunts (émissions d'emprunts, remboursements d'emprunts).

Augmentation de capital
+ Émissions d'emprunts
– Remboursements d'emprunts
± Variations dues aux décalages de trésorerie correspondants

= Flux de trésorerie provenant des opérations de financement (Z)

La variation de trésorerie VT au cours de l'exercice : **VT = X – Y + Z**

SCHÉMA DES FLUX DE TRÉSORERIE

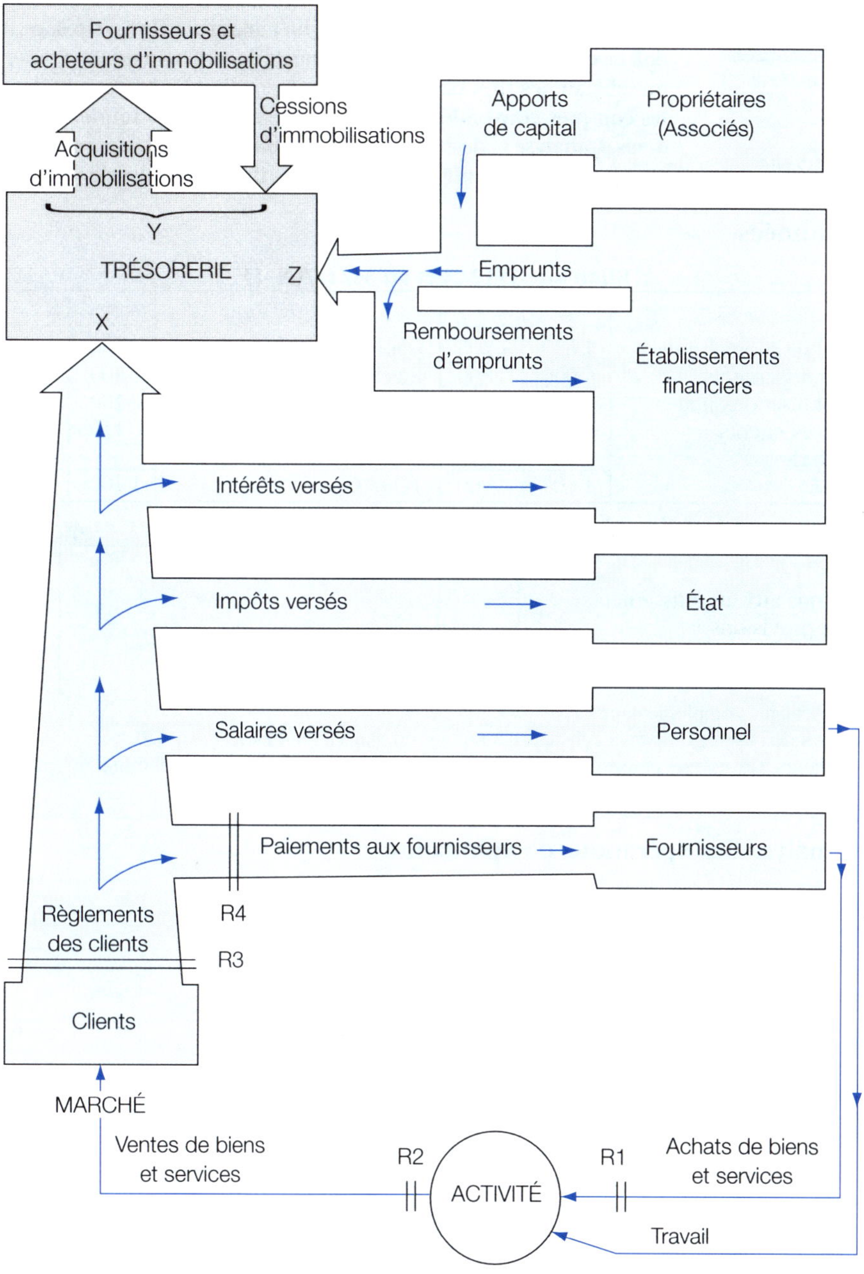

Le tableau des flux de trésorerie

Selon la norme internationale IAS 7, un tableau des flux de trésorerie doit être inclus dans les comptes annuels des entreprises. En France, un tableau des flux de trésorerie est intégré obligatoirement dans les comptes consolidés, mais pas encore dans les comptes individuels. L'analyse ci-dessous, à partir des bilans et du compte de résultat, aboutit à un modèle de tableau des flux de trésorerie (p. 103).

Données

Bilan au 31/12/N et au 31/12/(N–1)

ACTIF	N	N – 1	PASSIF	N	N – 1
Immobilisations brutes	1 620	1 200	Capital	700	700
– Amortissements	900	600	Résultat de l'exercice	100	
Immobilisations nettes	720	600	Emprunts	190	120
Créances clients	350	250	Fournisseurs	110	80
Trésorerie	30	50			
TOTAL	1 100	900	**TOTAL**	1 100	900

Compte de résultat de l'année N

CHARGES		PRODUIT	
Achats	600	Ventes	1 000
Dotations aux amortissements et aux provisions	300		
Résultat de l'exercice	100		
TOTAL	1 000	**TOTAL**	1 000

Renseignements complémentaires :
– au cours de l'exercice N, on a acheté au comptant un matériel industriel pour 420 ;
– par ailleurs, un nouvel emprunt a été contracté pour 100, tandis qu'on a remboursé un emprunt antérieur pour 30.

Analyse des opérations d'exploitation

Les ventes

Ventes de l'exercice N :	1 000
– crédit accordé aux clients (créances clients au 31/12/N) :	– 350
+ encaissements des créances clients nées en N – 1 (créances clients au 31/12/N – 1)	+ 250
VENTES ENCAISSÉES EFFECTIVEMENT EN N :	900

Les achats

Achats de l'exercice N :	600
– crédit obtenu des fournisseurs (dettes fournisseurs au 31/12/N) :	– 110
+ décaissements des dettes fournisseurs nées en N – 1 (fournisseurs au 31/12/N – 1)	+ 80
ACHATS DÉCAISSÉES EFFECTIVEMENT EN N :	570

Les dotations aux amortissements et aux provisions

Ce sont des charges calculées (et non des charges monétaires), ne s'accompagnant pas d'une sortie de monnaie.

TABLEAU DE FINANCEMENT EXPLICATIF DE LA VARIATION DE TRÉSORERIE

Flux de trésorerie provenant des opérations d'exploitation (X)

Présentation des flux au cours de l'exercice N

Éléments	Résultat	Flux potentiels de trésorerie	Décalages de trésorerie	Flux effectifs de trésorerie
(1) Ventes	1 000	1 000	– 100	900
(2) Achats	600	600	– 30	570
(3) Dot. aux am. et prov. (D.A.P.)	300	0	0	0
(4) Total (2) + (3)	900	600	– 30	570
(5) Différence (1) – (4)	100	400	– 70	330

Résultat = produits – charges = 1 000 – 900 = 100

Flux potentiels de trésorerie = 1 000 – 600 = 400 ; les flux potentiels de trésorerie constituent la capacité d'autofinancement = résultat + DAP = 100 + 300 = 400. (voir p. 90)

Flux effectifs de trésorerie = flux potentiels de trésorerie + décalages = 400 + (– 70) = 330.

Flux de trésorerie affectée aux opérations d'investissement (Y) et provenant des opérations de financement (Z)

Acquisition d'immobilisation = 420

Cession d'immobilisation = 0

Y = 420

Nouvel emprunt contracté = 100

Remboursement d'un emprunt antérieur = 30

Encaissement net = 100 – 30 = 70

Z = 70

Variation de trésorerie (VT) pendant l'exercice N

VT = X – Y + Z = 330 – 420 + 70 = – 20

La relation ci-dessus explique la variation de trésorerie qui apparaît au bilan :

Trésorerie en fin d'exercice N – trésorerie en début d'exercice N = 30 – 50 = – 20

Synthèse : tableau de financement explicatif de la variation de trésorerie (p. 82 : un tableau de ce type est demandé en consolidation)

OPÉRATIONS D'EXPLOITATION		
Flux potentiels de trésorerie (= capacité d'autofinancement)	400	
– Variations dues aux décalages de trésorerie	– 70	
= Flux de trésorerie <u>provenant</u> de l'exploitation (X)	330	330
OPÉRATIONS D'INVESTISSEMENT		
Acquisitions d'éléments d'actif	420	
– Cessions ou réductions d'actif immobilisé	0	
= Flux de trésorerie <u>affectée</u> aux investissements (Y)	420	– 420
OPÉRATIONS DE FINANCEMENT		
Augmentations des capitaux propres	0	
– Réductions des capitaux propres	0	
+ Augmentations des emprunts	100	
– Remboursements des emprunts	– 30	
– Dividendes versés	0	
= Flux de trésorerie <u>provenant</u> du financement (Z)	70	+ 70
VARIATION DE TRÉSORERIE = X – Y + Z =		– 20

Ratios et scores

Pour porter un jugement sur la santé financière de l'entreprise et détecter les risques de défaillance, il convient de disposer d'informations adaptées permettant les comparaisons dans le temps et dans l'espace. On a recours à la méthode des ratios, complétée par la mise en œuvre de méthodes de scores. Un ratio se définit comme un indice calculé par le rapport de deux grandeurs. Par exemple, le rapport entre le résultat net et les capitaux propres exprime le ratio de rentabilité des capitaux propres.

La méthode des ratios

Il est possible de construire un très grand nombre de ratios. Mais tous les ratios obtenus ne sont pas utiles ; on se contente généralement d'un nombre restreint de ratios significatifs, couvrant les différents domaines de l'analyse financière : activité, rentabilité, structure, investissement, financement, etc. La méthode des ratios consiste à calculer les ratios retenus, provenant de plusieurs exercices consécutifs, et à les interpréter, en utilisant des statistiques inter-entreprises et des ratios sectoriels, puis à porter un jugement dans chacun des domaines concernés.

Principaux ratios

Les ratios doivent permettre les comparaisons dans le temps et dans l'espace ; car pour apprécier la situation d'une entreprise, il faut connaître celle des autres. Les comparaisons inter-firmes conduisent au calcul de moyennes et à l'élaboration de normes de gestion. Voici ci-après, quelques ratios importants.

Ratios de structure :
- Ratio de liquidité générale = actif circulant/dettes à court terme
- Ratio de liquidité relative = réalisable + disponible/dettes à court terme
- Ratio d'endettement à long et moyen terme = dettes à long et moyen terme/capitaux permanents
- Ratio de financement des immob. = capitaux permanents/immob. nettes

Ratios de durée (en fraction d'année) :
- Ratio de durée d'écoulement des stocks = stocks/achats annuels HT
- Ratio de crédit clients = créances sur les clients/ventes annuelles TTC
- Ratio de crédit fournisseurs = fournisseurs + effets à payer/achats annuels TTC

Ratios de rentabilité :
- Ratio de rentabilité du chiffre d'affaires = résultat courant/chiffre d'affaires HT
- Ratio de rentabilité des capitaux propres = résultat net comptable/capitaux propres
- Ratio de rendement financier d'un titre = dividende pour un titre/cours du titre

Les méthodes de scores

Par combinaison de ratios simples, on cherche à constituer un indicateur synthétique, permettant d'avoir une information sur le degré de vulnérabilité de l'entreprise, en évaluant le risque de défaillance. Grâce à des techniques statistiques, on met sur pied une fonction-score Z de la forme : Z = a1R1 + a2R2 + ... + anRn, al, a2, ..., an représentant des coefficients numériques déterminés dans le modèle et R1, R2, ..., Rn étant les ratios retenus.

EXEMPLE DE FONCTION-SCORE

Le modèle de Conan et Holder

Par référence au bilan financier, Conan et Holder ont étudié les valeurs de 31 ratios appliqués à 190 entreprises (PME) et ont obtenu la fonction-sore suivante :

$$Z = 0{,}24.\ R1 + 0{,}22.R2 + 0{,}16.R3 - 0{,}87.R4 - 0{,}10.R5$$

avec : R1 = Excédent brut d'exploitation/Total des dettes
R2 = Capitaux permanents/Total de l'actif
R3 = Réalisable et disponible/Total de l'actif
R4 = Frais financiers/Chiffre d'affaires hors taxes
R5 = Frais de personnel/Valeur ajoutée

Comme le montre le schéma ci-dessous, plus la valeur du score Z est élevée, plus le risque de défaillance est faible, ce qui permet d'avoir une indication sur le degré de vulnérabilité de l'entreprise.

Application du modèle au cas d'une entreprise déterminée

À la fin de l'année N, pour une entreprise, on obtient les valeurs suivantes : excédent brut d'exploitation = 7 000 ; total des dettes = 70 000 ; capitaux permanents ; 40 000 ; total de l'actif = 100 000 ; réalisable et disponible = 30 000 ; frais financiers = 10 000 ; chiffre d'affaires hors taxes = 200 000 ; frais de personnel = 30 000 ; valeur ajoutée = 40 000.

Ratios	Calcul des ratios		Coefficients	Contribution du ratio à Z
R1	7 000/70 000 =	0,10	0,24	0,0240
R2	40 000/100 000 =	0,40	0,22	0,0880
R3	30 000/100 000 =	0,30	0,16	0,0480
R4	10 000/200 000=	0,05	– 0,87	– 0,0435
R5	30 000/40 000 =	0,75	– 0,10	– 0,0750
Z =				0,0415

Pour cette entreprise, on se trouve à la limite de la situation dangereuse.

Présentation de la comptabilité de gestion

La comptabilité générale saisit et mesure les flux externes entre l'entreprise et les tiers : clients, fournisseurs, personnel, sécurité sociale, État... Elle est rétrospective et réglementée. La comptabilité de gestion mesure les flux internes. Elle est facultative et organisée de manière à éclairer la prise de décision (voir p. 8).

Définition de la comptabilité de gestion (*management accounting*)

C'est un système de traitement de l'information reprenant les méthodes traditionnelles de la comptabilité analytique et enrichi de nouvelles approches, de manière à mieux connaître les coûts afin d'orienter les décisions dans l'entreprise.

Caractéristiques de la comptabilité de gestion

- *La comptabilité de gestion mesure les flux internes*, comme indiqué sur le schéma suivant :

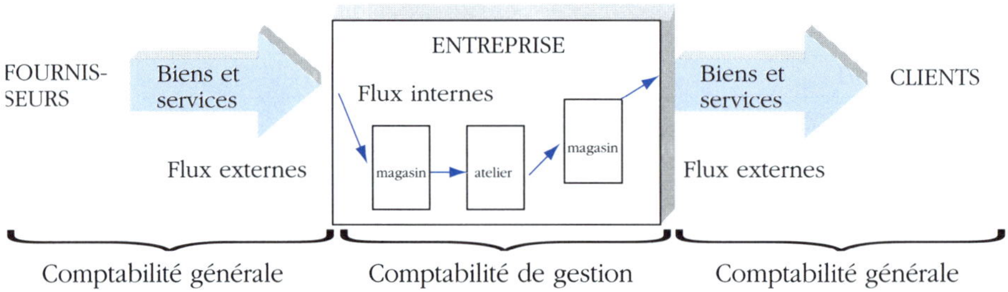

- *La comptabilité de gestion met l'accent sur la connaissance de la réalité économique.* En conséquence, les charges de la comptabilité générale seront reprises en comptabilité de gestion en éliminant les déformations (fiscales notamment), ou les éléments exceptionnels, et en ajoutant certaines charges non reconnues en comptabilité générale.

- *La comptabilité de gestion est adaptée aux besoins d'analyse propres à l'entreprise* ; alors qu'en comptabilité générale les charges sont classées par nature, l'analyse des charges en comptabilité de gestion obéit à d'autres critères :
  - analyse par fonctions, en distinguant les charges de la fonction approvisionnement, celles de la fonction production, celles de la fonction distribution ;
  - analyse par produit, ou analyse par commande ;
  - analyse par centre ou service, conduisant à répartir les charges entre les différents services (techniques, commerciaux, administratifs,...) de l'entreprise ;
  - analyse par activité pour une meilleure répartition des charges indirectes.

- *La comptabilité de gestion donne des résultats par produit, par commande, par activité,* ..., alors qu'en comptabilité générale on mesure un résultat global de la période (= l'exercice).

- *La comptabilité de gestion fournit des informations fréquemment, pour favoriser le contrôle interne* (période mensuelle, ou plus courte).

- *La comptabilité de gestion n'est pas exclusivement tournée vers le passé* ; elle fournit des informations pour établir des prévisions de nature à guider les décisions.

LES FLUX INTERNES DANS L'ENTREPRISE

Cas d'une entreprise commerciale

L'entreprise commerciale achète et vend des biens sans transformation ; on appelle marchandises les biens destinés à être revendus en l'état.

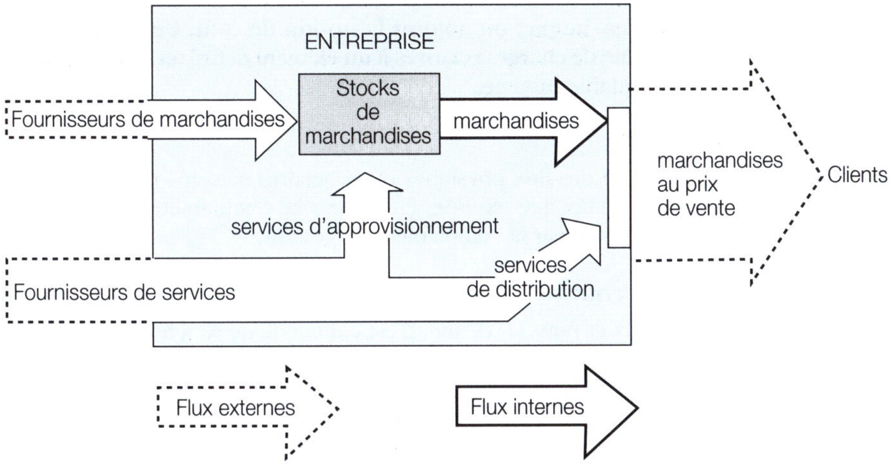

Cas d'une entreprise de transformation de biens

L'entreprise de transformation de biens achète des matières premières qui sont utilisées pour la fabrication de produits finis, selon un processus plus ou moins long. Il existe donc deux catégories de stocks : les stocks de matières premières et les stocks de produits (encours, intermédiaires et finis).

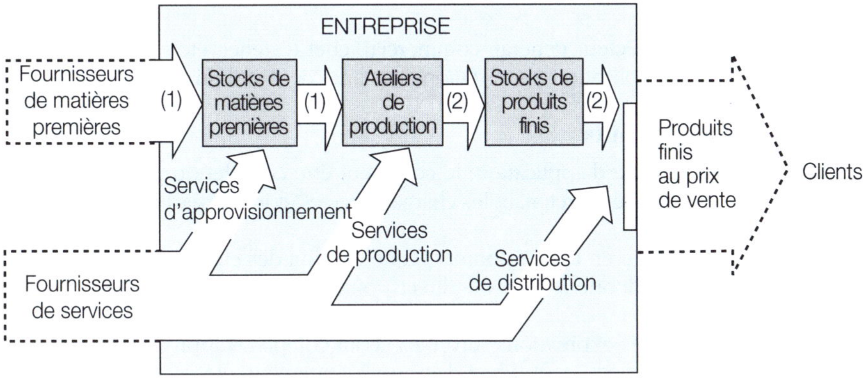

(1) matières premières ; (2) : produits finis.

N.B. : Dans les deux cas, le prix de vente des biens englobe le profit réalisé par l'entreprise dans l'opération de vente aux clients, ce qui explique que les flux externes de sortie (extrants) soient supérieurs en valeur à ce qu'ont coûté les biens jusqu'au stade final.

Les coûts

Le résultat de la comptabilité générale est obtenu par différence entre le total des produits (classe 7) et le total des charges (classe 6). Ces éléments de charges et de produits sont repris en comptabilité de gestion pour être reclassés, en vue d'obtenir des résultats. On retrouve en comptabilité de gestion le terme de charge, auquel on adjoint la notion de coût. Un coût est une somme de charges relatives à un élément défini au sein du réseau comptable interne.

Le réseau comptable

Il est constitué par l'ensemble des flux physiques et monétaires mesurés par la comptabilité. Il comprend le réseau comptable externe, étudié par la comptabilité générale, et le réseau comptable interne, étudié par la comptabilité de gestion.

La multiplicité des coûts

Les coûts sont très nombreux et pour les définir, il est commode de se référer à trois caractéristiques, ou à trois critères :
– le domaine d'application : à quoi s'applique le coût ?
– le contenu : quelles charges sont incluses dans le coût ?
– le moment du calcul : le calcul est-il fait au début ou à la fin de la période ?

Le domaine d'application des coûts

Le coût peut concerner :
– une fonction économique de l'entreprise : approvisionnement, production, distribution, administration…,
– un moyen d'exploitation : magasin, usine, atelier, machine, etc.,
– une activité d'exploitation : unité de produit, famille de produits, stade d'élaboration d'un produit, etc.,
– une responsabilité : directeur général, commercial, chef d'atelier, etc.,
– un autre domaine d'application : une région, un canal de distribution, etc.

Le contenu des coûts

Quel que soit son domaine d'application, le coût peut être complet ou partiel :
– le coût complet est calculé en retenant les charges directes et indirectes le concernant, après un traitement éventuel ;
– le coût partiel est obtenu en n'incorporant qu'une fraction des charges, qui peuvent être : les charges directes, qui donnent les coûts directs, ou les charges variables, qui constituent les coûts variables.
On pourra donc utiliser les expressions suivantes : coût complet d'approvisionnement, coût variable d'approvisionnement, coût direct d'approvisionnement, etc.

Le moment du calcul des coûts

Par ailleurs, on distingue :
– les coûts préétablis, estimés antérieurement aux faits qui les engendrent,
– les coûts constatés, ou réels, ou historiques, établis après les faits générateurs.

EXEMPLE DE CALCUL DE COÛTS

Données

Le compte de résultat de l'entreprise Z, pour l'année N, se présente ainsi :

CHARGES	Résultat de l'exercice N (en milliers d'euros)		PRODUITS
Achats de matières premières	5 000	Production vendue	12 000
Autres charges externes	1 500		
Salaires et charges sociales	2 600		
Dotations aux amortissements	1 900		
Solde créditeur : bénéfice	1 000		
TOTAL GÉNÉRAL	12 000	TOTAL GÉNÉRAL	12 000

L'entreprise a fabriqué et vendu 10 000 produits A et 20 000 produits B. Il n'existe ni stocks de matières premières, ni stocks de produits finis. Les produits A sont fabriqués dans l'atelier I (peu mécanisé), les produits B dans l'atelier 2 (forte mécanisation).
Pour chaque produit A, il faut 200 € de matières premières, 100 € de services externes et 180 € de salaires et charges sociales (pour chaque produit B, les montants sont respectivement : 150 €, 25 € et 40 €).
Les charges d'amortissement sont calculées pour chaque atelier et s'élèvent à 700 000 € pour l'atelier 1 et à 1 200 000 € pour l'atelier 2.
On demande de calculer le coût total et le coût unitaire concernant les produits A et B.

Tableau de calcul des coûts

(les sommes sont en euros)

Charges	Totaux	Produits A	Produits B
Achats de matières premières	5 000 000	2 000 000	3 000 000
Autres charges externes	1 500 000	1 000 000	500 000
Salaires et charges sociales	2 600 000	1 800 000	800 000
Dotations aux amortissements	1 900 000	700 000	1 200 000
COÛT TOTAL = somme des charges	11 000 000	5 500 000	5 500 000
Nombre d'unités produites		10 000	20 000
COÛT UNITAIRE		550	275

Le coût obtenu (total ou unitaire)

Le coût obtenu peut être caractérisé de la manière suivante :

– domaine d'application : le coût concerne une famille de produits (coût total), ou une unité de produit (coût unitaire) ;

– contenu : il s'agit d'un coût complet ;

– moment du calcul : le coût est constaté, ou réel, puisqu'il est calculé à la fin de la période d'enregistrement des charges.

Les charges incorporables dans les coûts

C'est dans la comptabilité générale que sont puisées les informations destinées à la comptabilité de gestion. En particulier, les charges de la classe 6 sont reprises, puis retraitées, pour déterminer les charges incorporables dans les coûts ; en conséquence, ces dernières ne sont généralement pas identiques aux charges de la comptabilité générale.

Passage des charges de la comptabilité générale aux charges incorporables dans les coûts

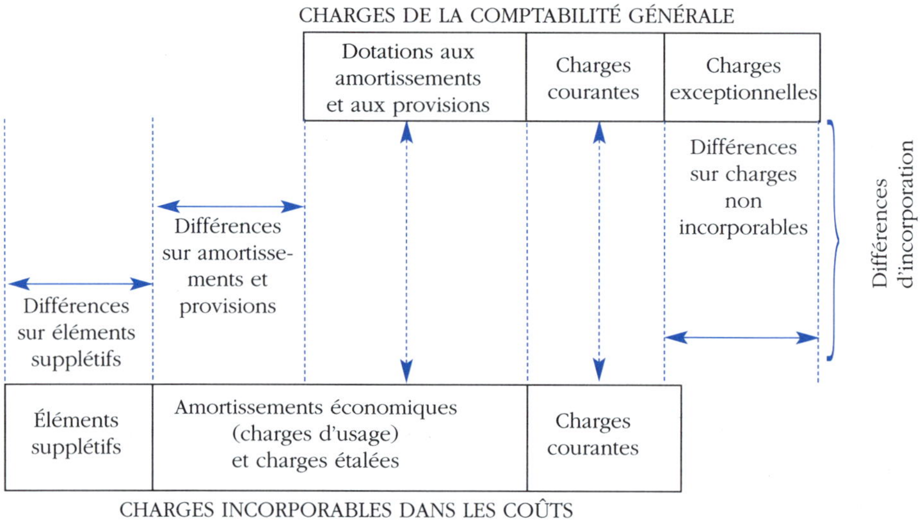

Les charges exceptionnelles de la comptabilité générale

Non incorporables dans les coûts, elles constituent des différences d'incorporation (= différences sur charges non incorporables).

Les dotations aux amortissements et aux provisions

Les dotations aux amortissements ont subi des déformations importantes d'origine fiscale. On leur substitue, en comptabilité de gestion, des amortissements économiques appelés charges d'usage.
On substitue aux dotations aux provisions inscrites en comptabilité générale des « charges étalées » plus conformes à la réalité. Les différences sur amortissements et provisions constituent des différences d'incorporation.

Les éléments supplétifs

Ce sont des éléments qui ne figurent pas dans les charges de la comptabilité générale, mais qui sont incorporés dans les coûts. Ils représentent, en totalité, des différences d'incorporation (= différences sur éléments supplétifs). Ils comprennent la rémunération du travail de l'exploitant et la rémunération des capitaux propres.

CALCUL DES CHARGES INCORPORABLES ET DES DIFFÉRENCES D'INCORPORATION

Observation préalable

Les charges enregistrées en comptabilité générale sont généralement payées à terme échu (pour la période écoulée), parfois à terme à échoir (pour la période à venir). La périodicité d'enregistrement des charges est :
- mensuelle pour les salaires, les loyers, par exemple ;
- bimestrielle ou trimestrielle, pour le téléphone, l'électricité, certains impôts, etc.
- annuelle pour les primes d'assurances, certains impôts, les abonnements à des revues, les dotations aux amortissements et aux provisions.

Les coûts étant généralement calculés mensuellement, il faut répartir les charges bimestrielles, trimestrielles, ou annuelles, en les supposant réparties également entre les différents mois, selon la méthode dite de l'abonnement des charges. Ainsi les primes annuelles d'assurances sont réparties à raison d'un douzième chaque mois, la consommation trimestrielle d'eau à raison d'un tiers par mois.

Données

En décembre N, on a enregistré en comptabilité générale les charges suivantes :

Charges (en euros)	Périodicité		
	mensuelle	trimestrielle	annuelle
Achats de matières premières	500 000		
Services extérieurs	90 000	30 000	24 000
Impôts et taxes			48 000
Charges de personnel	400 000		
Dotations aux amortissements			6 000 000
Charges financières		27 00	72 000
TOTAL	990 000	57 000	6 144 000

Les amortissements économiques sont estimés à 4 200 000 € par an. Les charges exceptionnelles se sont élevées à 80 000 € en décembre. Le chef d'entreprise fournit un travail qui devrait correspondre à une rémunération de 20 000 € par mois.

Charges incorporables dans les coûts (au mois de décembre N)

• Charges courantes mensuelles (sans les amortissements) :	
990 000 + 57 000/3 + 144 000/12 =	1 021 000
• Amortissements économiques mensuels : 4 200 000/12 =	350 000
• Éléments supplétifs, pour le mois :	20 000
TOTAL :	1 391 000

Différences d'incorporation pour le mois de décembre N

(Le signe *moins* précédant un montant signifie que ce montant est en moins dans les coûts par rapport aux charges de la comptabilité générale et inversement pour le signe *plus*).

• Différences sur charges non incorporables = charges exceptionnelles :	– 80 000
• Différences sur amortissements : (6 000 000 – 4 200 000)/12 =	– 150 000
• Différences sur éléments supplétifs :	+ 20 000
TOTAL :	– 210 000

La formation des coûts

Les charges incorporables étant reclassées selon les fonctions économiques de l'entreprise, les coûts sont calculés progressivement, par étapes, en distinguant : les coûts d'achat, les coûts de production, les coûts de distribution et les coûts de revient, ces derniers constituant des coûts complets, puisqu'ils englobent toutes les charges incorporables jusqu'au stade final de la vente.

Schéma de la formation des coûts dans une entreprise de transformation de biens (sans considération des stocks)

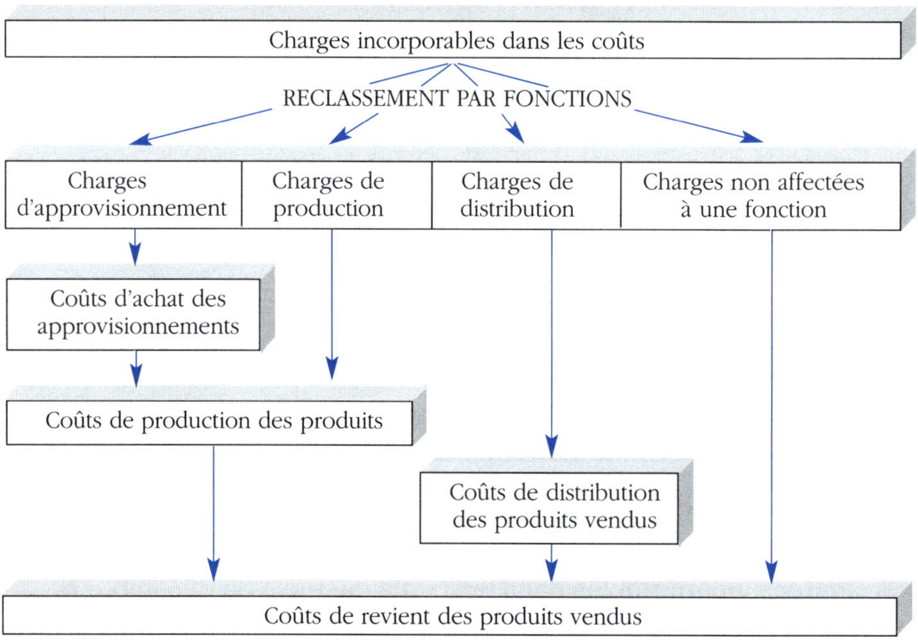

Définition des coûts successifs (coûts hiérarchisés)

Coût d'achat (ou coût d'acquisition) : il comprend le prix d'achat hors taxes (HT) et les frais accessoires d'achat (HT), par exemple les frais de transport, les frais d'installation et de montage…

Coût de production : il s'obtient en ajoutant le coût d'achat des matières consommées pour la production et les charges de production, c'est-à-dire les charges engagées au cours des opérations de production.

Coût de distribution : il rassemble toutes les charges afférentes à l'exercice de la fonction de distribution.

Coût de revient : c'est un coût complet du produit au stade final, coût de distribution inclus.

LE CALCUL DES COÛTS SUCCESSIFS

Données

Les charges incorporables dans les coûts s'élèvent à 1 391 000 € pour le mois de décembre N (voir p.111). Le reclassement des charges incorporables par fonctions est présenté ci-après :

Tableau de reclassement des charges

Charges incorporables	Montant	Charges d'approvisionnement	Charges de production	Charges de distribution
Charges courantes	1 021 000	580 000	420 000	21 000
Amortissements économiques	350 000	10 000	300 000	40 000
Éléments supplétifs	20 000		20 000	
TOTAUX	1 391 000	590 000	740 000	61 000

L'entreprise achète des matières premières (fonction approvisionnement) pour les transformer en produits finis (fonction de production), ces derniers étant vendus sur le marché en totalité (fonction de distribution).

Coûts successifs

– Coût d'achat des matières premières :

Coût d'achat = charges d'approvisionnement = 590 000 €

– Coût de production des produits finis fabriqués :

Coût de production = coût d'achat + charges de production =
590 000 + 740 000 = 1 330 000 €

– Coût de distribution des produits finis vendus :

Coût de distribution = charges de distribution = 61 000 €

– Coût de revient des produits finis vendus :

Coût de revient = coût de production + coût de distribution =
1 330 000 + 61 000 = 1 391 000 €

Introduction des stocks de matières premières

Les calculs précédents ont été effectués en supposant que toutes les matières premières achetées étaient consommées pour la production. Si les consommations de matières premières n'ont été que de 520 000 €, par exemple, au lieu de 590 000 € comme ci-dessus, le stock de matières premières augmente de 70 000 € (entrées 590 000 € moins sorties 520 000 €) et le coût de production des produits fabriqués devient :

Coût de production = 520 000 € + 740 000 € = 1 260 000 €

Introduction des stocks de produits finis

On a supposé précédemment que tous les produits finis fabriqués étaient vendus. S'il existe des stocks de matières premières et de produits finis et si les sorties de produits finis pour la vente s'élèvent à 1 150 000 € au lieu de 1 260 000 €, par exemple, le stock de produits finis s'accroît de 110 000 € (entrées de produits finis 1 260 000 € moins sorties 1 150 000 €) et le coût de revient des produits finis vendus est modifié comme suit :

Coût de revient = 1 150 000 € + 61 000 € = 1 211 000 €

Vérification : nouveau coût de revient + accroissement des stocks
= 1 211 000 € + 70 000 € + 110 000 €
= 1 391 000 €

Charges directes et indirectes

La mesure des coûts nécessite un reclassement des charges incorporables. En effet, il existe des charges directes, affectées directement aux coûts des produits, et des charges indirectes attribuables aux coûts des produits par l'intermédiaire des centres d'analyse (méthode traditionnelle ici présentée) ou des activités (méthode ABC présentée plus loin).

Les charges directes

Définition : ce sont des charges qu'il est possible d'incorporer immédiatement dans un coût, sans hypothèse préalable, ni calcul intermédiaire.

Exemples :
– les matières consommées dans la fabrication des produits, des commandes…,
– la main-d'œuvre directe constituée par les charges de personnel que l'on peut inscrire, sans incertitude, dans le coût de tel produit, ou de telle famille de produits,
– certaines charges particulières, comme les frais de publicité pour tel produit.

Vocabulaire : l'affectation des charges directes : les charges directes, inscrites dans les comptes de coûts, sont dites *affectées* aux coûts des produits, des commandes, des activités…

Les charges indirectes

Définition : ce sont des charges qui ne peuvent être incorporées dans les coûts qu'à la suite de calculs intermédiaires, entachés d'arbitraire, en raison de l'impossibilité de les inscrire directement dans les coûts. Les calculs intermédiaires concernent des centres de calcul, appelés centres d'analyse.

Un centre d'analyse est une division de l'entreprise, où sont accumulés et analysés des éléments de charges indirectes préalablement à leur imputation aux coûts des produits intéressés. Cette division peut être réelle (bureau, atelier, magasin…), ou fictive (centre de financement, par exemple).

Vocabulaire : l'expression « affectation des charges indirectes » est utilisée si elles peuvent être ventilées entre les centres d'analyse, à l'aide de moyens de mesure. Si cette ventilation, à l'aide de moyens de mesure, n'est pas possible, on dira qu'il y a répartition des charges indirectes grâce à des clés de répartition.
– L'imputation des charges des centres d'analyse aux coûts se fait en fonction de la quote-part d'activité consacrée par les centres à chaque produit, à chaque commande…
– L'unité d'œuvre est une unité physique (heure de main-d'œuvre, heure-machine, mètre, kilogramme, etc.) permettant de mesurer l'activité fournie par certains centres d'analyse et d'en imputer les charges aux différents coûts.
Le coût d'unité d'œuvre d'un centre d'analyse est obtenu en faisant le quotient :

charges du centre d'analyse/nombre total d'unités d'œuvre fournies.

– Le taux de frais est utilisé dans les centres d'analyse où une unité d'œuvre ne peut être définie. On remplace alors le coût de l'unité d'œuvre par un taux de frais.

Le taux de frais est égal à : charges du centre d'analyse/assiette de frais (1)

(1) L'assiette de frais est généralement le coût de production des produits, ou le chiffre d'affaires.

SCHÉMA DU TRAITEMENT COMPTABLE DES CHARGES DIRECTES ET INDIRECTES

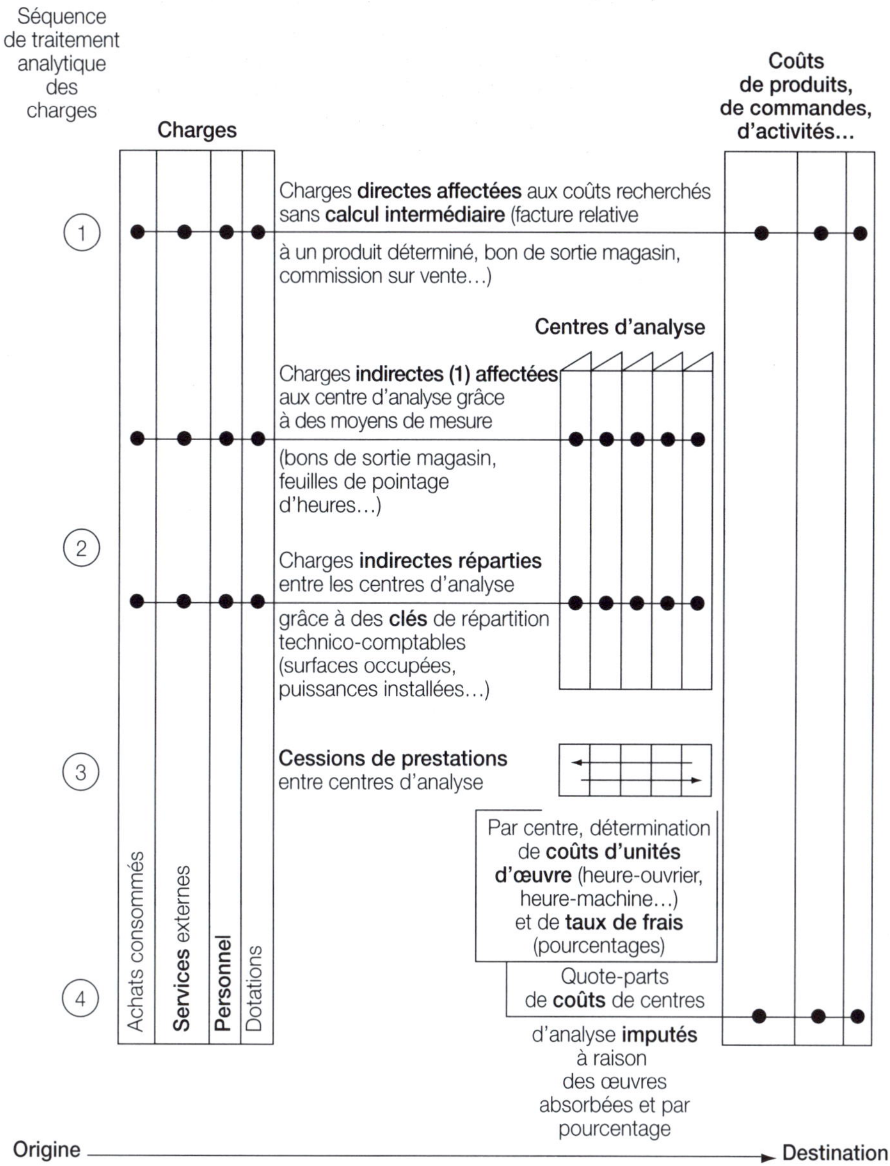

(1) **Le terme semi-direct** a été parfois utilisé pour désigner les charges indirectes affectées aux centres.

(source : PCG)

Le tableau d'analyse : la répartition primaire

Les calculs intermédiaires nécessités par le traitement des charges indirectes sont présentés dans un tableau, appelé tableau d'analyse ou de répartition. Ces calculs sont faits en deux étapes successives : 1) répartition primaire ; 2) répartition secondaire. Dans la répartition primaire, les charges indirectes sont ventilées entre tous les centres d'analyse.

Structure du tableau d'analyse

On note en lignes les charges indirectes et en colonnes les différents centres d'analyse.

Charges indirectes	Centres d'analyse				
	administration	entretien	approvisionnement	production	distribution
Matières consommables	X	X	X	X	X
Électricité	X	X	X	X	X
Impôts et taxes	X				
Charges et personnel	X	X	X	X	X
Répartition primaire	X	X	X	X	X

– S'il existe une unité de mesure des quantités (kilogramme, heure, etc.), les charges sont affectées aux centres proportionnellement aux quantités consommées.
– Si l'unité de mesure n'existe pas, les charges sont réparties entre les centres à l'aide d'une clé de répartition, la moins arbitraire possible (voir p. 117).

La classification des centres d'analyse

Avec comme critère la possibilité de mesure de l'activité du centre par une unité physique, on distingue les centres opérationnels et les centres de structure.

Les centres opérationnels : ce sont des centres dont les coûts sont liés au volume d'activité de l'entreprise ; leur unité d'œuvre est physique (par exemple, heure-ouvrier, heure-machine, tonne, etc.). Parmi ces centres, on distingue :
– les centres principaux, dont les charges sont imputables aux coûts d'achat, de production, de distribution : ce sont les centres d'approvisionnement, les centres de production, les centres de distribution ;
– les centres auxiliaires, dont l'activité représente des prestations de services fournies aux autres centres : il s'agit, par exemple, du service d'entretien, du service de chauffage, du service commun de transport.

Les centres de structure : ce sont des centres d'analyse pour lesquels aucune unité d'œuvre ne peut être définie afin de mesurer leur activité. Ainsi en est-il des centres d'administration, des centres de financement, ou du centre fictif de calcul des autres frais à couvrir. Généralement, l'imputation des coûts de ces centres est effectuée au coût de revient des produits proportionnellement au coût de production de ces derniers ou au chiffre d'affaires, en calculant des taux de frais.

UN EXEMPLE DE RÉPARTITION PRIMAIRE

Données (montants en euros)

Une petite entreprise de transformation de biens comprend :

– deux centres auxiliaires : un service entretien, un service transports,

– quatre centres principaux : un atelier d'usinage, un atelier de finition, un service commercial, un service administration, ces deux derniers étant des centres de structure.

Pour le mois de janvier, les charges incorporables, y compris les charges supplétives, retenues en comptabilité de gestion comme charges indirectes, sont affectées, ou réparties, comme il est indiqué ci-après.

Charges indirectes	Montant	Ventilation des charges indirectes entre les centres d'analyse (affectation = A ; répartition = R)
Fournitures consommables	20 000	A : par relevés de compteurs, ou bons de sortie
Petit équipement	2 000	A : selon les bons de sortie
Primes d'assurance	9 000	R : proportionnellement à la surface des bâtiments
Publicité	5 000	R : 100 % au service commercial
Frais postaux et téléphone	2 000	R : selon des clés de répartition, en pourcentages
Impôts et taxes	6 500	R : taxes foncières = proportionnellement aux surfaces R : taxe professionnelle (2 000) = 100 % à l'administration
Salaires	75 000	A : selon les bons de travail
Appointements	42 000	A : selon le livre de paie
Amortissement des bâtiments	5 400	R : proportionnellement aux surfaces occupées
Amortissement du matériel	9 000	A : suivant emplacement et tableaux d'amortissement
Charges financières	9 100	R : à l'administration 5 850, au service commercial 3 250 (escomptes accordés)
Charges supplétives	15 000	R : travail de l'exploitant, 100 % à l'administration

Tableau d'analyse : la répartition primaire (en euros)

(suite du tableau p. 119)

Charges indirectes	total	entretien	transports	usinage	finition	service c[ial]	administration
Fournitures consommables	20 000	3 000	5 500	7 000	3 000	1 000	500
Petit équipement	2 000	300	200	800	600	100	
Primes d'assurance	9 000	500	1 500	2 500	2 000	1 000	1 500
Publicité	5 000					5 000	
Frais postaux et téléphone	2 000	200	200	200	200	200	1 000
Impôts et taxes	6 500	250	750	1 250	1 000	500	2 750
Salaires	75 000	15 000	8 000	35 000	17 000		
Appointements	42 000			9 000	10 000	7 000	16 000
Amortissement des bâtiments	5 400	300	900	1 500	1 200	600	900
Amortissement du matériel	9 000	100	1 900	3 500	3 000		500
Charges financières	9 100					3 250	5 850
Charges supplétives	15 000						15 000
RÉPARTITION PRIMAIRE	200 000	19 650	18 950	60 750	38 000	18 650	44 000

Le tableau d'analyse : la répartition secondaire

La répartition secondaire est la 2e étape du travail d'analyse : les prestations de certains centres d'analyse à d'autres centres sont enregistrées dans le tableau. Après répartition secondaire, il faut calculer le coût de l'unité d'œuvre des centres principaux, afin d'imputer les frais de ces centres aux différents coûts des produits.

La répartition secondaire

Après la répartition primaire, les charges indirectes se trouvent ventilées entre tous les centres opérationnels et de structure. L'étape suivante, appelée répartition secondaire, consiste à virer le coût de chaque centre auxiliaire dans les autres centres bénéficiaires de ses prestations, les centres receveurs pouvant être eux-mêmes opérationnels ou de structure. Pour l'évaluation des prestations, deux cas sont à distinguer :

- *1er cas* : les prestations sont fournies par un centre auxiliaire, dont l'activité est mesurable par une unité d'œuvre ; la répartition se fait alors proportionnellement au nombre d'unités d'œuvre consommées par chaque centre bénéficiaire ;
- *2e cas* : les prestations sont fournies par un centre auxiliaire de structure, ayant une activité non mesurable par une unité physique ; on pourra procéder à une répartititon arbitraire entre les centres bénéficiaires, ou refuser cette répartition.

Les prestations réciproques entre centres auxiliaires

Certains centres auxiliaires peuvent fournir des prestations à d'autres centres auxiliaires dont ils reçoivent eux-mêmes des prestations : ce sont des prestations réciproques entre centres auxiliaires, dont l'existence rend plus compliqués les calculs de répartition.
La démarche généralement adoptée consiste à écrire un système de n équations à n inconnues, si n centres auxiliaires se fournissent réciproquement des prestations.
En effet, le total à répartir d'un centre X comprend les prestations reçues des autres centres, dont les totaux dépendent des prestations fournies par ce centre X. Il existe des programmes informatiques pour résoudre ce genre de problème, mais les calculs peuvent être faits à la main, si n = 2 ou n = 3.

Le calcul du coût des unités d'œuvre des centres principaux

Lorsque la répartition secondaire est terminée, toutes les charges indirectes se trouvent dans les centres principaux, le coût de chaque centre auxiliaire étant égal à zéro. Pour imputer les frais des centres principaux aux différents coûts, il reste à calculer le coût des unités d'œuvre, ou le coût des assiettes de frais des centres principaux :
– si l'activité du centre principal est mesurée par une unité d'œuvre, on détermine le nombre d'unités d'œuvre fournies par ce centre et on obtient :
coût de l'unité d'œuvre = coût du centre principal/nombre d'unités d'œuvre fournies
– si une unité d'œuvre ne peut être définie, on détermine une assiette de frais (chiffre d'affaires, coût de production des produits vendus…) et on calcule un taux de frais de la manière suivante :

taux de frais = coût du centre principal / assiette de frais, en euros.

UN EXEMPLE DE RÉPARTITION SECONDAIRE

Dans l'entreprise de transformation de biens étudiée à la p. 117, il existe deux centres auxiliaires entretien et transports, dont les coûts, après répartition primaire, s'élèvent respectivement à 19 650 € et 18 950 €.

Ces deux centres auxiliaires ont une activité mesurable par une unité d'œuvre :

– pour le centre entretien : l'heure de main-d'œuvre (300 h fournies) ;

– pour le centre transports : la tonne/km (241 900 tonnes/km fournies).

• La répartition des charges d'entretien du mois est la suivante (coût de l'heure de main-d'œuvre :
65,50 €, obtenu en divisant 19 650 € par 300 h)

. centre transports :	65,50 × 80 =	5 240
. centre usinage :	65,50 × 150 =	9 825
. centre finition :	65,50 × 70 =	4 585
TOTAL		19 650

• Le relevé des opérations de transports du mois donne un total de 241 900 tonnes/km, dont la ventilation est la suivante :

. 41 900 tonnes/km au centre usinage,

. 200 000 tonnes/km au service commercial.

Le coût de la tonne/km étant de :
(18 950 + 5 240) / 241 900 = 0,10 €,
les prestations fournies se répartissent ainsi :

. centre usinage :	0,10 × 41 900 =	4 190
. service commercial :	0,10 × 200 000 =	20 000
TOTAL		24 190

• L'activité des centres usinage et finition (centres opérationnels principaux) est exprimée en unités d'œuvre :

– nombre d'unités d'œuvre fournies par le centre usinage : 2 500 heures-machines (h mach.)

– nombre d'unités d'œuvre fournies par le centre finition : 850 heures-ouvriers (h ouvr.).

• Dans les centres de structure : service commercial et administration, on utilise une assiette de frais, qui est le chiffre d'affaires hors taxes (CAHT), dont le montant pour le mois s'est élevé à 500 000 €.

Tableau d'analyse (en euros)

(suite et fin du tableau de la p. 117)

Charges indirectes	total	entretien	transports	usinage	finition	service c^ial	administration
RÉPARTITION PRIMAIRE	200 000	19 650	18 950	60 750	38 000	18 650	44 000
Répartition de l'entretien		– 19 650	5 240	9 825	4 585		
Répartition du transport			– 24 190	4 190		20 000	
RÉPARTITION SECONDAIRE (1)	200 000	0	0	74 765	42 585	38 650	44 000
Unité d'œuvre (ou assiette de frais)				h mach.	h ouvr.	CAHT	CAHT
Nombre ou montant (en €) (2)				2 500	850	500 000	500 000
Coût unitaire (1)/(2)				29,906	50,10	0,0773	0,088

Les coûts d'achat

Dans une entreprise commerciale, les achats de marchandises constituent des entrées dans les stocks de marchandises et les ventes engendrent des sorties desdits stocks. Dans une entreprise de transformation de biens, on achète des approvisionnements pour fabriquer des produits, qui seront vendus. Les achats d'approvisionnements représentent des entrées dans les stocks d'approvisionnements et les sorties correspondent aux approvisionnements utilisés pour la fabrication.

L'inventaire permanent en comptabilité de gestion

Alors qu'en comptabilité générale on se contente d'un inventaire intermittent annuel (présenté aux pages 72 et 73), il est nécessaire, en comptabilité de gestion, de tenir un inventaire permanent, en utilisant des fiches de stocks, de manière à enregistrer, au jour le jour, tous les flux d'entrée et de sortie des biens dans l'entreprise, pour connaître, en permanence, le niveau des stocks.

Les flux d'entrée et de sortie des stocks de marchandises et d'approvisionnements

UN COMPTE DE STOCK
pour chaque marchandise et approvisionnement

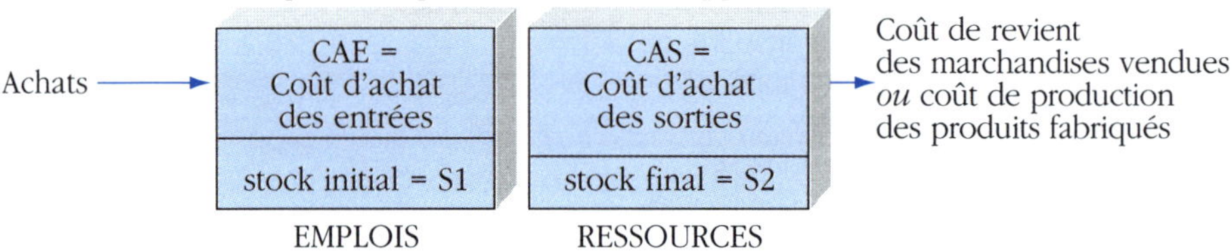

L'égalité entre emplois et ressources dans le compte de stock

Pour un bien quelconque acheté et mis en stock, l'égalité suivante est nécessairement vérifiée, en quantité et en valeur : S1 + entrées = S2 + sorties
Cette égalité permet de calculer le stock final S2 : S2 = S1 + entrées – sorties

Le coût d'achat des entrées (CAE) de la période comprend :

– des charges directes : prix d'achat hors taxes + frais directs d'achat (transport, emballages…);
– des charges indirectes (charges d'approvisionnement).

Le coût d'achat des sorties (CAS)

Le coût d'achat des sorties doit faire l'objet d'une estimation selon différentes méthodes de valorisation des sorties :

- *méthode du coût moyen pondéré* : le coût de sortie unitaire est égal au quotient suivant : (S1 en valeur + CAE)/(S1 + entrées) en quantité ;
- *méthode du premier entré, premier sorti* : on considère séparément le stock initial et chacun des lots entrés, et on calcule la valeur des sorties en supposant que les lots les premiers entrés sont les premiers sortis, le stock initial constituant un premier lot ;
- *méthode du dernier entré, premier sorti* : la démarche précédente est inversée : les derniers entrés sont les premiers sortis.

LA VALORISATION DES SORTIES DE STOCKS

Données

On a noté, au cours du mois de janvier, les flux d'entrée et de sortie d'une matière première M :
01/01 : stock initial de 100 unités à 50 € l'une ;
08/01 : achat de 300 unités à 60 € l'une ;
10/01 : sortie pour la fabrication de 200 unités ;
20/01 : achat de 400 unités à 67,50 € l'une ;
21/01 : sortie pour la fabrication de 400 unités.

Méthode du coût moyen, pondéré

S1 en valeur + coût d'achat des entrées = (50 × 100) + (60 × 300) + (67,50 × 400) = 50 000
(S1 + entrées) en quantité = 100 + 300 + 400 = 800
Coût moyen pondéré = 50 000 / 800 = 62,50 €
Valorisation des sorties : toutes les sorties sont valorisées au coût moyen pondéré de 62,50 € en fin de mois.

- sortie du 10/01 : 62,50 × 200 = 12 500
- sortie du 21/01 : 62,50 × 400 = 25 000

TOTAL DES SORTIES EN VALEUR = 37 500
Valeur du stock final : 62,50 × 200 = 12 500
On vérifie que : S1 + CAE = 50 000 = S2 + CAS = 12 500 + 37 500

Méthode du premier entré, premier sorti

Valorisation des sorties, au fur et à mesure qu'elles apparaissent :

- sortie du 10/01 : (50 × 100) + (60 × 100) = 11 000 Restent 200 à 60 €
- sortie du 21/01 : (60 × 200) + (67,50 × 200) = 25 500

TOTAL DES SORTIES EN VALEUR = 36 500
Valeur du stock final : 67, 50 × 200 = 13 500
On vérifie que : S1 + CAE = 50 000 = S2 + CAS = 13 500 + 36 500

Méthode du dernier entré, premier sorti

Valorisation des sorties, au fur et à mesure qu'elles apparaissent :

- sortie du 10/01 : 60 × 200 = 12 000 Restent 100 à 60 € et 100 à 50 €
- sortie du 21/01 : 67,50 × 400 = 27 000

TOTAL DES SORTIES EN VALEUR = 39 000
Valeur du stock final : (50 × 100) + (60 × 100) = 11 000
On vérifie que : S1 + CAE = 50 000 = S2 + CAS = 11 000 + 39 000

Présentation du compte de stock (valorisation des sorties au coût moyen pondéré)

ENTRÉES **Stock de matière première M** SORTIES

Désignation	(1)	(2)	(3)	Désignation	(1)	(2)	(3)
Stock initial	100	50	5 000	Sortie du 10/01	200	62,50	12 500
Entrée du 08/01	300	60	18 000	Sortie du 21/01	400	62,50	25 000
Entrée du 20/01	400	67,50	27 000	Stock final	200	62,50	12 500
TOTAUX	800	62,50	50 000	**TOTAUX**	800	62,50	50 000

(1) : quantité ; (2) coût untaire ; (3) : valeur en euros.

Les coûts de production

Les coûts de production sont calculés dans les entreprises produisant des biens ou des services. Leur détermination constitue une étape nécessaire avant l'obtention des coûts de revient des produits vendus (on pourra se reporter au schéma de la p. 112).

Le contenu du coût de production

Le coût de production comprend des charges directes et des charges indirectes :

- *charges directes de production* : ce sont les matières premières consommées, sorties des stocks de matières premières (on a vu, par exemple, à la page précédente, qu'une unité de matière M est sortie à 62,50 € si l'on utilise la méthode du coût moyen pondéré); c'est également la main-d'œuvre directe, c'est-à-dire les salaires versés au personnel fabriquant le produit, exclusivement ;
- *charges indirectes de production* : il s'agit des charges traitées dans le tableau d'analyse et qui apparaissent au bas de ce tableau, dans les centres principaux de production : usinage, montage, finition, etc.; ces charges sont imputées au coût de production au prorata des unités d'œuvre fournies pour la fabrication du produit.

Les phases du cycle de production

Le cycle de production peut être plus ou moins long et les produits finis peuvent être obtenus en une seule phase, en deux phases, ou plus.

- *Cycle de production en une phase*

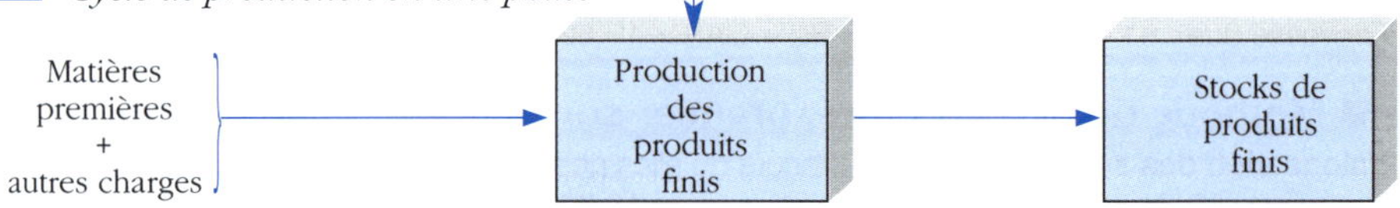

- *Cycle de production en deux phases*

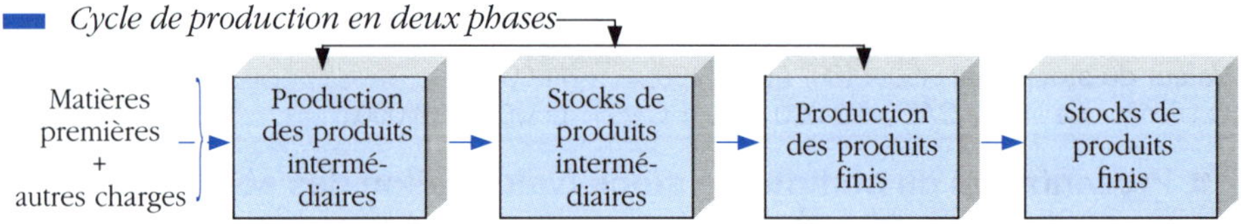

Il peut apparaître, au cours du cycle, des produits résiduels, c'est-à-dire des déchets et des rebuts de fabrication.

Les en-cours de production

On appelle en-cours de production les produits intermédiaires ou finis qui, à la fin d'un mois déterminé (= en-cours final), ou au début du mois suivant (= en-cours initial), ne sont pas achevés.

CALCUL DES COÛTS DE PRODUCTION

Processus de production dans une entreprise de transformation de biens (suite de l'exemple p. 117 et p. 119)

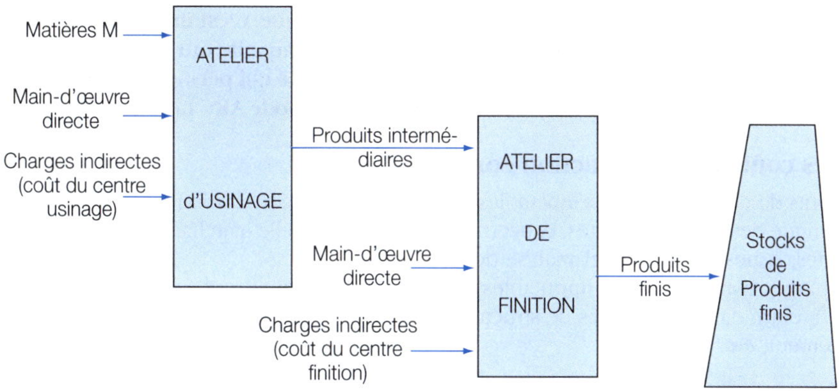

On traite une matière première M dans un atelier d'usinage, pour obtenir un produit intermédiaire, qui passe, sans stockage, dans un atelier de finition, pour devenir un produit fini mis en stock et destiné à la vente. On donne, ci-après, les charges de production du mois de janvier :

– matière première M consommée : 600 unités à 62,50 € = 37 500 € (valorisation des sorties au coût moyen pondéré, présentée à la p. 121) ;

– main-d'œuvre directe :
- dans l'atelier d'usinage : 1 400 heures à 65 € de l'heure = 91 000 € ;
- dans l'atelier de finition : 850 heures à 80 € de l'heure = 68 000 € ;

– charges indirectes = coût des centres principaux de production (selon le tableau d'analyse de la p. 119) : usinage = 74 765 € ; finition = 42 585 €.

Il est sorti 300 produits intermédiaires de l'atelier d'usinage, qui, traités dans l'atelier de finition, ont été mis en stock de produits finis.

Coût de production des produits intermédiaires

• matières premières M consommées :	37 500
• main-d'œuvre directe dans l'atelier d'usinage :	91 000
• charges indirectes = centre d'analyse usinage :	74 765
COÛT DE PRODUCTION TOTAL :	203 265

COÛT DE PRODUCTION UNITAIRE = 203 265 / 300 = 677,55 €.

Coût de production des produits finis mis en stock

• coût de production des produits intermédiaires :	203 265
• main-d'œuvre directe dans l'atelier de finition :	68 000
• charges indirectes = centre d'analyse finition :	42 585
COÛT DE PRODUCTION TOTAL :	313 850

COÛT DE PRODUCTION UNITAIRE : 313 850 / 300 = 1 046,17 €.

La méthode des coûts complets

La pratique de la méthode des centres d'analyse exposée dans les pages 114 à 125 est présentée par le PCG 1982 dans la partie consacrée à la comptabilité analytique. C'est une méthode traditionnelle de coûts complets, pour laquelle ont été conservés les termes de comptabilité analytique, ce qui permet de la distinguer des méthodes nouvelles, de la méthode ABC notamment.

Les coûts hors production comprennent :

– les coûts de distribution, rassemblant les charges de la fonction distribution, dans lesquelles on distingue des charges directes, concernant tel produit ou telle marchandise, et des charges indirectes, issues des centres d'analyse de distribution ;
– les charges communes non imputables aux coûts fonctionnels, qui sont des charges indirectes figurant dans des centres de structure tels que le centre d'administration, le centre de financement, etc.

Les coûts de revient

Le coût de revient est un coût complet au stade final, distribution incluse. On peut déterminer un coût de revient pour chaque activité (famille de marchandises, de produits), ou pour chaque marchandise, chaque produit, chaque commande, chaque service, à condition que les biens et services aient été vendus par l'entreprise.

Entreprise commerciale :
coût de revient = coût d'achat des marchandises vendues + coûts hors achat

Entreprise de production de biens et services :
coût de revient = coût de production des produits vendus + coûts hors production

Les résultats sur biens et services vendus

Pour chaque activité, ou pour chaque bien, ou pour chaque service, on peut déterminer un résultat :

Résultat = prix de vente – coût de revient.

Bien entendu, le résultat ne peut être déterminé que s'il y a vente.

Le résultat de la comptabilité analytique

La somme des résultats, cumul des résultats des douze mois de l'exercice, ne correspond pas au résultat de la comptabilité générale : il existe des différences, appelées « différences de traitement comptable », qui comprennent les différences d'incorporation (étudiées à la p. 110) et des ajustements résultant des calculs, appelés « différences d'inventaire, de cession et d'imputation ». On obtient donc :

Somme des résultats
+ ou – différences de traitement comptable
= résultat de la comptabilité analytique

On doit vérifier l'égalité nécessaire entre le résultat de la comptabilité analytique et le résultat de la comptabilité générale (concordance des résultats).

EXEMPLE

Coûts de production des produits vendus

L'entreprise de transformation, prise comme exemple dans les pages précédentes, fabrique durant le mois de janvier 300 unités de produits finis mis en stock, pour un coût de production total de 313 850 € (p. 123). Le stock de produits finis au Ier janvier était de 100 unités, valant au total 98 150 €. Les sorties du stock de produits finis pour la vente ont été, en janvier, de 320 unités, évaluées au coût moyen pondéré.

ENTRÉES **Stock de produits finis (mois de janvier)** SORTIES

Désignation	(1)	(2)	(3)	Désignation	(1)	(2)	(3)
Stock initial	100	981,50	98 150	Sortie (vente)	320	1 030	329 600
Fabrication	300	1 046,17	313 850	Stock final	80	1 030	82 400
TOTAUX	400	1 030	412 000	TOTAUX	400	1 030	412 000

(1) : quantité ; (2) : coût unitaire ; (3) : valeur en euros.

Le coût moyen pondéré pour janvier vaut : 412 000 / 400 = 1 030 €
Le coût de production des 320 produits vendus s'élève à 329 600 € (= 1 030 × 320)

Coûts hors production

Les coûts hors production comprennent :
– le coût de distribution formé par les charges indirectes issues du centre « service commercial », pour 38 650 € (p. 119),
– les charges indirectes communes figurant dans le centre d'administration : 44 000 € (p. 119).
On a donc :

coûts hors production = 38 650 + 44 000 = 82 650 €

Coût de revient des 320 produits vendus

	Total	Unitaire
Coût de production des produits vendus	329 600	1 030
+ coûts hors production	82 650	258,28
= coût de revient	412 250	1 288,28

Résultat sur produits finis vendus

	Total	Unitaire
Prix de vente (voir p. 119)	500 000	1 562,50
– coût de revient	412 250	1 288,28
= résultat sur produits vendus	87 750	274,22

Résultat de la comptabilité analytique (méthode des coûts complets)

Le résultat ci-dessus tient compte de 15 000 € de charges supplétives (p. 117) : sans ces dernières, il vaudrait : 87 750 + 15 000 = 102 750.
Par ailleurs, supposons qu'il existe en comptabilité générale 10 000 € de charges exceptionnelles, qui doivent être déduites de 102 750 €, pour obtenir le même résultat qu'en comptabilité générale.
On obtient finalement :

résultat de la comptabilité analytique = 102 750 – 10 000 = 92 750 €

Charges variables, charges fixes

La distinction entre charges directes et charges indirectes est une démarche purement comptable, conduisant à des calculs arbitraires, dans la mesure où il est décidé de répartir toutes les charges incorporables entre les coûts. Il est utile, pour la gestion, de faire une distinction, de caractère économique, entre les charges variables et les charges fixes.

Les charges de structure (ou charges structurelles)

On appelle charges de structure les charges qui sont liées à l'existence même de l'entreprise, donc à sa capacité de production, et qui, à technologie fixée, restent stables, quel que soit le niveau d'activité de l'entreprise.
En comptabilité de gestion, où la période de calcul est courte, on peut faire l'hypothèse que la capacité de production ne se modifie pas et que les charges structurelles sont des charges fixes.
En longue période, les charges structurelles varient par paliers, chaque passage d'un palier à un autre correspondant à un changement de structure dans l'entreprise.

Exemples de charges fixes

Les charges fixes comprennent, par exemple, les loyers, les primes d'assurances, les dotations aux amortissements, les frais administratifs ; que l'entreprise fonctionne ou non, ces charges ne sont pas susceptibles de se modifier en courte période.
Comme il a été vu à la p. 111, les charges bimestrielles, trimestrielles, semestrielles, ou annuelles, sont réparties également entre les différents mois, selon la méthode dite de l'abonnement des charges.

Les charges opérationnelles

Suivant le Plan comptable général de 1982, on appelle charges opérationnelles, ou charges d'activité, « les charges qui varient avec le volume d'activité de l'entreprise, sans qu'il y ait nécessairement exacte proportionnalité entre la variation des charges et la variation du volume des produits obtenus ».
Ces charges opérationnelles constituent des charges variables. Pour simplifier, les comptables les considèrent généralement comme proportionnelles au chiffre d'affaires, qui mesure l'activité. Mais, dans la réalité, les charges variables peuvent varier proportionnellement, plus que proportionnellement, ou moins que proportionnellement à l'activité. Il a été admis, à la suite d'observations, que lorsqu'on augmente les quantités d'un facteur de production, le travail par exemple, les autres facteurs n'étant pas modifiés, il apparaît d'abord une phrase de rendements croissants (= coûts moins que proportionnels), suivie d'une phase de rendements décroissants (= coûts plus que proportionnels).

Exemples de charges variables

Les consommations de matières sont à peu près proportionnelles à la production ; les commissions des représentants comprennent généralement une partie fixe et une partie proportionnelle au chiffre d'affaires réalisé. D'autres charges sont variables sans liaison aussi stricte, comme les matières consommables, l'énergie, etc.

DÉCOMPOSITION DES COÛTS UNITAIRES ET DES COÛTS TOTAUX

Données (Coûts en euros)

Unités produites x	Coût total			Coût unitaire			
	fixe	variable	global	fixe moyen	variable moyen	total moyen	marginal
0	100	0	100				
1	100	100	200	100	100	200	100
2	100	185	285	50	92	142	85
3	100	255	355	33	85	118	70
4	100	310	410	25	77	102	55
5	100	380	480	20	76	96	70
6	100	460	560	17	77	94	80
7	100	550	650	14	79	93	90
8	100	650	750	12	81	93	100
9	100	765	865	11	85	96	115
10	100	900	1 000	10	90	100	135

En courte période, le coût fixe total est indépendant des quantités produites x et s'élève à 100, quel que soit x. Le coût variable total varie en fonction des quantités produites x, d'abord moins que proportionnellement à la production, puis plus que proportionnellement, selon les observations généralement faites. Le coût global total (ou coût total) est la somme du coût fixe total et du coût variable total.

Calcul des coûts unitaires

Pour chaque unité produite, on peut calculer le coût fixe moyen, le coût variable moyen, le coût total moyen, en divisant respectivement le coût fixe total, le coût variable total, le coût global total (ou coût total) par les quantités produites x. Pour la ligne 5, par exemple, on a : 100/5 = 20 ; 380/5 = 76 ; 480/5 = 96.

Le coût marginal est l'accroissement du coût total lorsque la production augmente d'une unité. Ainsi :

– coût marginal de la première unité = coût total pour 1 unité – coût total pour 0 unité = 200 – 100 = 100

– coût marginal de la deuxième unité = coût total pour 2 unités – coût total pour 1 unité = 285 – 200 = 85

Représentation graphique des coûts totaux et des coûts unitaires

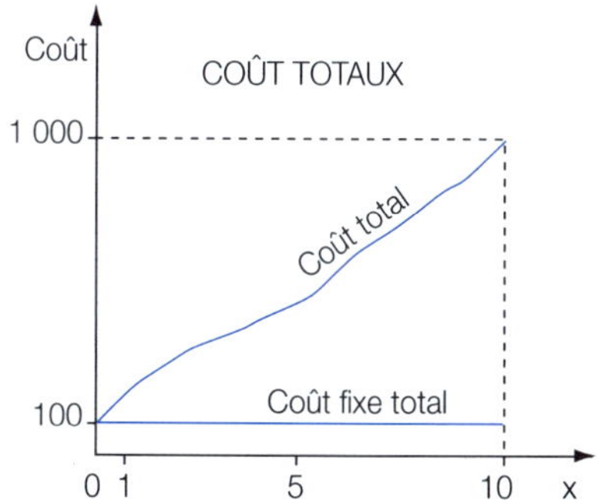

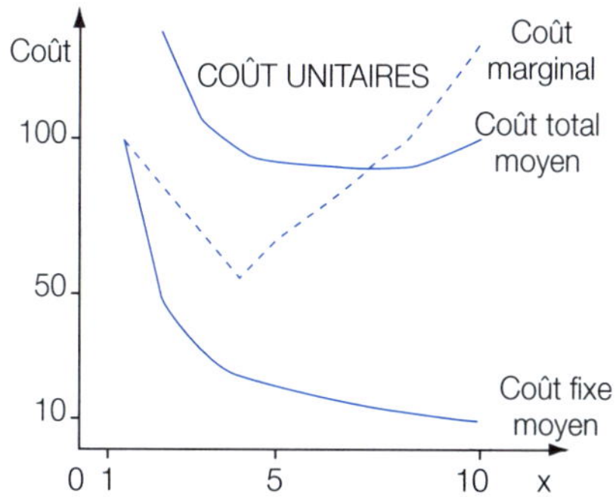

Imputation rationnelle des charges fixes

En supposant, comme le font les comptables, que les charges variables soient proportionnelles au volume d'activité, mesuré par les quantités produites ou le chiffre d'affaires, la méthode de l'imputation rationnelle des charges fixes a pour objet de neutraliser l'effet des variations d'activité sur le coût unitaire et de mesurer le coût de la sous-activité, ou le gain de suractivité.

Si les charges variables sont proportionnelles, le coût unitaire total décroît quand l'activité augmente (et inversement croît quand l'activité diminue)

Retenons un coût total fixe de 100 €. Le coût unitaire proportionnel étant de 90 €, le coût unitaire total, pour une production de x articles, vaut :

coût unitaire total = coût unitaire proportionnel + coût unitaire fixe = $90 + \frac{100}{x}$ (1)

Lorsque x croît, 100/x décroît et le coût unitaire total diminue. Inversement, lorsque x décroît, 100/x s'accroît et le coût unitaire total augmente.

Pour obtenir un coût unitaire total rationnel, on va le rendre indépendant de la variation de l'activité, en le rattachant à une activité X, dite normale, définie préalablement

Coût unitaire total rationnel = $90 + \frac{100}{X} = 90 + \frac{100}{x} \cdot \frac{x}{X}$ (2)

Ainsi, pour obtenir le coût unitaire total d'imputation rationnelle, on multiplie le coût unitaire fixe $\frac{100}{x}$ par le rapport activité réelle x/activité normale X. Ce rapport est appelé *coefficient d'imputation rationnelle.*

Comparaison entre le coût total global complet (ou coût total complet) et le coût total global rationnel (ou coût total rationnel)

Ces deux coûts sont obtenus en multipliant respectivement les coûts unitaires (1) et (2) par la production x :

coût total complet = 90x + 100 ; coût total rationnel = $90x + 100 \cdot \frac{x}{X}$

($100 \cdot \frac{x}{X}$ représentent les charges fixes imputées dans l'imputation rationnelle).

- *Si l'activité réelle x est inférieure à l'activité normale X, il y a sous-activité et le coût de la sous-activité* est la différence entre le coût total complet et le coût total rationnel (qui lui est inférieur, puisque x/X est plus petit que 1 :

coût de sous-activité = $(90x + 100) - (90x + 100 \cdot \frac{x}{X}) = 100 - 100 \cdot \frac{x}{X} = 100\,(1 - \frac{x}{X})$

- *Si l'activité réelle x est supérieure à l'activité normale X, il y a suractivité et le boni de suractivité* est la différence entre le coût total rationnel et le coût total complet (qui lui est inférieur, puisque x/X est plus grand que 1 :

boni de suractivité = $(90x + 100 \cdot \frac{x}{X}) - (90x + 100) = 100 \cdot \frac{x}{X} - 100 = 100\,(\frac{x}{X} - 1)$

COÛTS COMPLETS ET COÛTS D'IMPUTATION RATIONNELLE

Coûts complets

On reprend ci-dessous, les données de la page 127, en admettant que les charges proportionnelles par unité produite, qui représentent le coût variable moyen, s'élèvent à 90 €.

Unités produites x	Coût total fixe	Coût total variable	Coût total global	Coût unitaire fixe moyen	Coût unitaire variable moyen	Coût unitaire total moyen
0	100	0	100	–	–	–
1	100	90	190	100	90	190
2	100	180	280	50	90	140
3	100	270	370	33	90	123
4	100	360	460	25	90	115
5	100	450	550	20	90	110
6	100	540	640	17	90	107
7	100	630	730	14	90	104
8	100	720	820	12	90	102
9	100	810	910	11	90	101
10	100	900	1 000	10	90	100

Coûts d'imputation rationnelle

Unités produites x	Coefficient d'imputation rationnelle x/X (1)	Coût total fixe (2)	Coût total fixe imputé (1) x (2)	Coût total variable	Coût total global	Coût unitaire fixe moyen imputé	Coût unitaire variable moyen	Coût unitaire total moyen
0	0	100	0	0	0	–	–	–
1	1/5	100	20	90	110	20	90	110
2	2/5	100	40	180	220	20	90	110
3	3/5	100	60	270	330	20	90	110
4	4/5	100	80	360	440	20	90	110
X = 5	1	100	100	450	550	20	90	110
6	6/5	100	120	540	660	20	90	110
7	7/5	100	140	630	770	20	90	110
8	8/5	100	160	720	880	20	90	110
9	9/5	100	180	810	990	20	90	110
10	2	100	200	900	1100	20	90	110

Graphique (avec X = 5)

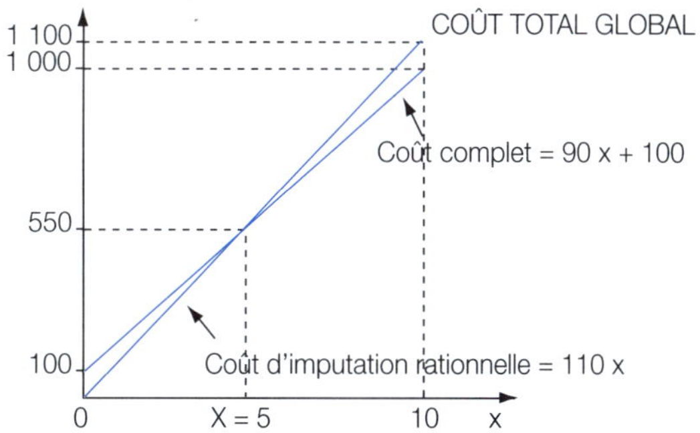

Les méthodes de coûts partiels

Les coûts complets sont indispensables pour les décisions stratégiques, les décisions à long terme ; ils permettent la comparaison avec les prix du marché, la fixation du prix de vente, l'élaboration d'un devis. Les coûts partiels sont utiles pour les décisions à court terme : ils prennent en compte les effets des variations d'activité sur l'évolution des coûts et des marges.

La double distinction des charges

Il a été vu que l'on peut distinguer dans les charges : d'une part, les charges directes et les charges indirectes, d'autre part, les charges fixes et les charges variables. En combinant ces deux distinctions, il apparaît quatre catégories de charges : 1) les charges directes et variables, 2) les charges directes et fixes, 3) les charges indirectes et variables, 4) les charges indirectes et fixes. Le coût complet renferme toutes les charges et le coût partiel une partie seulement. Par exemple, le coût variable ne comprend que les charges variables (directes et indirectes), le coût direct n'englobe que les charges directes (fixes et variables).

Les principes de mise en œuvre des méthodes

	Produit 1	Produit 2	Produit 3	TOTAL
Chiffre d'affaires – Coût partiel	X X	X X	X X	X X
= Marge sur coût partiel – Charges communes non réparties	X	X	X	X X
= Résultat				X

Dans le tableau ci-dessus, l'objet de coût est le produit. Il a été retenu trois produits. Le coût partiel est calculé pour chaque produit, de même que la marge sur coût partiel, différence entre le chiffre d'affaires et le coût partiel. Les charges qui ne figurent pas dans le coût partiel sont dites charges communes et ne sont pas réparties entre les produits mais retranchées globalement de la somme des marges pour obtenir le résultat.

Les trois méthodes de coûts partiels

Dans ce qui suit, direct costing doit être compris comme variable costing.

La méthode du coût variable, appelée direct costing simple :

Coût partiel = coût variable = charges variables (directes et indirectes)
Charges communes non réparties = charges fixes (directes et indirectes)
Résultat = marge globale sur coût variable – charges fixes

La méthode du coût spécifique, appelée direct costing évolué :

Coût partiel = coût spécifique = charges variables (en totalité) + charges fixes spécifiques (ou directes)
Charges communes non réparties = charges fixes communes (ou indirectes)
Résultat = marge globale sur coût spécifique – charges fixes communes

La méthode du coût direct :

Coût partiel = coût direct = charges directes (fixes et variables)
Charges communes non réparties = charges indirectes (fixes et variables)
Résultat = marge globale sur coût direct – charges indirectes

LE CALCUL DES MARGES (OU DES CONTRIBUTIONS)

Données d'un exemple

Une entreprise très mécanisée produit des boîtes d'1 kg d'aliments pour chats (CAT1) et pour chien (DOG2) qui sont vendues au prix de 3,6 € pour CAT1 et de 3 € pour DOG2. Trois ateliers assurent la production : l'atelier 1, qui prépare exclusivement CAT1, l'atelier 2, qui prépare exclusivement DOG2, l'atelier 3 qui conditionne toutes les boîtes d'aliments. Chaque jour, on produit et on vend 1 000 boîtes de chaque aliment. Toutes les charges indiquées ci-après sont données pour une journée :

- matières premières (0,5 €/kg) : 900 kg pour CAT1 et 750 kg pour DOG2 ;
- main-d'œuvre directe (15 €/heure) : 50 heures pour CAT1 et 40 heures pour DOG2 ;
- charges d'atelier : pour l'atelier 1, 1 000 € (dont 30 % variables) ; pour l'atelier 2, 800 € (dont 25 % variables) ; pour l'atelier 3, 2 000 € (dont 20 % variables). Pour ce dernier atelier, son activité est répartie à raison de 50 % pour CAT1 et de 50 % pour DOG2. Les frais administratifs et de direction s'élèvent à 500 € par jour. *On se propose de présenter, dans les trois méthodes de coûts partiels, le calcul des marges c'est-à-dire des contributions* (contributions à la couverture des charges communes non réparties).

Méthode du coût variable (direct costing simple)

	CAT1	DOG2	TOTAL
(a) Chiffre d'affaires	3 600	3 000	6 600
(b) Coût variable (matières + MOD + charges d'ateliers 1, 2, 3, variables)	1 700	1 375	3 075
(c) Marge sur coût variable (a) – (b)	1 900	1 625	3 525
(d) Charges fixes (charges d'atelier fixes + frais administratifs)			3 400
(e) Résultat (c) – (d)			125

Méthode du coût spécifique (direct costing évolué)

	CAT1	DOG2	TOTAL
(a) Chiffre d'affaires	3 600	3 000	6 600
(b) Coût variable (voir plus haut)	1 700	1 375	3 075
(c) Charges fixes spécifiques (atelier 1 pour CAT1 et atelier 2 pour DOG2)	700	600	1 300
(d) Coût spécifique (b) + (c)	2 400	1 975	4 375
(e) Marge sur coût spécifique (a) – (d)	1 200	1 025	2 225
(f) Charges fixes communes (atelier 3 + frais administratifs)			2100
(g) Résultat (e) – (f)			125

Méthode du coût direct

	CAT1	DOG2	TOTAL
(a) Chiffre d'affaires	3 600	3 000	6 600
(b) Coût direct (matières + MOD + charges d'ateliers 1 et 2)	2 200	1 375	3 975
(c) Marge sur coût direct (a) – (b)	1 400	1 225	2 625
(d) Charges indirectes (charges d'atelier 3 + frais administratifs)			2 500
(e) Résultat (c) – (d)			125

La méthode du coût variable

Le coût variable est un coût partiel, à opposer au coût complet, comme il a été dit à la page 108. La méthode du coût variable consiste à n'imputer aux différents coûts que les seules charges variables, afin de déterminer des marges, fort utiles pour la gestion. Elle permet notamment de déterminer le seuil de rentabilité (voir p. 134) et d'élaborer une politique de vente.

Résultat et marge

En comptabilité de gestion, un résultat est la différence entre un prix de vente et le coût de revient correspondant. La totalité des charges a été prise en considération et le coût de revient est un coût complet.

Au contraire, une marge est la différence entre un prix de vente et un coût partiel. Cette marge est qualifiée à partir du coût auquel elle correspond ; par exemple, la marge sur coût d'achat est la différence entre le prix de vente et le coût d'achat correspondant.

Principe de la méthode

Les coûts successifs (coûts d'achat, de production, hors production) sont calculés à partir des seules charges variables, les charges fixes étant non dissociées et considérées globalement comme des charges liées à l'existence même de l'entreprise. On calcule en détails, produit par produit, la marge sur coût variable, qui est la différence entre montant des ventes et charges variables totales (ou coût variable). Le résultat est obtenu en retranchant les charges fixes globales de la somme des différentes marges sur coût variable.

Dans cette méthode, la marge sur coût variable est un indicateur essentiel : elle apparaît comme la contribution du produit à la couverture des charges fixes.

Les étapes de la détermination du résultat (sommes en milliers d'euros)

	Produit 1	Produit 2	Produit 3	TOTAL
Montant des ventes	5 000	10 000	8 000	23 000
– charges variables	3 000	7 000	8 500	18 500
= marge sur coût variable	2 000	3 000	– 500	4 500
– charges fixes (en totalité)				4 000
= résultat (en coût variable)				500

Les étapes sont les suivantes :
- distinction des charges fixes et des charges variables ;
- répartition des charges variables entre les différents produits, en utilisant un tableau de répartition pour les charges variables indirectes ;
- calcul des différentes marges sur coût variable par produit ;
- détermination du résultat dans la méthode du coût variable :

résultat = somme des marges – charges fixes globales

EXEMPLE

Données

Une entreprise fabrique trois produits P1, P2, P3 et les vend sur trois marchés différents.
On fournit les informations suivantes pour une période déterminée :

PRODUIT	P1	P2	P3
Prix de vente unitaire (en €)	160	100	150
Coût unitaire variable moyen (en €)	120	50	90
Marge sur coût variable unitaire (en €)	40	50	60
Taux de marge sur coût variable	25 %	50 %	40 %
Capacité d'absorption du marché (en unités)	500	1 000	750
Marge sur coût variable totale (en €)	20 000	50 000	45 000

Les charges fixes à absorber, pour la période considérée, s'élèvent à 100 000 €.

Politique de vente et de production

• Il convient de développer les ventes du produit P2 qui offre la plus forte marge pour 100 € de ventes (50 %). C'est également le produit P2 qui fournit la plus forte marge sur coût variable totale (50 000 €). On cherchera d'abord à saturer le marché de produits P2.
• Puis on s'attachera à fabriquer et à vendre le plus possible de produits P3, dont le taux de marge sur coût variable est de 40 %, et qui peuvent porter la marge sur coût variable totale de 50 000 € à 95 000 F (P2 et P3 ensemble). Il restera alors 5 000 € de charges fixes à couvrir.
• Enfin, en fonction de la capacité de production disponible, on fabriquera des produits P1, sachant que l'entreprise ne deviendra bénéficiaire qu'à partir d'une production de 125 P1 (40 × 125 = 5 000 €). Si l'entreprise peut fabriquer et vendre les 500 produits P 1, son bénéfice vaudra :

$$(50\,000 + 45\,000 + 20\,000) - 100\,000 = 115\,000 - 100\,000 = 15\,000 \text{ €}$$

Graphique représentant la contribution des produits pour la couverture des charges fixes

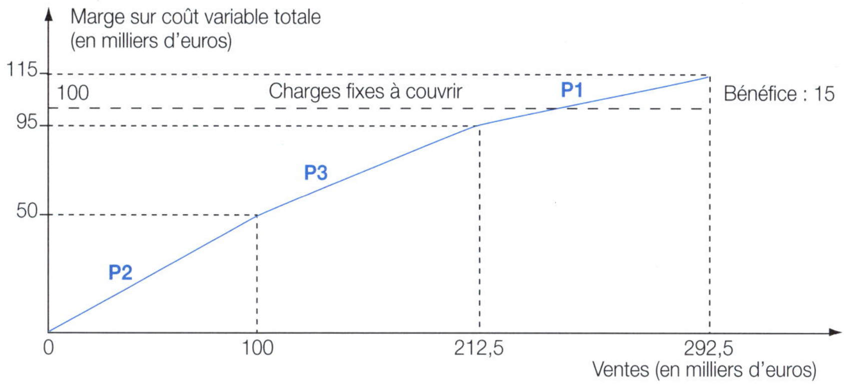

Le seuil de rentabilité

La méthode du coût variable facilite la détermination du seuil de rentabilité, qui constitue une information fondamentale pour la gestion de l'entreprise, même si, par simplification abusive, les comptables admettent que les charges variables sont proportionnelles au volume d'activité de l'entreprise.

Considérons les trois situations suivantes (montants en euros)

	Situation 1	Situation 2	Situation 3
Ventes annuelles	90 000	100 000	120 000
– charges proportionnelles (80 % des ventes)	72 000	80 000	96 000
= marges sur coût variable (20 % des ventes)	18 000	20 000	24 000
– charges fixes annuelles	20 000	20 000	20 000
= Résultat d'exploitation	– 2 000	0	+ 4 000

Commentaire

Il s'agit d'une même entreprise dont les charges proportionnelles représentent 80 % des ventes et dont les charges fixes annuelles valent 20 000 €.

• Lorsque les ventes augmentent, sans modification de structure de l'entreprise, le résultat s'accroît.

• Il existe un montant des ventes (ou chiffre d'affaires) pour lequel le *résultat est nul* : ce chiffre d'affaires est appelé *seuil de rentabilité* (ou point mort, ou chiffre d'affaires critique). Il vaut ici 100 000 €.

• Pour que l'entreprise soit bénéficiaire, il faut que ses ventes dépassent le seuil de rentabilité ; dans le cas contraire, elle est en perte.

• Le seuil de rentabilité peut être calculé pour une année passée ou à venir.

• Le bénéfice dans la situation 3 est égal à la marge sur coût variable réalisée sur l'accroissement des ventes au-delà du seuil de rentabilité :

$$(120\,000 - 100\,000) \times 20\ \% = 4\,000$$

Expression mathématique et calcul du seuil de rentabilité (désigné par SR)

Dans l'exemple précédent, le seuil de rentabilité SR vaut 100 000 € et la marge sur coût variable (20 % des ventes) couvre exactement les charges fixes :

(1) seuil de rentabilité × 20 % – charges fixes = 0

Si l'on désigne le pourcentage de marge sur coût variable par m et les charges fixes par F, l'égalité (1) devient : $SR \times m - F = 0 \iff \boxed{SR = \frac{F}{m}}$

Le seuil de rentabilité SR est obtenu en divisant les charges fixes annuelles F par le pourcentage de marge sur coût variable m. On obtient la date du SR ainsi : si l'on prévoit des ventes annuelles de 120 000 € également réparties dans le temps (soit 10 000 €/mois), il faudra 100 000/10 000 = 10 mois pour atteindre le SR (date du SR = 31 octobre).

GRAPHIQUE DE DÉTERMINATION DU SEUIL DE RENTABILITÉ

Exemple de construction d'un graphique

Une entreprise a réalisé, dans une certaine année (situation 3 sur la page ci-contre), un chiffre d'affaires de 120 000 € (10 000 € par mois). Les charges fixes annuelles ont été de 20 000 € et la marge sur coût variable a représenté 20 % du chiffre d'affaires, soit 24 000 €. Le résultat a été de 4 000 € (bénéfice).

Sur le graphique ci-dessous, on a représenté (chiffre d'affaires en abscisse) :

– la droite BC de charges fixes, d'équation y = 20 000, avec B (0,20 000) et C (120 000,20 000),

– la droite OA de marge sur coût variable, d'équation y = 0,20 x avec O (0,0) et A (120 000,24 000).

Le seuil de rentabilité est atteint lorsque la marge sur coût variable est égale aux charges fixes, ce qui intervient pour un chiffre d'affaires de 100 000 € (= abscisse du point P).

Pour obtenir la date du seuil de rentabilité, il suffit de tracer un deuxième axe des abscisses, en portant les douze mois de l'année entre 0 et 120 000 € de chiffre d'affaires. L'abscisse du point P donne la date cherchée = fin octobre.

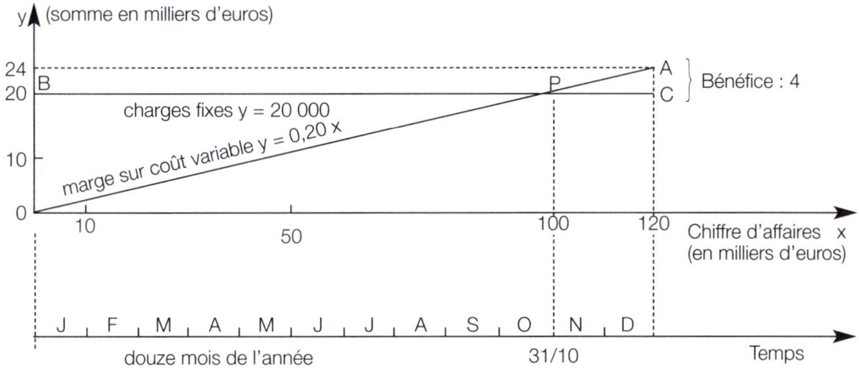

Entraînez-vous

1. On donne les éléments suivants concernant une entreprise commerciale pour une année déterminée : chiffre d'affaires : 260 000 € ; charges proportionnelles d'achat et de vente : 208 000 € ; charges fixes : 48 000 €.

Calculer le seuil de rentabilité à partir de cette situation initiale.

2. L'entreprise désire doubler son résultat pour le porter à 8 000 €. De combien faut-il accroître le chiffre d'affaires ?

3. Par rapport à la situation initiale (question 1), l'augmentation des commissions des représentants porterait les charges proportionnelles de 80 % à 84 % du chiffre d'affaires, les charges fixes étant inchangées.

a) Quel serait le nouveau seuil de rentabilité ?

b) Quel serait le chiffre d'affaires à réaliser pour obtenir le même résultat (= 4 000 €) ?

4. Par rapport à la situation initiale (question 1), l'acquisition d'un nouveau matériel pour 120 000 €, amortissable en 5 ans linéairement, réduirait les charges proportionnelles à 70 % du chiffre d'affaires.

a) Quel serait le nouveau seuil de rentabilité ?

b) Faut-il conseiller l'achat du nouveau matériel ?

Corrigé pp. 173 et 174

Choix d'une méthode pertinente

La méthode des coûts complets (= méthode des centres d'analyse) ne constitue pas la méthode idéale. Demandant réflexion et rigueur, elle n'est pas pertinente pour orienter certaines décisions telles que : faire ou faire faire, supprimer ou développer des produits, sélectionner les clients et les commandes, etc... Pour ces choix, on aura recours aux méthodes de coûts partiels.

Exemple

La société ABS fabrique et commercialise trois lignes de produits : une ligne A (meubles d'appoint), une ligne B (meubles de bureau), une ligne S (meubles de séjour). Chaque ligne de produits comprend plusieurs modèles mais, pour simplifier, il sera tenu compte des prix et des coûts moyens par ligne de produits.

(Les valeurs sont en euros)	Ligne A	Ligne B	Ligne S	TOTAL
Quantités (en unités)	500	500	200	
Prix de vente unitaire (en euros)	200	600	2 000	
Chiffre d'affaires	100 000	300 000	400 000	800 000
Coûts des matières premières	40 000	110 000	100 000	250 000
Autres charges variables (indirectes)	5 000	30 000	20 000	55 000
Total des charges variables	45 000	140 000	120 000	305 000
Marge sur coût variable	55 000	160 000	280 000	495 000
Charges fixes spécifiques (directes) (1)	25 000	100 000	150 000	275 000
Marge sur coût spécifique	30 000	60 000	130 000	220 000
Charges fixes communes (indirectes) (2)	22 500	67 500	90 000	180 000
Résultat	7 500	– 7 500	40 000	40 000

(1) Personnel spécialisé dans chaque ligne, amortissement des machines spécialisées.
(2) Salaires des personnels administratifs, commerciaux, loyers, frais généraux. Ces charges ont été réparties entre les lignes au prorata de leurs chiffres d'affaires respectifs.

Le problème posé est le suivant : quelle ligne de produits faut-il abandonner ou développer ?

Utilisation de la méthode des coûts complets

Au bas du tableau, les résultats sont calculés en coûts complets, puisque toutes les charges (variables et fixes) ont été réparties entre les lignes. La ligne B présente un résultat négatif mais il ne serait pas judicieux de l'abandonner car, en l'abandonnant, on se priverait de sa marge sur coût spécifique (ou contribution) de 60 000, si bien que le résultat global de 40 000 deviendrait négatif : 40 000 – 60 000 = – ,20 000.

On voit mieux les effets désastreux d'une telle décision (abandonner B) en reprenant le tableau de calcul des résultats.

	Ligne A	Ligne B	Ligne S	TOTAL
Marge sur coût spécifique	30 000	0	130 000	160 000
Charges fixes communes (3)	36 000		144 000	180 000
Résultat	– 6 000		– 14 000	– 20 000

(3) Charges réparties au prorata des chiffres d'affaires respectifs.

Ainsi, dans une décision de suppression d'une ligne de produits (ou d'un produit, ou d'un client, ou d'un circuit de distribution, etc.) la méthode des coûts complets **n'est pas une méthode pertinente**. Il faut recourir à une méthode de coûts partiels, de préférence à la méthode du coût spécifique.

UTILISATION D'UNE MÉTHODE DE COÛT PARTIEL

Quel produit faut-il développer ?

La marge sur coût spécifique calculée dans le tableau ci-contre est positive pour chacune des lignes A, B, S. Aucune ligne ne doit être abandonnée puisque chacune contribue à couvrir les charges fixes communes. Pour améliorer la situation, si le marché le permet, si la concurrence n'est pas trop forte, on peut chercher à augmenter les ventes. Pour cela, on pourrait augmenter les ventes d'une ligne de 10 % moyennant une campagne promotionnelle dont le coût est évalué à 12 000 euros. Quel produit développer ?

Les ventes augmentant de 10 %, la marge sur coût variable augmentera également de 10 %, respectivement de 5 500 si A est retenu, de 16 000 si B est choisi et de 28 000 pour S (se reporter au tableau de l'exemple, page ci-contre). Comme le coût de la campagne accroît les charges fixes spécifiques de la ligne dont les ventes sont augmentées, on retiendra la ligne de produits dont la marge sur coût variable a le plus augmenté, soit S. Grâce au développement de la ligne S, le résultat global de l'entreprise va s'accroître de : 28 000 – 12 000 = 16 000 et passera à 56 000.

Prise en compte de la capacité de production

La capacité maximale de production de la société ABS est de 8 000 heures machines. Le nombre d'heures machines par unité fabriquée est respectivement de 2 heures, 4 heures et 20 heures pour A, B et S. Le nombre total d'heures utilisées pour les productions respectives de 500 unités (ligne A), 500 unités (ligne B) et 200 unités (ligne S) s'élève à :

(2 h x 500) + (4 h x 500) + (20 h x 200) = 7 000 heures

La société dispose donc d'une capacité inutilisée de : 8 000 h – 7 000 h = 1 000 heures. En supposant qu'il n'y ait pas de problèmes de débouchés, quel produit développer pour employer toute la capacité de production sans réaliser de nouvel investissement ?

Pour A, la marge sur coût variable par heure machine vaut : 55 000/(2 h x 500) = 55 ; pour B : 160 000/(4 h x 500) = 80 ; pour S : 280 000/(20 h x 200) = 70. La solution est donc d'affecter les 1 000 heures disponibles à la ligne B ; l'accroissement de marge sur coût variable, donc l'accroissement du résultat, serait de : 80 x 1 000 h = 80 000. Le nouveau résultat global de l'entreprise deviendrait : 40 000 + 80 000 = 120 000.

Prise en compte des contraintes du marché

Les méthodes de coûts partiels permettent de réaliser des simulations face à des variations de l'activité. La méthode du coût spécifique est intéressante parce qu'elle mesure la marge sur coût spécifique, c'est-à-dire la contribution d'un produit, ou d'une activité, à la couverture des charges fixes indirectes. La variation des contributions permet de prévoir l'évolution du résultat de l'entreprise.

Ainsi, une forte concurrence s'est développée sur le marché des meubles de séjour (ligne S) et l'objectif de ventes de 200 unités ne peut être maintenu qu'avec une baisse du prix de vente estimée au minimum à *10 %*. Si le prix de vente baisse de 10 % (minimum envisagé), le chiffre d'affaires de la ligne S diminue de : 400 000 x 10 % = 40 000. Les charges variables et les charges fixes spécifiques de S ne sont pas modifiées. En conséquence, la marge sur coût spécifique de la ligne S est diminuée de 40 000 et devient : 130 000 – 40 000 = 90 000. Le résultat global de l'entreprise est amputé de 40 000 et devient nul. Pour une baisse de prix supérieure à 10 %, le résultat global serait négatif. Des actions doivent être entreprises pour sauvegarder la rentabilité.

N.B. Dans les coûts partiels, on laisse non résolu le délicat problème des charges communes non réparties.

ABC : bases de la méthode

ABC est l'abréviation de l'expression « Activity Based Costing » qui signifie « méthode des coûts à base d'activités ». C'est une méthode apportant une vision nouvelle de l'entreprise par rapport aux méthodes traditionnelles et se démarquant de ces dernières par des termes nouveaux (ressources traçables, inducteurs, etc.).

ABC : une nouvelle méthode de coûts complets

Cette méthode est née de la mise en cause des méthodes de coûts complets traditionnelles, essentiellement de la méthode des centres d'analyse présentée dans les pages 114 à 125. L'objectif de la méthode ABC est d'améliorer les procédures d'allocation des *charges indirectes* aux coûts des produits grâce à la multiplication de clés de répartition mieux adaptées à la complexité des processus de production.

Principe du modèle ABC

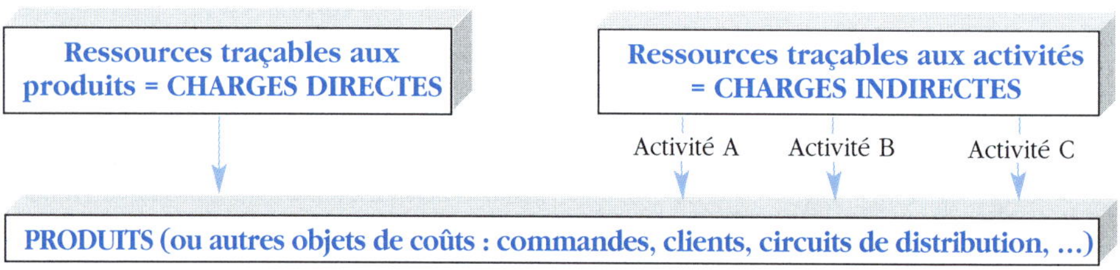

- *Ressources traçables aux produits* (c'est-à-dire directement attribuables aux produits). Elles comprennent les matières consommées et la main-d'œuvre directe. Elles sont affectées aux produits sans démarche intermédiaire, comme dans la méthode des centres d'analyse.
- *Ressources traçables aux activités* (c'est-à-dire attribuables aux produits par l'intermédiaire des activités). Il s'agit des charges indirectes, par opposition aux charges directes précédentes. Pour rattacher les ressources (= charges) indirectes aux produits, deux étapes sont nécessaires : 1) les ressources sont consommées par les activités et le coût de chaque activité est calculé à partir du coût des ressources consommées ; 2) les coûts des activités sont imputés aux produits, dont les coûts sont calculés à partir des activités. Ces deux étapes viennent après la répartition des charges indirectes entre les centres d'analyse.

Répartition des charges indirectes entre les centres d'analyse ou les services

Elle est faite comme indiqué sur le schéma de la page 115 : soit affectation entre les centres d'analyse, soit répartition entre ces centres grâce à des clés de répartition. Mais la répartition des charges des centres auxiliaires entre les centres principaux (répartition secondaire) pose problème. Afin d'éviter les calculs arbitraires venant troubler l'homogénéité des charges des centres d'analyse, la répartition secondaire n'est normalement pas effectuée dans la méthode ABC, sauf si l'objet de coût est un centre principal (*non un centre auxiliaire*) qui recevra alors la part des charges des centres auxiliaires qu'il utilise.

ALLOCATION DES CHARGES INDIRECTES AUX COÛTS

Calcul du coût des activités

La notion d'activité est au centre du modèle ABC. Une activité est un ensemble de tâches élémentaires pour un résultat identifiable, par exemple lancer une commande, réceptionner et stocker des produits, assembler des composants, régler une machine, etc. La liste des activités dans l'entreprise doit être détaillée, sans excès. Pour réaliser ses activités, l'entreprise consomme des ressources qui représentent *les charges indirectes* des centres d'analyse. Pour affecter ces ressources aux activités, on utilise des inducteurs d'activité. Un inducteur représente le facteur explicatif, la cause, l'origine d'un événement, d'une activité, d'un coût. Par exemple, les heures de travail du personnel comptable expliquent l'activité de facturation (ou de paie, ou de tenue des livres) dans le service comptable : ces heures de travail sont des inducteurs d'activité.

Pour allouer les charges indirectes aux activités en utilisant un inducteur, on calcule d'abord le coût unitaire de l'inducteur, puis on procède à l'imputation à l'activité en multipliant le coût unitaire par le nombre d'unités consommées.

Exemple : Dans le service comptable, le personnel comprend six personnes qui ont travaillé, en moyenne, chacune 140 heures dans le mois. Les charges salariales de ce personnel se sont élevées à 16 380 euros. Le coût unitaire de l'inducteur est calculé comme suit : coût unitaire de l'inducteur = coût de l'heure de travail = 16 380/(140 x 6) = 19,5 euros.

Trois personnes ont travaillé à la tenue des livres, deux à la facturation et une à la paie. L'imputation des charges aux activités est la suivante :

. activité de facturation : 19,5 x (140 x 2) = 5 460
. activité de paie : 19,5 x 140 = 2 730
. activité de tenue de livres : 19,5 x (140 x 3) = 8 190

Chaque activité recevra d'autres charges (amortissement du matériel et mobilier, par exemple), dont la somme donnera le coût de l'activité : coût de l'activité = total des ressources consommées par l'activité.

Calcul du coût des produits

Le coût d'un produit est obtenu en lui affectant le coût des différentes activités qu'il a consommées. Cette affectation est réalisée grâce à des **inducteurs de coût**, c'est-à-dire grâce à des facteurs qui expliquent l'origine, la cause du coût. Par exemple, le nombre de palettes (ou de produits) explique le coût d'approvisionnement ; la palette (ou le produit) est un inducteur de coût d'approvisionnement (également la commande, la référence, ...). La démarche d'allocation aux coûts est semblable à celle utilisée précédemment. Il suffit de calculer d'abord le coût unitaire de l'inducteur, qui est le rapport entre le coût de l'activité et le nombre d'unités d'inducteur, puis de multiplier ce coût unitaire par le nombre d'unités d'inducteur consommées par l'objet de coût (produit, commande, etc.).

Exemple : Un service d'approvisionnement comprend les trois activités suivantes :

ACTIVITÉS	LANCER LES COMMANDES	RÉCEPTIONNER ET STOCKER	CONTRÔLER
Coût des activités (en euros)	11 472	36 300	14 310
Inducteur	La commande	La palette	La référence
Nombre d'inducteurs	120	2 500	600
Coût unitaire de l'inducteur	95,60	14,52	23,85

Le coût d'approvisionnement d'une commande de 25 palettes comportant 18 références vaut :
(95,60 x 1) + (14,52 x 25) + (23,85 x 18) = 887,90 euros

ABC : mise en œuvre

Le point de départ est la distinction entre les charges directes et les charges indirectes, ces dernières étant réparties entre les centres d'analyse. Plusieurs étapes sont nécessaires : identifier les activités et les inducteurs, regrouper les activités ayant le même inducteur, calculer le coût unitaire des inducteurs et déterminer les coûts des produits par addition des charges directes et des coûts des activités.

Données

Une entreprise calcule ses coûts de revient par la méthode des centres d'analyse. Les données suivantes concernent le mois de janvier. Deux produits P1 et P2 sont fabriqués dans un atelier à partir de matières premières achetées : 8 000 euros pour P1, 14 500 euros pour P2. La main-d'œuvre directe (MOD) est de 420 heures pour P1, 700 heures pour P2 (taux horaire : 15 euros). Les charges indirectes ont été réparties comme suit :

	Approvisionnement	Production	Distribution
Total répartition secondaire	7 500	44 800	10 500
Unités d'œuvre (UO)	Kg de mat. 1ères	Heure machine	produit
Nombre d'unités d'œuvre	7 500 (1)	1 600 (2)	700 (3)
Coût de l'unité d'œuvre	1	28	15

(1) 2 500 pour P1 et 5 000 pour P2. (2) 400 pour P1 et 1 200 pour P2. (3) 250 P1 et 450 P2.

Toutes les matières premières ont été consommées et tous les produits P1 et P2 vendus.

Identification des activités et des inducteurs

Dans chaque centre d'analyse, on peut distinguer plusieurs activités, chaque activité se voyant affecter les ressources qu'elle consomme. Puis il faut définir un inducteur par activité. Pour une activité liée au volume de production ou de commercialisation, on pourra retenir un inducteur volumique : heure de MOD, kg de matière, heure machine, … Pour une activité liée à l'organisation productive ou commerciale, on retiendra la série fabriquée, le canal de distribution, … Pour une activité de soutien aux produits, ce sera le nombre de références, ou le nombre de composants utilisés.

Centre d'analyse	Activités identifiées	Ressources consommées	Inducteurs d'activité
Approvisionnement	Réception et stockage Contrôle	6 000 1 500	le kg de matières 1res la référence produit
Production	Préparation et réglage Assemblage, finition	16 100 28 700	la série le produit
Distribution	Livraison Facturation	7 700 2 800	le produit la commande

Regroupement des activités

Certaines activités ont le même inducteur. Dans cet exemple simplifié, le produit est l'inducteur commun à l'assemblage et à la livraison. Il faut rassembler les activités ayant le même inducteur dans un centre de regroupement, en vue de faciliter les calculs ultérieurs. Ainsi le centre de regroupement (assemblage + livraison) présente un montant de ressources consommées de : 28 700 + 7 700 = 36 400, à rapporter au nombre de produits.

DÉTERMINATION DES COÛTS DES PRODUITS

Calcul du coût unitaire des inducteurs

Il est déterminé en divisant le coût des activités, ou des centres d'activités, par le volume des inducteurs (20 références, 25 séries fabriquées et 70 commandes).

Inducteurs	Coût des activités	Volume des inducteurs	Coût unitaire de l'inducteur
Le kg de mat. 1res	6 000	7 500	0,8
La référence produit	1 500	20 (1)	75
La série	16 100	25 (2)	644
Le produit	36 400	700	52
La commande	2 800	70 (3)	40

(1) dont 12 pour P1 et 8 pour P2. (2) dont 10 pour P1 et 15 pour P2. (3) dont 20 pour P1 et 50 pour P2.

Calcul des coûts des produits (méthode ABC)

Coûts complets ABC	PRODUIT P1			PRODUIT P2		
	quantité	coût unitaire	montant	quantité	coût unitaire	montant
Coûts traçables aux produits :						
– matières premières			8 000			14 500
– main-d'œuvre directe	420	15	6 300	700	15	10 500
Coûts des activités : inducteurs						
– kg de matières premières	2 500	0,8	2 000	5 000	0,8	4 000
– références	12	75	900	8	75	600
– séries	10	644	6 440	15	644	9 660
– produits	250	52	13 000	450	52	23 400
– commandes	20	40	800	50	40	2 000
TOTAL	250	149,76	37 440	450	143,69	64 660

Calcul des coûts des produits (Méthode des centres d'analyse)

À titre de comparaison, présentons ci-après les calculs du coût de revient (total et unitaire) pour P1 et P2 dans la méthode traditionnelle des centres d'analyse.

Coûts complets traditionnels (méthode des centres d'analyse)	PRODUIT P1			PRODUIT P2		
	quanité	coût unitaire	montant	quantité	coût unitaire	montant
Achats de matières premières			8 000			14 500
Centre approvisionnement	2 500	1	2 500	5 000	1	5 000
Matières premières consommées			10 500			19 500
Main-d'œuvre directe	420	15	6 300	700	15	10 500
Centre de production	400	28	11 200	1 200	28	33 600
COÛT DE PRODUCTION	250	112	28 000	450	141,33	63 600
COÛT HORS PRODUCTION (centre distribution)	250	15	3 750	450	15	6 750
COÛT DE REVIENT	250	127	31 750	450	156,33	70 350

ABC : intérêt de la méthode

La méthode ABC a été conçue comme une réponse aux limites des méthodes traditionnelles : réponse à la méthode des coûts complets, où l'imputation des charges indirectes entre les produits s'effectue souvent de manière arbitraire, réponse aux méthodes de coûts partiels où les frais généraux, les charges indirectes, ne sont pas répartis entre les produits.

Une meilleure connaissance des coûts

Vers 1980, le traitement des flux internes dans l'entreprise était assuré par la comptabilité analytique. Or la validité de cette comptabilité, dans un monde en rapide transformation, a été remise en cause, car la pratique de l'analyse des coûts n'était plus adaptée aux besoins des entreprises. L'information fournie était devenue insuffisamment précise et moins pertinente. On a donc cherché à améliorer l'analyse en introduisant de nouvelles techniques de gestion, comme la comptabilité à base d'activités.

Dès 1995, une nouvelle conception désignée par comptabilité de gestion, s'est définitivement démarquée de la comptabilité analytique telle qu'elle est présentée dans le Plan comptable général français de 1982. Le rôle élargi de la comptabilité de gestion a été d'aider les dirigeants à résoudre leurs problèmes de gestion en leur fournissant des informations pertinentes. Ainsi la comptabilité de gestion se sépare plus nettement de la comptabilité générale en adoptant un langage particulier, des concepts et des méthodes d'évaluation différents. Elle offre un cadre d'analyse et des indicateurs de performance mieux adaptés aux besoins. Elle mesure les coûts des différents éléments en distinguant des *activités* qui créent de la valeur, en évaluant les coûts de ces activités pour les comparer aux avantages qu'elles permettent d'obtenir (parts de marché, marges, etc.). Elle apporte une vision transversale de l'entreprise, les coûts des produits et des activités étant connus tout au long de leur cycle de vie.

Une meilleure qualité des décisions

La méthode ABC commence à être prise en compte dans un certain nombre d'entreprises, car l'un de ses objectifs est d'améliorer la qualité des décisions prises. Les systèmes de coûts traditionnels introduisent dans les calculs des distorsions qui se sont accrues avec la diversification des gammes de produits ; ces systèmes ne mesurent correctement que les consommations de ressources qui sont proportionnelles au nombre d'unités produites, à savoir les matières, la main-d'œuvre directe, le temps machine et l'énergie. Or un grand nombre d'autres charges ne sont pas reliées au volume d'unités produites ; cependant, les systèmes traditionnels allouent ces charges aux produits en utilisant des mesures basées sur les unités physiques.
En revanche, la méthode ABC permet le recours à un nombre beaucoup plus important de bases d'allocation de ressources consommées. Grâce à l'amélioration de la qualité des informations, elle fournit un diagnostic, c'est-à-dire une identification de l'origine des problèmes. Par exemple, une consommation excessive de certaines activités peut expliquer la mauvaise rentabilité d'un client, ce qui rend possible une action en vue d'y apporter remède. Parce qu'elle conduit à une mesure des coûts réaliste et contrôlable, la méthode ABC est utilisée généralement dans le cadre d'une démarche de coût cible (voir plus loin). Cependant, revers de la médaille, une plus grande finesse dans la mesure des coûts engendre une plus grande complexité, avec un volume de données plus important.

EXEMPLE : ANALYSE DE LA RENTABILITÉ DES CLIENTS

Données

Une entreprise distribue des bouteilles de 1,5 ℓ de boisson à base d'oranges. Le produit se présente sous forme d'un pack de 3 bouteilles vendu 4,5 € avant remise et acheté pour 3 €. L'entreprise sert différents types de clients : des grandes surfaces, des magasins indépendants, des hôpitaux, des restaurants d'usine. Pour l'analyse de la rentabilité des clients, on utilise la méthode ABC. Toutes les charges, sauf le coût d'achat des packs vendus, ont été réparties entre quatre activités A1, A2, A3, A4, qui sont précisées ci-dessous. Quel diagnostic peut-on tirer de l'application de la méthode ABC ?

Liste des activités dans l'entreprise de distribution

Activités	Inducteurs	Coût unitaire de l'inducteur
A1 : Prendre les commandes	Le bon de commande	230 €
A2 : Visiter les clients	La visite rendue à un client	300 €
A3 : Manutentionner les packs	Le pack de 3 bouteilles vendu	0,15 €
A4 : Livrer les clients	Le km parcouru pour livrer	100 €

Répartition du volume des inducteurs entre les clients

	Client 1	Client 2	Client 3	Client 4
Nombre de bons de commande	50	86	58	23
Nombre de visites	5	8	7	3
Nombre de packs vendus	26 500	330 000	266 000	16 700
Nombre de livraisons	20	40	24	10
Nombre de km par livraison	25	15	6	7

Détermination du résultat pour chaque client et diagnostic

	Client 1	Client 2	Client 3	Client 4
Nombre de packs vendus	26 500	330 000	266 000	16 700
Prix de vente après remise	4,05 €	4,05 €	4,30 €	4,50 €
Chiffre d'affaires	107 325	1 336 500	1 143 800	75 150
Coût d'achat des packs vendus	79 500	990 000	798 000	50 100
Marge brute	27 825	346 500	345 800	25 050
Coût A1 : prendre les commandes	11 500	19 780	13 340	5 290
Coût A2 : visiter les clients	1 500	2 400	2 100	900
Coût A3 : manutention des packs	3 975	49 500	39 900	2 505
Coût A4 : livrer les clients	50 000	60 000	14 400	7 000
Total des coûts des activités	66 975	131 680	69 740	15 695
RÉSULTAT	– 39 150	214 820	276 060	9 355

La marge brute est la différence entre le chiffre d'affaires et le coût d'achat des packs vendus. En retirant de la marge brute le coût des activités consommées, on obtient un résultat par client. Le client 2 donne un résultat moins bon que le client 3, malgré un chiffre d'affaires supérieur, car il consomme plus d'activités tout en bénéficiant d'une remise plus importante. Le client 1 a une rentabilité négative, car il est gros consommateur de certaines activités (surtout A4) et il bénéficie d'une remise non justifiée par les quantités vendues. Par une analyse de ce type, on identifie l'origine des problèmes, ce qui permet d'orienter les actions correctives. La méthode ABC peut constituer un instrument de pilotage efficace, si elle est bien utilisée.

Le coût cible

La méthode du coût cible (target costing) est apparue au Japon vers 1960. Le coût cible est un coût complet s'inscrivant dans une démarche de gestion, dont le but est la fixation du coût prévisionnel d'un produit au moment de sa conception et tout au long de son cycle de vie.

Détermination du coût cible

La méthode repose au départ sur l'hypothèse que le prix de vente d'un produit est imposé par le marché. C'est le prix de vente futur que le client sera prêt à payer pour le produit, compte tenu de la valeur qu'il lui attribue et des prix pratiqués par la concurrence. Les études de marché fournissent des informations précieuses sur la demande des clients potentiels, l'état de la concurrence. Ce prix de vente compatible avec les attentes du marché devient *un prix de vente futur qu'il ne faut pas dépasser*. Ensuite, on estime *le profit cible* attendu de ce produit, qui doit contribuer au profit global de l'entreprise, ce qui implique que le résultat prévisionnel nécessaire à la pérennité de l'entreprise soit réparti entre les différents produits. Ce profit cible dépend du financement de l'entreprise, de ses objectifs de rentabilité, de sa stratégie commerciale. *Par différence entre le prix de vente futur (prix cible) et le profit cible, on obtient un coût plafond pour le coût cible,* ce dernier n'étant pas figé mais ajusté tout au long du cycle de vie, pour tenir compte des contraintes internes à l'entreprise, des procédures d'amélioration des coûts, des économies d'échelle, etc.

Mise en œuvre de la méthode du coût cible

Pour mettre en œuvre le target costing, il faut pouvoir découper le coût cible du produit fini assemblé en coûts cibles par composants, ou par sous-ensembles (voir page 145).

– *1re étape : évaluation des fonctions du produit.* On doit identifier les différentes fonctions que le produit est censé remplir dans son utilisation normale, puis évaluer l'importance relative que le consommateur attache à chacune de ces fonctions.

– *2e étape : analyse des relations entre les composants du produit fini et les fonctions.* Il convient de faire la liste des composants du produit et d'évaluer précisément, pour chaque composant, la contribution qu'il apporte à la réalisation de chacune des fonctions.

– *3e étape : évaluation de l'importance relative de chaque composant.* À partir de l'importance relative de chaque fonction pour le consommateur et de la contribution de chaque composant à la réalisation des fonctions, on détermine l'importance relative de chaque composant dans la valeur créée pour le client. On admet que chaque composant devrait engendrer un coût qui ne pourrait dépasser la valeur relative que lui attribue le consommateur. Ainsi le coût d'un composant ayant une importance relative de 10 % dans la valeur du produit ne pourrait dépasser 10 % du coût cible du produit.

Applications et intérêt du coût cible

Les coûts cibles se sont développés dans les industries à haute technologie réalisant des produits complexes (aéronautique, construction automobile, …). Puis leur emploi s'est étendu à d'autres secteurs (biens manufacturés, services, …). *La méthode du coût cible* procède comme la méthode ABC de la volonté de réduire les coûts, en agissant sur ces coûts en amont, au moment de la conception des produits, puis ensuite lors de la phase de production.

DÉCOMPOSITION DU COÛT CIBLE D'UN RÉVEIL

1re étape : évaluation des fonctions du produit

Six fonctions sont distinguées : F1 Exactitude, F2 Lisibilité, F3 Design, F4 Solidité, F5 Silence, F6 Durée de vie. Une évaluation du degré d'importance de chacune de ces fonctions a été faite par les consommateurs (note de 0 à 10).

Fonctions	F1	F2	F3	F4	F5	F6	TOTAL
Degré d'importance (note sur 10)	9	8	7	7	5	4	40
Importance relative (en %)	22,5 %	20 %	17,5 %	17,5 %	12,5 %	10 %	100 %

2e étape : liaison des composants avec les fonctions

Les six composants du réveille-matin sont reliés aux fonctions qu'ils remplissent, ce qui donne un croisement entre les composants et les fonctions comme suit :

	Fonctions et importance relative	F1 Exactitude 22,5 %	F2 Lisibilité 20 %	F3 Design 17,5 %	F4 Solidité 17,5 %	F5 Silence 12,5 %	F6 Durée de vie 10 %
COMPOSANTS	Piles						70 %
	Amortisseurs de vibration	80 %					
	Électronique et moteur	2 %	40 %		4 %	60 %	20 %
	Aiguilles et transmission	3 %	55 %	8 %	4 %	35 %	10 %
	Contacts	15 %		2 %	12 %		
	Boîier extérieur		5 %	90 %	80 %	5 %	
	TOTAL	100 %	100 %	100 %	100 %	100 %	100 %

Par exemple, la durée de vie dépend essentiellement des piles (70 %) et secondairement de l'électronique et moteur (20 %) et des aiguilles et transmission (10 %).

3e étape : évaluation de l'importance relative de chaque composant

Pour tenir compte de l'importance relative des fonctions, il faut pondérer les pourcentages de chaque colonne par l'importance relative de la fonction correspondante. Ainsi, la durée de vie ayant une importance relative de 10 %, les piles ne représentent que : 10 % x 70 % = 7 % du coût total. Pour les contacts, le calcul donne : (22,5 % x 15 %) + (17,5 % x 2 %) + (17,5 % x 12 %) = 5,825 %. Les résultats sont présentés dans le tableau suivant :

Fonctions et importance relative	F1 Exactitude 22,5 %	F2 Lisibilité 20 %	F3 Design 17,5 %	F4 Solidité 17,5 %	F5 Silence 12,5 %	F6 Durée de vie 10 %	Importance relative des composants
Piles						7 %	7 %
Amortisseurs de vibration	18 %						18 %
Électronique et moteur	0,45 %	8 %		0,7 %	7,5 %	2 %	18,65 %
Aiguilles et transmission	0,675 %	11 %	1,4 %	0,7 %	4,375 %	1 %	19,15 %
Contacts	3,375 %		0,35 %	2,1 %			5,825 %
Boîtier extérieur		1 %	15,75 %	14 %	0,625 %		31,375 %
TOTAL	22,5 %	20 %	17,5 %	17,5 %	12,5 %	10 %	100 %

Si le coût cible du réveille-matin est de 20 €, il se répartira entre les composants comme suit : piles = 20 x 7 % = 1,4 €, amortisseurs de vibration = 20 x 18 % = 3,6 €, etc. Ces informations orienteront les choix pendant la conception et le développement du produit.

La gestion budgétaire

La gestion peut être définie comme la mise en œuvre des ressources de l'entreprise en vue d'atteindre les objectifs préalablement fixés, dans le cadre d'une politique déterminée. Elle nécessite des prévisions (gestion prévisionnelle) et s'accompagne de contrôles (contrôle de gestion). La gestion budgétaire est un mode de gestion caractérisé par l'établissement de budgets dépendant les uns des autres et permettant d'obtenir un compte de résultat et un bilan prévisionnels.

Quelques définitions préalables

Gestion prévisionnelle : mode de gestion qui repose sur un modèle représentatif des activités futures de l'entreprise, à long, moyen, ou court terme. Ce modèle exprime le choix des moyens retenus pour atteindre les objectifs fixés.

Contrôle de gestion : ensemble de procédures fournissant aux responsables des données chiffrées prévisionnelles à long, moyen ou court terme, et permettant par comparaison avec des données passées, de déclencher rapidement les mesures correctives appropriées. Le contrôle de gestion recouvre l'ensemble des instruments de prévision et de contrôle utilisés dans la gestion prévisionnelle.

Gestion budgétaire : mode de gestion consistant à traduire en programmes d'actions chiffrés, appelés budgets, les décisions prises par la direction avec la participation des responsables. La gestion budgétaire est un système de gestion prévisionnelle à court terme (périodicité la plus fréquente : un an, avec détail des dépenses et recettes mois par mois).

Contrôle budgétaire

Périodiquement, fréquemment et rapidement, en cours et en fin d'exécution des budgets, il faut mettre en parallèle les valeurs réelles et les valeurs budgétaires. Pour faciliter ce contrôle et dégager des écarts significatifs, le cadre d'analyse et de calcul doit être identique pour les budgets et pour les éléments constatés en comptabilité générale et en comptabilité de gestion.

Les caractéristiques de la gestion budgétaire

La prévision dans la concertation

Le cadre budgétaire s'appuie sur l'organigramme de l'entreprise et s'articule autour d'unités décentralisées (= les centres budgétaires). Chaque responsable d'un centre se voit attribuer un budget qu'il conçoit, chiffre et propose à la direction ; après discussion et acceptation, il assure la responsabilité de la mise en œuvre de son budget.

L'établissement des budgets, programmes d'actions chiffrés

Les budgets sont répartis par grandes fonctions de l'entreprise et ils sont hiérarchisés, c'est-à-dire qu'ils sont dépendants les uns des autres, dans un certain ordre. Ainsi le budget des ventes vient en premier et détermine le budget des frais commerciaux et le budget de production, ce dernier commandant le budget des approvisionnements et le budget des centres de production.

Le budget de trésorerie fait la synthèse des encaissements et des décaissements issus des autres budgets. Dans une dernière étape, le système budgétaire permet d'obtenir les documents de synthèse : compte de résultat prévisionnel et bilan prévisionnel.

SCHÉMA DU SYSTÈME BUGDÉTAIRE

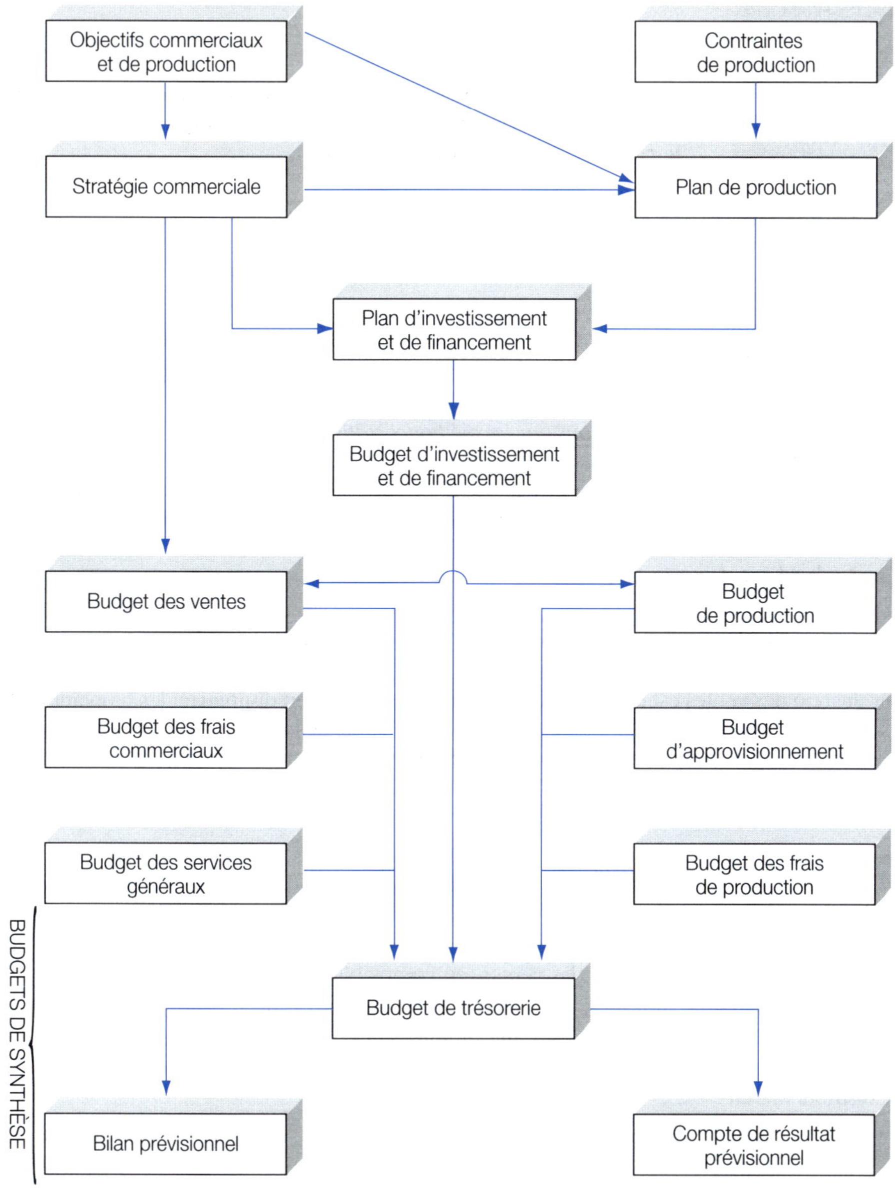

La gestion budgétaire des ventes

La prévision des ventes est, dans l'entreprise, la clé de voûte de l'ensemble du système budgétaire. Elle est complexe et nécessite le recours aux méthodes statistiques.

La prévision des ventes

On étudie les différents produits vendus à partir de la recherche d'informations, qui permettront, grâce à un traitement statistique, d'estimer les ventes futures.

La recherche des informations

Elles sont trouvées à l'extérieur de l'entreprise (INSEE, CREDOC, ministères, chambres de commerce et d'industrie, etc.) et à l'intérieur (comptabilité, rapports des représentants, etc.). Elles constituent les éléments de base des prévisions.

Le traitement des informations par les méthodes statistiques

On peut procéder à des enquêtes par sondage auprès d'échantillons représentatifs, ou bien à des études de corrélation, d'ajustement, pour mesurer les tendances du passé et les extrapoler dans la période à venir, en tenant compte, éventuellement, des variations saisonnières.

Le budget des ventes

Le budget des ventes est un tableau qui récapitule les ventes prévues, en quantités et en valeur, en les ventilant : par période (trimestre, mois, semaine) ; par produit ou famille de produits ; par canal de distribution (magasins, représentants, etc.) ; par région géographique, etc.
L'évaluation des ventes est faite toutes taxes comprises (TTC), en distinguant les montants hors taxes (HT) et la TVA collectée. On retrouvera les montants des ventes TTC dans le budget de trésorerie (encaissements) et le montant total des ventes HT dans le compte de résultat prévisionnel (produits). La TVA collectée servira à calculer la TVA à décaisser qui figure dans le budget de trésorerie (décaissements).

Le contrôle des ventes

Toute prévision implique un contrôle a posteriori.

Pour calculer les différences, appelées écarts, entre réalisations et prévisions, on doit disposer d'une ventilation détaillée des ventes, en comptabilité générale.

Pour expliquer les différences, il faudra analyser les écarts les plus importants (méthode de gestion par exception) et voir s'il s'agit de différences générales imputables à la période considérée, ou de différences particulières, propres à une région, à un produit, à un réseau de distribution, etc.

Pour corriger les différences, des décisions seront prises, par exemple : ajustement des prévisions, modification des prix, promotion des ventes, meilleure efficacité des canaux de distribution.

EXEMPLE : L'ENTREPRISE PICCAND (1)

Données

L'entreprise Piccand fabrique et vend des machines électroniques d'un seul modèle. Elle achète les pièces détachées à des fournisseurs, les assemble dans un atelier de montage, les vend au détail grâce à son service commercial. Elle a mis sur pied un système budgétaire et a établi ses prévisions de vente pour le 2e semestre de l'année N, chaque machine électronique devant être vendue 2 000 € HT (TVA 20 %).

Remarque concernant la TVA : pour simplifier, la TVA a été calculée en utilisant un taux conventionnel, théorique, de 20 %, alors que le taux est actuellement de 19,6 % ; de plus, il est supposé qu'il n'y a pas de TVA sur les frais commerciaux, ni sur les frais de production, mais seulement sur les ventes et les achats (pièces détachées, matériel).

Budget des ventes

Budget des ventes – 2e semestre de l'année N

	Juillet	Août	Septembre	Octobre	Novembre	Décembre	TOTAL
Ventes en quantité							
Région Nord	150	75	150	150	150	150	825
Région Est	100	50	100	100	100	100	550
Région Sud	80	40	80	80	80	80	440
Région Ouest	70	35	70	70	70	70	385
Total France	400	200	400	400	400	400	2 200
Ventes en valeur (€)							
Montant HT	800 000	400 000	800 000	800 000	800 000	800 000	4 400 000
TVA 20 %	160 000	80 000	160 000	160 000	160 000	160 000	880 000
Montant TTC	960 000	480 000	960 000	960 000	960 000	960 000	5 280 000

Budget des frais commerciaux (on suppose qu'il n'y a pas de TVA sur ces frais)

Le budget mensuel des frais commerciaux pour une vente normale de 500 machines s'élève à 370 000 € (200 000 € de frais fixes et 170 000 € de frais proportionnels, soit 340 € de frais proportionnels pour chaque machine vendue).

Pour une vente de x machines, le budget s'écrit :

200 000 + 340 x (on 1'appelle budget flexible)

En particulier, si x = 400, on obtient : 200 000 + (340 × 400) = 336 000

Budget des frais commerciaux, 2e semestre de l'année N (en milliers d'euros)

	Juillet	Août	Septembre	Octobre	Novembre	Décembre	TOTAL
Frais fixes (1)	200	200	200	200	200	200	1 200
Frais proportionnels	136 (2)	68 (3)	136	136	136	136	748
Frais totaux	336	268	336	336	336	336	1 948

(1) dont 20 000 euros par mois d'amortissement des installations commerciales.
(2) 340 € × 400 = 136 000 € (400 machines vendues chaque mois, sauf en août).
(3) 340 € × 200 = 68 000 € (200 machines vendues en août).

La gestion budgétaire de la production

Pour réaliser les ventes prévues, l'entreprise doit mettre en œuvre la production. Le plan (ou programme) de production joue un rôle essentiel ; il est le résultat d'une confrontation permanente entre deux contraintes : les possibilités de production et de sous-traitance, d'une part, la capacité d'absorption du marché, d'autre part.

Le plan de production

Le plan de production a pour rôle de déterminer les quantités à produire, ventilées par périodes de temps (les mois, par exemple) en tenant compte :
– des sorties imposées par le budget des ventes,
– des contraintes de capacité de production,
– des difficultés de stockage et d'approvisionnement.
En cas d'incompatibilités, on peut être amené à remettre en cause les prévisions des ventes.
Pour fournir les quantités vendues en temps opportun, l'entreprise a le choix entre :
– ne pas stocker, mais devoir disposer d'une capacité productive importante, pouvoir embaucher ou débaucher rapidement, pouvoir faire appel à la sous-traitance,
– ou stocker, ce qui permet de produire régulièrement alors que les ventes sont fluctuantes, mais supporter les coûts et les risques du stockage. Si l'entreprise travaille sur stocks, le plan de production applicable à chaque période (un an, un semestre, etc.) est donné par :

$$Qp = Qv - Si + Sf$$

avec Qp = quantité à produire ; Qv = quantité à vendre ; Si = stock en début de période ; Sf = stock que l'entreprise veut conserver en fin de période.

Le budget de production

Il s'agit d'un tableau donnant la répartition définitive de la production prévue. Ce budget est détaillé par produit, par stade de production, par atelier et par période. Il est présenté en quantités et en valeur. Pour la valorisation des produits semi-ouvrés et des produits finis, on utilise les coûts standards de production, calculés a priori grâce à une analyse précise du processus productif (voir à la p. 163).
Le coût de production standard comprend trois éléments :
– le coût standard des matières (ou des pièces détachées),
– le coût standard de la main-d'œuvre directe,
– le coût standard des charges indirectes (centres d'analyse de production).
La valorisation des charges indirectes de production pourra être faite en retenant la notion de budget flexible : $y = ax + b$
avec y = budget flexible des charges indirectes de production
x = niveau d'activité (nombre de produits fabriqués)
a = charges proportionnelles indirectes pour un produit fabriqué
b = charges fixes indirectes de production.

EXEMPLE : L'ENTREPRISE PICCAND (2)

Plan de production (en quantités)

Au 30/06/N, l'entreprise Piccand a en stock 850 machines électroniques. Ce stock est jugé excessif et on décide de le réduire peu à peu et de le ramener à 400 au 31/12/N, en étalant régulièrement la production sur les mois du 2e semestre N (sauf en août N où la production sera nulle). Pour le 2e semestre N, on obtient :

Qp = Qv – Si + Sf = 2 200 – 850 + 400 = 1 750 (soit 350 pendant chacun des 5 mois de production)

Mois	Quantité vendue	Stock au début du mois	Stock à la fin du mois	Plan de production
Juillet	400	850	800	350
Août	200	800	600	0
Septembre	400	600	550	350
Octobre	400	550	500	350
Novembre	400	500	450	350
Décembre	400	450	400	350

Coût de production standard d'une machine électronique

Il est calculé pour une production mensuelle normale de 500 machines.

- Pièces détachées HT (TVA 20 %) 500 €
- Main-d'œuvre directe 200 €
- Charges indirectes (atelier montage) 100 €

Coût de production unitaire standard 800 €

Budget des frais de production (y compris pièces détachées)

- Pour une production mensuelle de 350 machines, le coût des pièces détachées est de : 500 × 350 = 175 000 et celui de la main-d'œuvre directe de : 200 × 350 = 70 000.
- Le budget mensuel des charges indirectes de production, pour une production normale de 500 machines, s'élève à : 100 × 500 = 50 000 (30 000 de charges fixes et 20 000 de charges proportionnelles, soit 40 de charges proportionnelles pour chaque machine fabriquée). Pour une fabrication de x machines, le budget s'écrit :

40x + 30 000 (budget flexible)

En particulier, si x = 350, on obtient : (40 × 350) + 30 000 = 14 000 + 30 000 = 44 000 tandis que, si x = 0, le budget vaut 30 000 (il ne comprend que des charges fixes).

Budget des frais de production, 2e semestre de l'année N (en milliers d'euros)

	Juillet	Août	Septembre	Octobre	Novembre	Décembre	TOTAL
Pièces détachées (HT)	175	0	175	175	175	175	875
Main-d'œuvre directe	70	0	70	70	70	70	350
Frais proportionnels indirects	14	0	14	14	14	14	70
Frais fixes indirects (1)	30	30	30	30	30	30	180
Frais totaux	289	30	289	289	289	289	1 475

(1) dont 5 000 euros par mois d'amortissement concernant l'atelier montage.

La gestion budgétaire des approvisionnements

À partir du plan de production, les approvisionnements seront programmés, de manière à éviter deux écueils : la pénurie, source de rupture de stock et la surabondance, engendrant des coûts de stockage.

La prévision des approvisionnements

Les approvisionnements sont des objets ou substances achetés par l'entreprise pour la réalisation des biens et services qu'elle vend.
Différents éléments sont à considérer pour une gestion rationnelle des stocks.

- *La cadence d'approvisionnement* : c'est le nombre de commandes dans la période considérée (l'année, le semestre, par exemple). La cadence optimale est celle qui minimise le coût global de stockage ; elle correspond à une quantité commandée appelée quantité économique.
- *Le coût global de stockage* comprend le coût de passation des commandes et le coût de possession du stock.
- *Le délai d'approvisionnement* (ou de réapprovisionnement) est le temps qui s'écoule entre la date de commande et la date de livraison. La commande doit être passée lorsqu'un certain niveau de stock, appelé stock critique, ou stock d'alarme, est atteint.
- *Le stock de sécurité* est, à la date de la livraison, le niveau de stock estimé nécessaire pour éviter le risque de rupture dû aux retards possibles, à l'accélération du rythme de la consommation.
- *Le stock moyen* d'une période quelconque est donné par :

$$\text{stock moyen} = \frac{\text{stock initial de la période + stock final de la période}}{2}$$

Le budget des approvisionnements

Il traduit, dans le temps, l'échelonnement des prévisions concernant les commandes, les entrées en stock (= livraisons), les sorties de stock (= consommations), le niveau des stocks au début et à la fin des périodes retenues pour l'analyse. Le budget est exprimé en quantités et en valeurs, en multipliant les quantités prévues par un prix unitaire préétabli.
Un budget est présenté pour chaque matière mais un budget global rassemblera les valeurs concernant tous les approvisionnements.

Le contrôle du budget des approvisionnements

Le contrôle conduit à dégager des écarts dont les causes habituelles sont les suivantes :
– les changements dans les consommations,
– le non-respect par les fournisseurs des délais ou des quantités livrées,
– les erreurs dans les commandes effectuées.

EXEMPLE : L'ENTREPRISE PICCAND (3)

Exemple du budget des approvisionnements

L'entreprise Piccand utilise, pour la fabrication de chaque machine électronique, des pièces détachées, dont la valeur HT est de 500 €, soit une consommation mensuelle de 175 000 €, sauf en août où elle est nulle (page 151). Les commandes sont livrées dans le mois qui suit la commande et payables par chèque un mois après la livraison. La commande de juin N, livrable en juillet N, s'élève à 155 000 € ; ensuite les commandes seront telles que les stocks de fin de mois sont de 250 000 € en août, 270 000 € de septembre à novembre, et 300 000 € en décembre.

Le stock au 30/06/N, tiré du bilan à cette date, vaut 240 000 € (HT).

Budget des pièces détachées (HT), 2e semestre de l'année N (en milliers d'euros)

Mois	Stock en début de mois	Livraisons du mois	Payables en	Total disponible	Consommations	Stock en fin de mois
Juillet	240	155	Août	395	175	220
Août	220	30	Septembre	250	0	250
Septembre	250	195	Octobre	445	175	270
Octobre	270	175	Novembre	445	175	270
Novembre	270	175	Décembre	445	175	270
Décembre	270	205	Janvier N + 1	475	175	300
TOTAL		935			875	

Un modèle prévisionnel simple de gestion des stocks

• Chaque commande comporte un même nombre de pièces n, alors que la consommation totale pendant la période considérée A (l'année par exemple) est égale à N pièces. On déduit que le nombre x de commandes vaut $\frac{N}{n}$ dans la période A. On appelle t le nombre de jours qui séparent deux livraisons et on suppose que le stock de sécurité est nul.

On a : $x = \frac{N}{n} = \frac{A}{t}$.

On doit exprimer A en nombre de jours.

Par ailleurs, le stock moyen vaut $\frac{n}{2}$ pour chacune des périodes t. Tout se passe comme si, pendant A, on avait en permanence un stock de $\frac{n}{2}$ tous les jours.(Le stock fluctue entre n et o).

• On suppose que le coût de passation d'une commande est constant et vaut Cp, tandis que le coût de stockage d'une pièce par jour est égal à Cs (= coût de possession du stock). Coût global de stockage = coût de passation des commandes + coût de possession du stock

$$\Gamma(n) = \frac{N}{n} . Cp + \frac{n}{2} . A . Cs$$

La quantité économique n_o est celle qui minimise $\Gamma(n)$. On sait que le minimum de la somme de deux grandeurs variables dont le produit est constant a lieu lorsque les grandeurs sont égales, ce qui donne ici :

$$\frac{N}{n} . Cp = \frac{n}{2} . A . Cs \iff$$

$$n = n_o = \sqrt{2 . \frac{N}{A} . \frac{Cp}{Cs}}$$

La gestion budgétaire de la trésorerie (1)

Sont dits opérationnels les budgets étudiés précédemment (ventes, frais commerciaux, production, frais de production, approvisionnements). Pour avoir une vue d'ensemble de la construction budgétaire, on doit élaborer des budgets de synthèse : le budget de trésorerie, le compte de résultat prévisionnel, le bilan prévisionnel.

Le budget de trésorerie

Il a pour but de récapituler toutes les recettes et les dépenses provenant des autres budgets, en opérant une ventilation dans le temps (tous les mois, par exemple), de manière à vérifier l'équilibre (mensuel ou autre) des recettes et des dépenses. En cas de déséquilibre, le budget de trésorerie permet de prévoir :
– les besoins de trésorerie, c'est-à-dire les crédits à court terme nécessaires pour assurer la solvabilité au moindre coût,
– les excédents de trésorerie et les placements qui doivent être faits, pour ne pas laisser improductive l'encaisse disponible.

Le découpage du budget de trésorerie

Étant donné son importance et la grande variabilité dex flux de recettes et de dépenses, le budget de trésorerie est généralement présenté en trois parties :
– le budget des encaissements,
– le budget des décaissements,
– la situation prévisionnelle de trésorerie.
L'ensemble est précédé d'un tableau de calcul de la TVA, en raison des particularités de cette dernière.

Tableau de calcul de la TVA (appelé budget de TVA)

On se reportera aux explications de la p. 42 pour le décompte de TVA.

	mois 1	mois 2	
• TVA collectée (C) sur les ventes du mois	C_1	C_2	
• TVA déductible sur biens et services (d) du mois	d_1	d_2	
• TVA déductible sur immobilisations (d') du mois	d'_1	d'_2	
• TVA à décaisser au titre du mois payable le mois suivant	$C_1 - d_1 - d'_1$ mois 2	$C_2 - d_2 - d'_2$ mois 3	

Dans le cas où la TVA à décaisser est négative, elle constitue un crédit de TVA à déduire de la TVA collectée du mois suivant.

EXEMPLE : L'ENTREPRISE PICCAND (4)

Le budget d'investissement et de financement (2e semestre de l'année N)

L'entreprise Piccand a commandé en juin N un matériel valant 780 000 € hors taxes (TVA 20 %), livrable le 1er août N et réglé moitié à la livraison et moitié par chèque en octobre N. Ce matériel est amortissable en cinq ans, selon le mode linéaire, l'amortissement étant calculé sur la valeur hors taxes.

• Facturation :	Matériel HT	: 780 000 €	
	TVA 20 %	: 156 000 €	déductible en août
	Matériel TTC	: 936 000 €	
• Règlement :	– en août (1/2)	: 468 000 €	
	– en octobre (1/2)	: 468 000 €	
	Total	: 936 000 €	

• Amortissement, au 2e semestre de l'année N (d'août à décembre N = 5 mois) :

$$780\,000 \times \frac{1}{5} \times \frac{5}{12} = 65\,000 \text{ F}$$

Le budget de TVA (2e semestre de l'année N)

Pour simplifier, on suppose qu'il n'y a pas de TVA sur les frais commerciaux, ni sur les frais de production (sauf sur les pièces détachées). Les sommes dans le tableau sont exprimées en euros.

	Juin	Juillet	Août	Septembre	Octobre	Novembre	Décembre
• *TVA collectée*							
- sur les ventes du mois (1)		160 000	80 000	160 000	160 000	160 000	160 000
• *TVA déductible*							
- sur les achats de pièces détachées du mois (2)		31 000	6 000	39 000	35 000	35 000	41 000
- sur les achats d'immobilisations du mois (3)			156 000				
• Crédit de TVA à reporter				82 000			
Solde		129 000	– 82 000	39 000	125 000	125 000	119 000
• TVA à décaisser au titre du mois (4) payable le mois suivant	93 000 Juillet	129 000 Août	0	39 000 Octobre	125 000 Novembre	125 000 Décembre	119 000 Janvier N +1

(1) Les sommes figurent à la page 149, dans le budget des ventes, ligne « TVA 20 % »

(2) Les sommes sont calculées à partir de la colonne « livraisons du mois » du budget des pièces détachées (HT) présenté à la page 153. Par exemple, la TVA déductible sur les achats de pièces détachées au titre du mois de juillet vaut : 155 000 × 20 % = 31 000 ; elle est déduite en juillet (suppression de la règle du décalage d'un mois)

(3) Le calcul apparaît ci-dessus (budget d'investissement et de financement)

(4) La TVA à décaisser au titre du mois de juin est une dette à l'égard de l'État que l'on trouve au passif du bilan dressé au 30/06/N (p. 159).

La gestion budgétaire de la trésorerie (2)

Le budget de trésorerie comprend le budget des encaissements, le budget des décaissements et la situation prévisionnelle de trésorerie. S'ils sont faibles, les écarts entre réalisations et prévisions, dégagés a posteriori, ne remettent pas en cause les choix budgétaires. S'ils sont importants, une analyse approfondie peut conduire à une révision des politiques de vente, de production, d'achat, etc.

Le budget des encaissements

On peut y distinguer les encaissements sur opérations d'exploitation et sur opérations en capital.

- *Les encaissements sur opérations d'exploitation* sont essentiellement les recettes sur ventes, exprimées TTC. On doit tenir compte des délais de règlement des clients et, pour cela, calculer des délais moyens par client, ou par famille de produits. Éventuellement, on peut trouver d'autres recettes : des produits de gestion courante, ou des produits financiers.

- *Les encaissements sur opérations en capital* comprennent les apports en numéraire de l'exploitant, ou des associés, les nouveaux emprunts, les cessions d'immobilisations, etc.

Le budget des décaissements

Comme le budget des encaissements, il comporte deux parties : les décaissements sur opérations d'exploitation, les décaissements sur opérations en capital.

- *Les décaissements sur opérations d'exploitation* sont essentiellement les dépenses sur achats de biens et services, exprimées TTC, compte tenu des délais de règlement accordés par les fournisseurs. On trouve également le règlement des salaires et charges sociales, des impôts et taxes (notamment la TVA à décaisser), le paiement des charges financières (intérêts des emprunts).

- *Les décaissements sur opérations en capital* comprennent les acquisitions d'immobilisations, suivant les échéances du plan de financement, les remboursements d'emprunts, les versements de dividendes, les prêts acordés, etc.

À noter que les amortissements des immobilisations ne figurent jamais dans le budget de trésorerie, car ce sont des charges non décaissées ; le décaissement intervient au moment de l'aquisition des immobilisations.

La situation prévisionnelle de trésorerie

Elle récapitule les encaissements et les décaissements et, par différence, donne le solde final de chaque période, compte tenu du solde initial de trésorerie. Les soldes négatifs traduisent des besoins de trésorerie pour lesquels il convient de rechercher les crédits à court terme appropriés, au moindre coût (escompte d'effets de commerce, découvert bancaire, etc.).

EXEMPLE : L'ENTREPRISE PICCAND (5)

Le budget des encaissements

Les clients paient la moitié du prix TTC au moment de la vente et l'autre moitié le mois suivant, en acceptant des traites encaissées à la fin du mois suivant. Les créances sur clients figurant au bilan du 30/06/N sont réglées en juillet N (montant : 415 100 €). Le montant des ventes TTC est donné à la p. 149 (budget des ventes).

Budget des encaissements - 2e semestre de l'année N (en euros) (T = traites)

	Juillet	Août	Septembre	Octobre	Novembre	Décembre	Créances sur clients
Clients au bilan du 30/06/N	415 100						
Ventes de juillet	480 000	480 000 (T)					
Ventes d'août		240 000	240 000 (T)				
Ventes de septembre			480 000	480 000 (T)			
Ventes d'octobre				480 000	480 000 (T)		
Ventes de novembre					480 000	480 000 (T)	
Ventes de décembre						480 000	480 000 (T)
TOTAL DES ENCAISSEMENTS	895 100	720 000	720 000	960 000	960 000	960 000	

Le budget des décaissements

Budget des décaissements - 2e semestre de l'année N (en euros)

	Juillet	Août	Septembre	Octobre	Novembre	Décembre	Dettes
Fournisseurs au bilan du 30/06/N (p. 159)	166 040						
Achats de pièces détachées TTC (1)		186 000	36 000	234 000	210 000	210 000	246 000
Main-d'œuvre directe (2)	70 000	0	70 000	70 000	70 000	70 000	
Autres frais de production (2)	39 000	25 000	39 000	39 000	39 000	39 000	
Frais commerciaux (2)	316 000	248 000	316 000	316 000	316 000	316 000	
TVA à décaisser (3)	93 000	129 000	0	39 000	125 000	125 000	119 000
Matériel TTC (3)		468 000		468 000			
TOTAL DES DÉCAISSEMENTS	684 040	1 056 000	461 000	1 166 000	760 000	760 000	

(1) La commande passée un mois déterminé est livrée dans le mois suivant et payée par chèque un mois après la livraison (voir p. 153). La TVA est de 20 %. Ainsi : 186 000 = 155 000 × 1,20.
(2) Ces dépenses sont supposées ne pas supporter de TVA et sont payées au cours du mois où elles se produisent (p. 149 et 151). **Attention** : l'amortissement n'est pas une charge décaissable.
(3) Se reporter à la p. 155.

La situation prévisionnelle de trésorerie

Par rapprochement entre le total des encaissements et le total des décaissements, présentez la situation prévisionnelle de trésorerie à la fin de chaque mois.

Corrigé p. 174

Les états financiers ultimes

Le système budgétaire permet d'obtenir, dans une dernière étape, les documents fondamentaux de synthèse qui sont : le compte de résultat prévisionnel et le bilan prévisionnel.

Le compte de résultat prévisionnel

Il a pour but de fournir le résultat global de la période future étudiée, en rassemblant toutes les charges et tous les produits, exprimés hors taxes, tels qu'ils ont été estimés dans les différents budgets. Plusieurs présentations sont possibles, certaines permettant une analyse du résultat global.

- *Présentation globale* : on reprend dans la partie gauche d'un tableau les charges et dans la partie droite les produits, comme dans le compte de résultat traditionnel ; le solde du compte donne le résultat prévisionnel de l'exercice.
- *Présentation détaillée* : elle est basée sur une analyse mensuelle avec, pour chaque mois, le calcul de la marge sur coûts directs par produit et du résultat.

Le bilan prévisionnel

C'est le dernier document présenté. Il est obtenu à partir du bilan dressé à la fin de l'exercice précédent et il représente la situation probable à la fin de l'exercice futur.
Les principaux postes du bilan prévisionnel sont déterminés comme suit :
– Immobilisations = montant à la fin de l'exercice passé + acquisitions – cessions (au coût d'achat HT).
– Amortissements = amortissements du bilan précédent + amortissements de l'exercice futur – amortissements des cessions.
– Stocks = montant à la fin de l'exercice futur obtenu à partir du budget de production et du budget des approvisionnements.
– Créances sur clients = montant des créances TTC non encore encaissées à la fin de l'exercice futur (elles apparaissent généralement en marge du budget des encaissements).
– Banque, CCP, Caisse = solde de la trésorerie à la fin de l'exercice futur, donné par le budget de trésorerie.
– Capital = montant antérieur + apports – retraits des propriétaires.
– Résultat = il est donné par le compte de résultat prévisionnel (montant précédé du signe [–] s'il s'agit d'une perte).
– Dettes à l'égard des fournisseurs = montant des dettes TTC non encore payées à la fin de l'exercice futur (elles apparaissent généralement en marge du budget des décaissements).
– TVA à décaisser = elle concerne la TVA due au titre du dernier mois de l'exercice à venir.

EXEMPLE : L'ENTREPRISE PICCAND (6)

Données : le bilan initial de l'entreprise Piccand

ACTIF **Bilan au 30/06/N (en €)** PASSIF

Immobilisations	2 020 000		Capital	1 500 000
moins amortissements	1 285 000	735 000	Résultat du 1er semestre N	371 060
Stocks au 30/06/N (1)		920 000	Fournisseurs	166 040
Clients		415 100	TVA à décaisser au titre de juin N	93 000
Banque, CCP, Caisse		60 000		
		2 130 100		2 130 100

(1) 240 000 (pièces détachées, p. 153) + 680 000 (850 machines électroniques à 800 € l'une, p. 151) = 920 000.

Le compte de résultat prévisionnel (2e semestre de l'année N)

Compte de résultat prévisionnel

CHARGES (HT) **2e semestre année N (en €)** PRODUITS (HT)

Achats de pièces détachées (1)	935 000	Production vendue (3)	4 400 000
Variation de stock de pièces détachées (1)	– 60 000	Production stockée (5)	– 360 000
Consommation de pièces détachées (1)	875 000		
Frais de production (y compris amortissement) (2)	600 000		
Frais commerciaux (y compris amortissement) (3)	1 948 000		
Amortissement du nouveau matériel (4)	65 000		
Résultat du 2e semestre N	552 000		
	4 040 000		4 040 000

(1) p. 153 : variation de stock de pièces détachées = Si – Sf = 240 000 – 300 000 = – 60 000

(2) p. 151 : main-d'œuvre directe + frais indirects proportionnels et fixes = 350 000 + 70 000 + 180 000

(3) p. 149.

(4) p. 155.

(5) p. 151 : production stockée (de machines électroniques) = Sf – Si = (400 – 850) × 800 € = – 360 000 (il s'agit d'un déstockage).

On se reportera aux p. 72 et 73 pour le calcul des variations de stocks et de la production stockée.

Le bilan prévisionnel (au 31 décembre de l'année N)

Présentez le bilan prévisionnel au 31/12/N, en euros.

Corrigé p. 174

Le contrôle budgétaire

La planification fournit un éclairage sur un horizon de l'ordre de trois ans. L'annualisation par les budgets est essentielle pour détailler la 1re année du plan. Périodiquement, en cours et en fin d'exécution des budgets, il faut comparer les valeurs réelles et les valeurs budgétaires, dégager des écarts, les analyser, pour déclencher les mesures correctives appropriées.

Définition et objet

Le contrôle budgétaire compare périodiquement les données constatées avec les prévisions budgétaires pour calculer des *écarts*, afin de mettre en évidence les responsabilités et de déclencher des actions correctives. Par convention, tous les écarts seront calculés par différence entre les données constatées (= données réelles) et la prévision.

Contrôle budgétaire des ventes, des coûts, des résultats

Écart total sur ventes

Désignons par Qr la quantité vendue réelle, par Qp la quantité vendue prévue (= préétablie), par Pr le prix unitaire réel et par Pp le prix unitaire prévu (= préetabli) ; on obtient :

Ecart total = ventes réelles – ventes prévues = QrPr – QpPp

Deux causes peuvent expliquer cet écart total : un écart sur quantité Qr – Qp et un écart sur prix unitaire Pr – Pp. Pour introduire dans l'écart total l'écart sur prix unitaire et l'écart sur quantité, ajoutons dans l'égalité précédente l'expression – QrPp + QrPp de total nul :

Écart total = QrPr – QrPp + QrPp – QpPp = (Pr – Pp) Qr + (Qr – Qp) Pp

L'écart total sur ventes est la somme d'un écart sur prix unitaire (Pr – Pp)Qr et d'un écart sur quantité (Qr – Qp) Pp. Cette analyse est celle qui est généralement retenue. Elle est appliquée à chaque produit vendu. L'écart total sur ventes pour l'ensemble des produits est obtenu par agrégation (= addition) des écarts sur chaque produit ou service.

Écart total sur coûts

L'étude est limitée aux coûts de production ; elle est transposable aux autres écarts.

. Les écarts sur consommations de facteurs (matières 1res, main-d'œuvre directe) sont des écarts sur coûts directs variables. L'analyse est faite dans les pages suivantes. L'écart relatif au facteur consommé (matières ou main-d'œuvre directe) est décomposé en un écart sur coût unitaire et un écart sur quantité.

. Les écarts sur coûts des centres de travail regroupent des charges indirectes avec une partie variable et une partie fixe. Ce sont des écarts sur coûts indirects. Trois causes peuvent expliquer l'écart relatif à la production constatée : une variation du coût unitaire variable, une variation de l'activité, une variation du rendement. On obtient ainsi une décomposition en trois écarts présentée dans les pages suivantes.

Écart total sur résultats

Il est calculé comme suit : Écart total = résultat réel – résultat prévu, ce qui donne :

Écart total = (ventes réelles – coût de revient réel) – (ventes prévues – coût de revient prévu)

On obtient finalement :

Écart total = (ventes réelles – ventes prévues) – (coût de revient réel – coût de revient prévu)

Les différentes analyses d'écarts présentées pour les ventes et les coûts peuvent être appliquées pour décomposer l'écart total sur résultats.

EXEMPLE D'ANALYSE DE L'ÉCART SUR VENTES

Cas d'un seul produit

Une entreprise fabrique et vend un produit A. Le suivi budgétaire des ventes de ce produit fournit les données suivantes (prix en euros) :

	Quantité	Prix unitaire	Montant
Chiffre d'affaires prévu	1 000	60	60 000
Chiffre d'affaires réel	800	70	56 000
Écart total			– 4 000

On se propose de rechercher les causes de la différence constatée dans les montants.

Tableau d'analyse

	Quantité Q	Prix unitaire P	Montant QP
Ventes réelles	800	70	56 000
Ventes prévues	1 000	60	60 000
Écart	– 200	+ 10	– 4 000

L'écart total sur ventes de produit A est un mali de 4 000 (on a vendu 4 000 euros de moins que prévu). Cet écart résulte :

. d'un écart sur prix (Pr – Pp)Qr = (+ 10) x 800 + 8 000
. d'un écart sur quantité (Qr – Qp)Pp = (– 200) x 60 = – 12 000
TOTAL : – 4 000

Le mali de 4 000 sur les ventes de A est l'agrégation d'un écart favorable sur prix du produit de 8 000 (on a vendu le produit plus cher que prévu) et d'un écart défavorable sur quantité du produit de 12 000 (on a vendu moins de produit A que prévu).

Cas de plusieurs produits

La même entreprise fabrique et vend un autre produit B pour lequel on dispose des données suivantes (prix en euros) :

	Quantité	Prix unitaire	Montant
Chiffre d'affaires prévu	2 000	85	170 000
Chiffre d'affaires réel	2 100	80	168 000
Écart total			– 2 000

L'écart total sur ventes de B est un mali de 2 000. Cet écart résulte :

. d'un écart sur prix (Pr – Pp)Qr = (– 5) x 2 100 = – 10 500
. d'un écart sur quantité (Qr – Qp)Pp = (= 100) x 85 = + 8 500
TOTAL : – 2 000

Tableau d'analyse pour les produits A et B

	Écart sur prix	Écart sur quantité	Écart total
Produit A	+ 8 000	– 12 000	– 4 000
Produit B	– 10 500	+ 8 500	– 2 000
A + B	– 2 500	– 3 500	– 6 000

Chaque produit dégage un mali : en cause d'abord la quantité vendue insuffisante de A et aussi le prix réel de B trop bas. Il suffirait d'augmenter les quantités vendues de A de 86 pour que le mali global de 6 000 disparaisse.

Les coûts préétablis

Selon le moment de calcul des coûts, on distingue, d'une part, les coûts constatés (ou réels, ou historiques) établis à la fin de la période considérée, d'autre part, les coûts préétablis estimés au début de la période. Les coûts préétablis sont des coûts de référence, des normes. Ils sont des indicateurs de pilotage à court terme. Leur rôle final est de permettre le calcul des écarts entre coûts réels et coûts de référence.

Définition des coûts préétablis

Le coût préétabli est, d'après le Plan comptable général de 1982, « un coût évalué a priori, soit pour faciliter certains traitements analytiques, soit pour permettre le contrôle de gestion par l'analyse des écarts ». Le coût standard est un coût préétabli déterminé avec précision à partir de données techniques et de valeurs normalisées. Les coûts budgétés sont issus des budgets d'exploitation et sont liés aux centres de travail ; ils permettent le contrôle de l'activité de ces centres. Les coûts budgétés sont une des composantes essentielles du contrôle budgétaire.

Utilisation des coûts préétablis

Les coûts préétablis sont utilisés pour valoriser des projets, fixer des objectifs de coûts, responsabiliser le personnel, enregistrer rapidement et simplement les opérations, évaluer les devis, fournir des prix de cessions internes ou de transferts entre entités. Mais, pour l'essentiel, ce sont des coûts d'objectifs constituant des normes et permettant, par comparaison avec les coûts réels, de calculer des écarts qui seront analysés pour assurer le contrôle de gestion.

L'estimation des coûts préétablis

Coût préétabli = coût unitaire préétabli × quantité préétablie

Éléments	Coûts unitaires préétablis	Quantités préétablies
Matières	Étude des coûts d'achat par le service des achats, en liaison avec le service de comptabilité.	Étude technique par le bureau des méthodes. On ajoute aux quantités théoriques un certain pourcentage pour les pertes, gaspillages, rebuts.
Main-d'œuvre directe	Estimation des salaires horaires par le service du personnel, compte tenu des charges sociales.	Estimation des temps par le bureau des méthodes, en ajoutant aux temps productifs les temps de réglage, d'entretien et les temps d'inactivité, pour obtenir les temps de présence.
Autres charges	Calcul des coûts préétablis des unités d'œuvre généralement à partir d'un budget correspondant à l'activité normale.	Calcul des quantités d'unités d'œuvre sur la base de l'activité normale ou activité de plein emploi.

CALCUL DES COÛTS ET DES RÉSULTATS PRÉÉTABLIS

Données

Une entreprise fabrique deux produits P1 et P2 et utilise une méthode de comptabilisation à coûts standards. La fabrication se fait dans deux ateliers : un atelier 1, avec préparation manuelle des produits, un atelier 2 de finition, entièrement mécanisé.

Les éléments standards obtenus, par unité produite, sont présentés ci-après :

- matières premières utilisées : P1 : 2 kg, P2 : 3 kg } coût standard du kilo de matière : 100 €
- main-d'œuvre directe (dans l'atelier 1) : P1 : 1 h, P2 : 2 h } coût standard horaire : 60 €
- autres charges (coûts indirects)

Centre d'analyse	Unité d'œuvre	Coût standard de l'unité d'œuvre (2)
Atelier 1	heure de main-d'œuvre directe	20 €
Atelier 2	heure-machine (1)	70 €
Distribution	1 € de vente	0,2 €

(1) Dans l'atelier 2 : P1 : 1 heure-machine
P2 : 1,5 heure-machine

(2) Ce coût est obtenu grâce au tableau de répartition (ou tableau d'analyse) standard.

- Production mensuelle préétablie, correspondant au plein emploi des ateliers 1 et 2 :

P1 : 20 000 unités vendues 500 € l'une,

P2 : 10 000 unités vendues 600 € l'une.

On notera que les produits P1 et P2 sont complémentaires.

Coûts unitaires préétablis (ou standards)

Éléments	Unité	Coût de l'unité (€)	Produit P1		Produit P2	
			quantité	montant (€)	quantité	montant (€)
Matières premières	kg	100	2	200	3	300
Main-d'œuvre directe (MOD)	heure MOD	60	1	60	2	120
Autres charges de production						
• centre atelier 1	heure MOD	20	1	20	2	40
• centre atelier 2	heure machine	70	1	70	1,5	105
Coût de production préétabli				350		565
• centre distribution	€ de vente	0,2	500	100	600	120
Coût de revient préétabli				450		685

Résultats préétablis (ou résultats standards) (en euros)

- Résultat sur P1 : (500 – 450) × 20 000 = 1 000 000
- Résultat sur P2 : (600 – 685) × 10 000 = – 850 000

Résultat standard mensuel global + 150 000

Écarts sur coûts directs

Les coûts directs variables sont les matières et la main-d'œuvre directe ; l'absence de charges fixes dans ces coûts simplifie l'analyse. Les écarts sur coûts directs variables comprennent l'écart sur matières et l'écart sur main-d'œuvre directe. Chacun de ces écarts peut être décomposé en un écart sur coût unitaire et un écart sur quantité.

Pour chaque élément de coût, l'écart total est la différence entre le coût réel et le coût préétabli de la consommation prévue

Écart total = coût réel – coût préétabli de la consommation prévue

Puisque le coût réel concerne la production réelle, il est nécessaire d'introduire le coût préétabli de la consommation prévue, adapté à la production réelle, comme suit :

$$\text{(1) Écart total} = \underbrace{\text{coût réel} - \text{coût préétabli adapté à la production réelle}}_{\substack{\text{Écart relatif au facteur consommé} \\ \text{(E1)}}} + \underbrace{\text{coût préétabli adapté à la production réelle} - \text{coût préétabli de la consommation prévue}}_{\substack{\text{Écart sur volume d'activité} \\ \text{(E2)}}}$$

Analyse de l'écart relatif au facteur consommé (E1)

Puisqu'un coût est le produit d'une quantité Q par un coût unitaire C, l'écart E1 s'écrit :

$$E1 = \underbrace{\text{quantité réelle}}_{Qr} \times \underbrace{\text{coût unitaire réel}}_{Cr} - \underbrace{\text{quantité préétablie adaptée à la production réelle}}_{Qp} \times \underbrace{\text{coût unitaire préétabli}}_{Cp}$$

L'écart E1 peut provenir d'une différence entre quantité réelle et quantité préétablie (Qr – Qp) et d'une différence entre coût unitaire réel et coût unitaire préétabli (Cr – Cp). On met en évidence ces différences en introduisant, dans l'égalité précédente, une nouvelle valeur : Quantité réelle × coût unitaire préétabli = Qr × Cp

En notant que : – Qr Cp + Qr Cp = 0, il vient :

$$E1 = \underbrace{Qr\,Cr \boxed{- Qr\,Cp}}_{\substack{(Cr - Cp)\,Qr \\ \text{Écart sur} \\ \text{coût unitaire}}} + \underbrace{\boxed{Qr\,Cp} - Qp\,Cp}_{\substack{(Qr - Qp)\,Cp \\ \text{Écart sur} \\ \text{quantité}}}$$

Application de l'analyse précédente aux matières et à la main-d'œuvre directe

- *matières* : E1 comprend – l'écart sur coût unitaire d'achat de matière
  – l'écart sur quantité de matière consommée
- *main-d'œuvre directe* : E1 comprend – l'écart sur salaire horaire (coût du travail)
  – l'écart sur temps (quantité de travail)

EXEMPLE : ÉCARTS SUR MATIÈRES

Données

	Nombre de produits fabriqués dans la période	Quantité de matières par produit (kg)	Quantité de matières consacrée à la production (kg)	Coût du kg (€)	Coût des matières consommées (€)
Éléments constatés	2 500	3,3	8 250	7	57 750
Éléments prévus	5 000	3	15 000	6	90 000
Écart total					– 32 250

(source : PCG)

Analyse de l'écart total

- **Écart relatif aux matières consommées E1**

E1 = coût réel – coût préétabli adapté à la production réelle = Qr Cr – Qp Cp

Qr = quantité réelle de matières consommées = 8 250

Cr = coût d'achat unitaire réel = 7

Qp = quantité préétablie adaptée à la production réelle = 2 500 × 3 = 7 500

Cp = coût d'achat unitaire préétabli = 6

E1 = (8 250 × 7) – (7 500 × 6) = 57 750 – 45 000 = + 1 2 750

E1 comprend :
- – l'écart sur coût unitaire : (Cr – Cp) Qr = (7 – 6) . 8 250 = + 8 250
- – l'écart sur quantité : (Qr – Qp) Cp = (8 250 – 7 500) . 6 = + 4 500

Ensemble : + 12 750

- **Écart sur volume d'activité E2**

E2 = coût préétabli adapté à la production réelle – coût préétabli de la consommation prévue
= (7 500 × 6) – (15 000 × 6) = – 45 000

- **Récapitulation :**

Écart sur coût unitaire d'achat	+ 8 250
+ Écart sur quantité de matières consommées	+ 4 500
= Écart relatif aux matières consommées (E1)	+ 12 750
+ Écart sur volume d'activité (E2)	– 45 000
= Écart total	– 32 250

Le signe + pour un écart signifie : a coûté en plus par rapport à ce qui était prévu.
Le signe – pour un écart signifie : a coûté en moins par rapport à ce qui était prévu.

- **Interprétation**

Il était prévu de fabriquer 5 000 produits dans la période et la production réelle n'a été que de 2 500 produits, soit la moitié de ce qui était prévu. En conséquence, il faut rectifier les prévisions de consommation qui doivent être diminuées de la moitié de 90 000 € (– 45 000 = écart sur volume d'activité). Pour les 2 500 produits fabriqués, on aurait dû utiliser 7 500 kg de matières à 6 € le kg ; or on en a utilisé 8 250 kg à 7 € le kg, soit plus de matières utilisées (écart défavorable sur quantité de + 4 500), à un prix plus élevé (écart défavorable sur coût unitaire de + 8 250). L'écart total (– 32 250), qui paraît favorable en raison du volume d'activité réduit, cache en réalité une mauvaise gestion des matières.

Écarts sur coûts indirects

Dans les coûts des centres d'analyse apparaissent des charges fixes. Pour chaque centre d'analyse, l'écart total est la différence entre coût réel et coût préétabli de la production prévue. On reprend l'égalité (1) à la p. 164 (en haut), en remplaçant consommation prévue par production prévue. L'écart E1 devient : Écart relatif à la production constatée.

Analyse de l'écart total d'un centre de travail (unité d'œuvre = l'heure)

	Nombre de produits fabriqués	Produits par heure	Nombre d'heures consacrées à la fabrication	Coût* d'une heure	Coût* des produits			Coût * d'un produit
					variable	fixe	total	
Éléments constatés (réels)	2 500	4,16	600	26,6			16 000	6,4
Éléments prévus	5 000	5	1 000	20 (1)	14 000	6 000	20 000	4
Écart total							– 4 000	

(1) dont 14 variable et 6 fixe. * Tous les coûts sont en euros (Source : P.C.G.)

• L'écart E1 (= écart relatif à la production constatée) est décomposé en trois écarts :

Écart sur coût variable (ou écart sur budget). Le coût réel a été de 16 000 (fixe : 6 000 + variable : 10 000) pour une activité de 600 heures. Le coût variable préétabli de 600 heures vaut : 14 × 600 = 8 400. Donc : écart sur coût variable = coût variable réel – coût variable préétabli = 10 000 – 8 400 = + 1 600.

Autre méthode de calcul. Le budget s'écrit : f(x) = ax + b (a = charges variables pour 1 heure ; x = nombre d'heures ; b = charges fixes totales). Le budget pour 600 heures vaut : (14 × 600) + 6 000 = 14 400. D'où : écart sur budget = coût réel – budget pour 600 heures = 16 000 – 14 400 = + 1 600.

Écart sur imputation du coût fixe (ou écart sur activité). Chaque heure d'activité absorbe 6 € de charges fixes, soit pour 600 heures d'activité réelle : 6 × 600 = 3 600 €. On mesure ainsi l'écart sur activité : écart sur activité = 6 000 – 3 600 = + 2 400. Il représente une sous-absorption des charges fixes due à l'activité réelle insuffisante. **Autre calcul**. Écart sur activité = budget pour 600 heures – coût préétabli pour 600 heures = (14 × 600) + 6 000 – (20 × 600) = 14 400 – 12 000 = + 2 400.

Écart sur rendement. Pendant 600 heures d'activité réelle, on aurait dû fabriquer : 5 × 600 = 3 000 articles, alors que la production réelle n'a été que de 2 500 articles. On a : écart sur rendement = Coût préétabli de la production attendue des 600 heures – Coût préétabli de la production réelle = (4 × 3 000) – (4 × 2 500) = + 2 000

• L'écart E2 (= écart sur volume d'activité) est la différence entre le coût préétabli de la production réelle et celui de la production prévue, soit :
(4 × 2 500) – (4 × 5 000) = – 10 000

Vérification : Écart total = + 1 600 + 2 400 + 2 000 – 10 000 = – 4 000

$$\underbrace{+1\,600 + 2\,400 + 2\,000}_{E1} \; \underbrace{-\,10\,000}_{E2}$$

ANALYSE DE L'ÉCART TOTAL (SUITE) : GRAPHIQUE

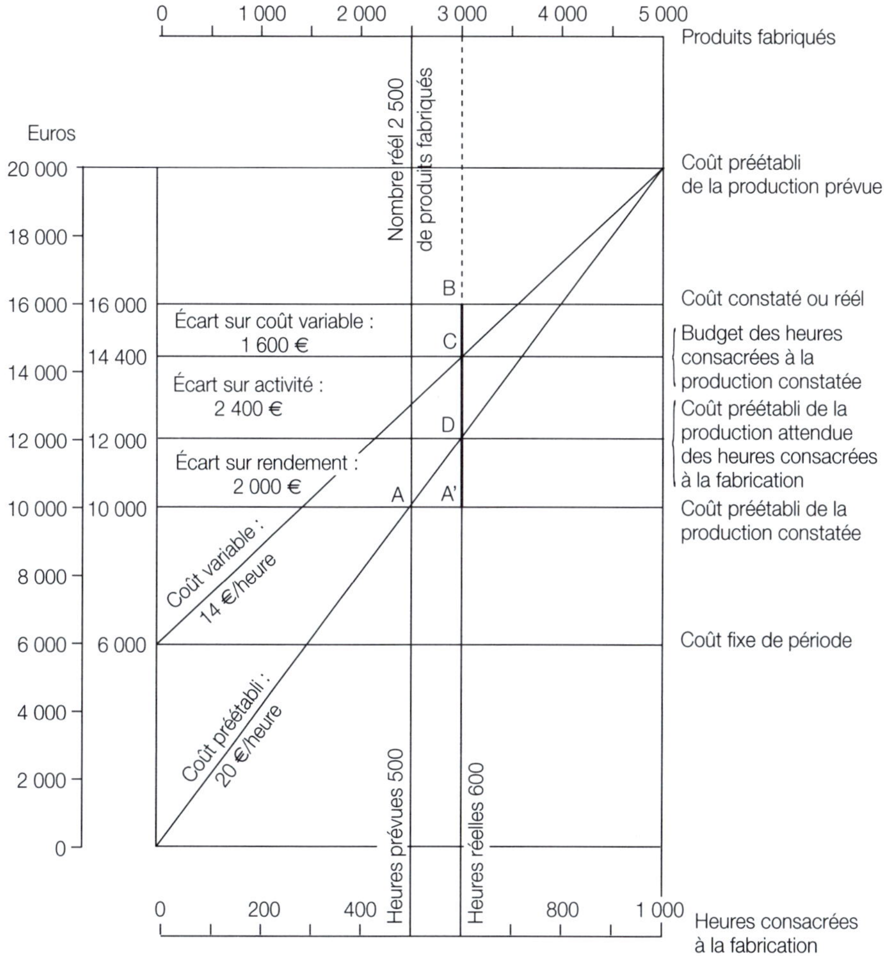

Les points A' et B mettent en évidence l'écart relatif à la production réelle : BA' = + 6 000 €

La construction graphique fournit les points C et D qui délimitent cet écart total en trois :

BC : écart sur coût variable du centre de travail .... 1 600 €

CD : écart sur imputation du coût fixe au centre de travail .... 2 400 €

DA' : écart sur rendement du centre de travail .... 2 000 €

- **Droite de budget flexible :**

il s'agit de la droite « coût variable » passant par C, ayant pour équation :

$f(x) = 14x + 6\,000$ (x = nombre d'heures de fabrication)

- **Droite de coût préétabli :**

elle passe par le point D et a pour équation : $f(x) = 20x$ (x = nombre d'heures de fabrication)

Corrigés des exercices

Page 11

• Entraînez-vous

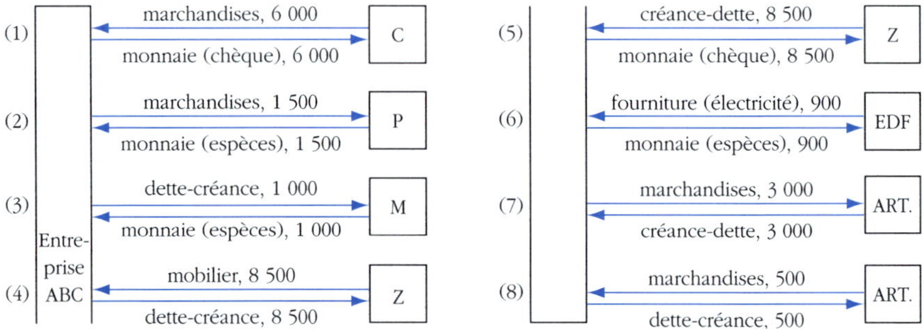

Page 13

• Exercice 1

a)

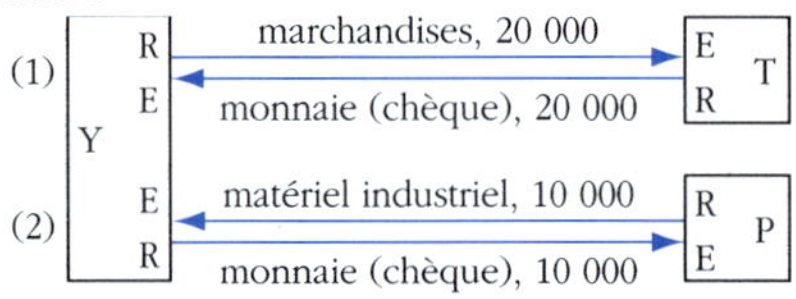

b)

N°	Destination	Origine	Montant E	Montant R
(1)	Banque		20 000	
		Ventes de marchandises		20 000
(2)	Matériel industriel		10 000	
		Banque		10 000

c)

E	Matériel industriel	R
(2) 10 000		

E	Banque	R
(1) 20 000		10 000 (2)

E	Ventes de marchandises	R
		20 000 (1)

• Exercice 2

a)

N°	Destination du flux financier	Origine du flux réél	Montant E	Montant R
	Caisse		6 000	
		Ventes de marchandises		6 000

E	Caisse	R
6 000		

E	Ventes de marchandises	R
		6 000

• Exercice 3 (question c)

E	Matériel de bureau	R
(1) 1 000		

E	Client L	R
(4) 5 000		5 000 (6)

E	Fournisseur B	R
		2 000 (3)

E	Ventes de marchandises	R
		50 000 (2)

E	Caisse	R
(6) 5 000		1 000 (1) 250 (5)

E — Achats de marchandises	R
(3) 2 000	

E — Services extérieurs	R
(5) 250	

E — Charges de personnel	R
(2) 50 000	

E — Ventes de marchandises	R
	5 000 (4)

Page 15

Schéma des flux

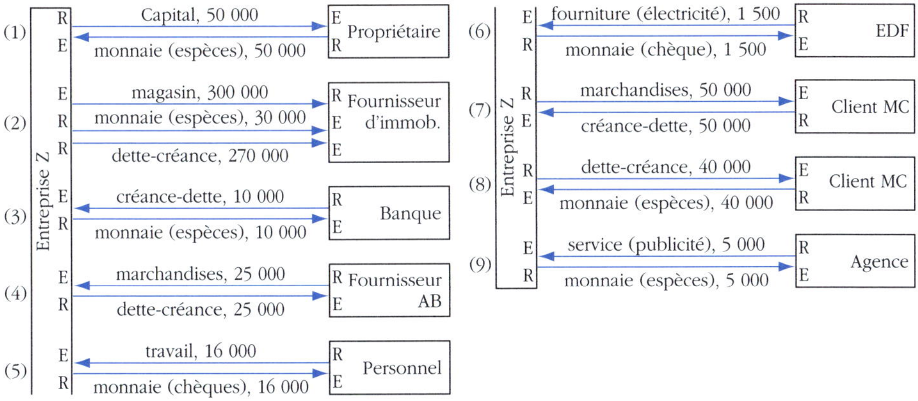

a)

N°	Destination	Origine	Montant E	Montant R
(1)	Caisse		50 000	
(1)		Capital		50 000
(2)	Constructions		300 000	
(2)		Caisse		30 000
(2)		Fournisseur d'immob.		270 000
(3)	Banque		10 000	
(3)		Caisse		10 000
(4)	Achats de marchandises		25 000	
(4)		Fournisseur AB		25 000
(5)	Charges de personnel 16 000			
(5)		Banque		16 000
(6)	Achats de fournitures 1 500			
(6)		Banque		1 500
(7)	Client MC		50 000	
(7)		Ventes de marchandises		50 000
(8)	Caisse		40 000	
(8)		Client MC		40 000
(9)	Services extérieurs		5 000	
(9)		Caisse		5 000

Remarque : la colonne « N° » reçoit normalement les numéros des comptes donnés par le Plan comptable et non les numéros des opérations.

b)

E — Capital	R
	50 000 (1)

E — Constructions	R
(2) 300 000	

E — Fournisseur AB	R
	25 000 (4)

E — Fournisseur d'immob.	R
	270 000 (2)

E — Client MC	R
(7) 50 000	40 000 (8)

E — Banque	R
(3) 10 000	16 000 (5)
	1 500 (6)

E	Caisse	R
(1) 50 000		30 000 (2)
(8) 40 000		10 000 (3)
		5 000 (9)

E	Achats de fournitures	R
(6) 1 500		

E	Services extérieurs	R
(9) 5 000		

E	Ventes de marchandises	R
		50 000 (7)

E	Achats de marchandises	R
(4) 25 000		

E	Charges de personnel	R
(5) 16 000		

Page 17

• Exercice 1

a) Total des débits = 50 000 + 3 000 + 500 = 8 500
Total des crédits = 1 500 + 800 + 4 000 = 6 300
Solde débiteur = 8 500 – 6 300 = 2 200

b)

Date de l'opération	Compte débité
03/01	Achats de marchandises
08/01	Achats de fournitures
10/01	Fournisseur RV

c)

Date de l'opération	Compte débité
05/01	Ventes de marchandises
07/01	Client ZED

• Exercice 2

Total des crédits = 2 320 + 3 530 + 7 450 = 13 300
Total des débits = x + 3 845 + 6 235 = x + 10 080
Solde créditeur = 13 300 – (x + 10 080) = 725
x = 13 300 – 10 080 – 725 = 2 495

Page 19

• Exercice 1 – BALANCE PAR SOLDES

Comptes	Soldes	
	Débiteurs	Créditeurs
Capital		100 000
Emprunt		50 000
Matériel industriel	90 000	
Matériel de transport	40 000	
Mobilier	25 000	
Prêts	10 000	
Fournisseurs		76 000
Clients	88 000	
Personnel		6 7000
État		4 200
Banque	23 200	
Caisse	6 600	
Achats de marchandises	320 000	
Services extérieurs	124 000	
Impôts	28 000	
Charges de personnel	92 500	
Charges financières	5 000	
Charges exceptionnelles	5 900	
Ventes de marchandises		540 000
Produits financiers		1 700
Produits exceptionnels		79 600
	858 200	858 200

• Exercice 2

a) * *Opération (2)* : achats de marchandises au comptant, payé en espèces (caisse), pour 40 000 €.
* *Opération (3)* : ventes de marchandises à crédit à divers clients, pour 75 000 €.
* *Opération (4)* : accroissement de l'avoir en banque de 100 000 € à la suite d'un emprunt contracté pour le même montant.
* *Opération (5)* : acquisition de matériel de transport, payé par chèque bancaire, pour 120 000 €.
* *Opération (6)* : charges financières retenues par la banque pour 2 000 €.
* *Opération (7)* : règlement des clients par chèques remis à la banque de l'entreprise, pour 60 000 €.
* *Opération (8)* : retrait de la banque pour alimenter la caisse : 10 000 €.
* *Opération (9)* : remboursement d'une fraction (1/5) de l'emprunt, soit 20 000 €, par la banque.
* *Opération (10)* : achats de marchandises à crédit, auprès de divers fournisseurs pour 90 000 €.
* *Opération (11)* : ventes de marchandises à crédit, à divers clients, pour 170 000 €.
* *Opération (12)* : règlement en espèces effectué au profit des fournisseurs, pour 15 000 €, et venant diminuer la dette de l'entreprise à leur égard.

Comptes	Totaux		Soldes	
	débits	crédits	débiteurs	créditeurs
Capital		350 000		350 000
Emprunt	20 000	100 000		80 000
Constructions	300 000		300 000	
Matériel de transport	120 000		120 000	
Fournisseurs	15 000	90 000		75 000
Clients	245 000	60 000	185 000	
Banque	160 000	152 000	8 000	
Caisse	60 000	55 000	5 000	
Achats de marchandises	130 000		130 000	
Charges financières	2 000		2 000	
Ventes de marchandises		245 000		245 000
	1 052 000	1 052 000	750 000	750 000

Page 21

a)

(1)			
	23/01/N		
	Banque	10 000	
	Capital		10 000
	Dépôt en banque pour constitution		
	24/01/N		
	Achats de marchandises	4 000	
	Fournisseurs		4 000
	Fournisseur A, sa facture n°…		
	26/01/N		
	Matériel de bureau et informatique	5 000	
(1)	Banque		5 000
	Fournisseur B, sa facture n°…		
	26/01/N		
	Caisse	8 600	
	Ventes de marchandises		8 600
	Ventes au comptant du jour		
	27/01/N		
	Fournisseurs	1 000	
	Banque		1 000
	Fournisseurs A, mon chèque n°…		
	Totaux du journal (en bas de page)	28 600	28 600

(1) Cette colonne reçoit les numéros des comptes fournis par le Plan comptable général, en France.

b)

Débit	Capital	Crédit
		10 000

Débit	Matériel de bureau et informatique	Crédit
5 000		

Débit	Fournisseurs	Crédit
1 000		4 000

Débit	Banque	Crédit
10 000		5 000
		1 0000

Débit	Caisse	Crédit
8 600		

Débit	Achats de marchandises	Crédit
4 000		

Débit	Ventes de marchandises	Crédit
		8 600

N.B. : On a utilisé un compte collectif « Fournisseurs » qui reçoit toutes les sommes concernant les différents fournisseurs de l'entreprise. On doit tenir alors un livre des fournisseurs, avec un compte pour chaque fournisseur (en particulier pour A).

c)

Comptes	Totaux		Soldes	
	débits	crédits	débiteurs	créditeurs
Capital		10 000		10 000
Matériel de bureau	5 000		5 000	
Fournisseurs	1 000	4 000		3 000
Banque	10 000	6 000	4 000	
Caisse	8 600		8 600	
Achats de marchandises	4 000		4 000	
Ventes de marchandises		8 600		8 600
	28 600	28 600	21 600	21 600

Page 25

1.

ACTIF	Bilan modifié		PASSIF
Actif immobilisé		Capitaux propres	
Terrain	80 000	Capital	150 000
Titres	70 000	Résultat (bénéfice) (3)	19 000
Actif circulant		Dettes	
Stocks (1)	38 000	Emprunt	10 000
Clients (2)	6 000	Fournisseurs	17 000
Caisse	2 000		
TOTAL DE L'ACTIF	196 000	TOTAL DU PASSIF	196 000

(1) On réintègre dans les stocks le coût des marchandises vendues (30 000 + 8 000 = 38 000).
(2) La créance sur le client n'est pas encore née ; il faut la retrancher (18 000 – 12 000 = 6 000).
(3) Le résultat de l'exercice N est amputé de 4 000 (23 000 – 4 000 = 19 000).

2. ACTIF — Nouveau bilan modifié — PASSIF

ACTIF		PASSIF	
Actif immobilisé		Capitaux propres	
Terrain (1)	64 000	Capital	150 000
Titres	70 000	Résultat (bénéfice) (2)	3 000
Actif circulant		Dettes	
Stocks	38 000	Emprunts	10 000
Clients	6 000	Fournisseurs	17 000
Caisse	2 000		
TOTAL DE L'ACTIF	180 000	TOTAL DU PASSIF	180 000

(1) Le terrain figurant au bilan doit être évalué au coût historique, la plus-value n'étant pas effective.
(2) Le résultat de l'exercice N est diminué de 16 000 (19 000 – 16 000 = 3 000).

3. ACTIF — Bilan définitif — PASSIF

ACTIF		PASSIF	
Actif immobilisé		Capitaux propres	
Terrain	64 000	Capital	150 000
Titres (1)	50 000	Résultat (perte) (2)	– 17 000
Actif circulant		Dettes	
Stocks	38 000	Emprunts	10 000
Clients	6 000	Fournisseurs	17 000
Caisse	2 000		
TOTAL DE L'ACTIF	160 000	TOTAL DU PASSIF	160 000

(1) Selon le principe de prudence, on retient comme évaluation la valeur du marché (= cours moyen des titres) parce que cette dernière est inférieure au coût historique (= prix d'achat des titres).
(2) La moins-value potentielle, incertaine, de 20 000 €, calculée comme suit :

(140 – 100).500 = 20 000

vient diminuer le résultat précédent :

3 000 – 20 000 = – 17 000

Conclusion : les principes commandent les évaluations dans le bilan et la mesure du résultat.

Page 37

1. • Facture fournisseur ZED

Doit : Entreprise X

Montant brut	10 000
– Remise 10 %	1 000
= Net commercial	9 000
+ TVA 19,6 % de 9 000	1 764
= Net à payer	10 764

2. • Journal de X

	date		
60	Achats	9 000	
44566	TVA déductible sur autres biens et services	1 764	
401	Fournisseurs		10 764

• Grand livre de X

Débit	60 Achats	Crédit
9 000		

Débit	401 Fournisseurs	Crédit
		10 764

Débit	44566 TVA déductible	Crédit
1 764		

3. • Journal de ZED

	date		
411	Clients	10 764	
70	Ventes		9 000
44571	TVA collectée		1 764

• Grand livre de ZED

Débit	411 Clients	Crédit
10 764		

Débit	70 Ventes	Crédit
		9 000

Débit	44571 TVA collectée	Crédit
		1 764

Page 39

a)

	10/05/N		
411	Clients	10 548,72	
665	Escomptes accordés	180	
707	Ventes de marchandises		9 000
44571	TVA collectée		1 728,72
	10/05/N		
707	Ventes de marchandises	1 800	
44571	TVA collectée	345,74	
411	Clients		2 109,74
665	Escomptes accordés		36

b)

	10/05/N		
607	Achats de marchandises	9 000	
44566	TVA déductible sur autres biens et services	1 728,72	
401	Fournisseurs		10 548,72
765	Escomptes obtenus		180
	30/05/N		
401	Fournisseurs	2 109,74	
765	Escomptes obtenus	36	
607	Achats de marchandises		1 800
44566	TVA déductible sur autres biens et services		345,74

Page 47

1.

Débit — Compte « Entreprise MCS » tenu par la banque — Crédit

virement au fournisseur	4 436	Solde créditeur avant	18 930
Solde créditeur après	14 494		
	18 930		18 930

Débit — Compte « Banque » tenu par l'entreprise MCS — Crédit

solde débiteur avant	12 525	frais de garde	248
intérêts	2 217	*Solde débiteur après*	14 494
	14 742		14 742

2.

	31 mai		
512	Banque	2 217	
76	Produits financiers		2 217
	31 mai		
627	Services bancaires et assimilés	248	
512	Banque		248

Page 135

1.

Le seuil de rentabilité (SR) vaut :

$$SR = \frac{F}{m} = \frac{48\,000}{0,2} = 240\,000$$

$$m = \frac{260\,000 - 208\,000}{260\,000} = 0,2$$

2.

La marge sur coût variable doit couvrir les charges fixes (48 000) et laisser un bénéfice de 8 000. Elle devra donc s'élever à : 48 000 + 8 000 = 56 000. Puisque cette marge représente 20 % du chiffre d'affaires, ce dernier devrait valoir :

$$\frac{560\,000 \times 100\,\%}{20\,\%} = 280\,000$$

Conclusion : il suffit d'augmenter le chiffre d'affaires de 7,7 % (20 000/260 000) pour que le bénéfice soit accru de 100 %.

3.

a) La marge sur coût variable représenterait 16 % du chiffre d'affaires (100 % – 84 %), d'où le nouveau seuil de rentabilité :

$$SR = \frac{F}{m} = \frac{48\,000}{0{,}16} = 300\,000$$

b) Pour obtenir le même résultat de 4 000, il faudrait porter le chiffre d'affaires à 325 000 ; en effet la marge sur coût variable requise (52 000) vaudrait 16 % du chiffre d'affaires, ce dernier étant ainsi calculé :

$$\frac{52\,000 \times 100}{16} = 325\,000$$

4.

a) Les nouvelles charges fixes vaudraient :

$$48\,000 + \frac{120\,000}{5} = 72\,000$$

pour une marge égale à 30 % du chiffre d'affaires :

$$SR = \frac{72\,000}{0{,}3} = 240\,000$$

b) Le seuil de rentabilité est identique à ce qu'il était dans la situation initiale. Mais, au-delà de 240 000 €, le résultat est accru de 30 % de l'accroissement du chiffre d'affaires, contre 20 % dans la situation initiale. L'achat du nouveau matériel est à conseiller pour un chiffre d'affaires supérieur à 240 000 €.

Page 157

	Juillet	Août	Septembre	Octobre	Novembre	Décembre
Total des encaissements	895 100	720 000	720 000	960 000	960 000	960 000
– Total des décaissements	684 040	1 056 000	461 000	1 166 000	760 000	760 000
= Flux net de trésorerie	211 060	– 336 000	259 000	– 206 000	200 000	200 000
+ Solde initial	60 000	271 060	– 64 940	194 060	– 11 940	188 060
= Solde final	271 060	– 64 940	194 060	– 11 940	188 060	388 060
Solde final après escompte de traites (1)	271 060	0	194 060	0	188 060	388 060

(1) Pour couvrir le déficit des mois d'août et octobre, on pourra recourir à l'escompte des traites qui engendre des agios (voir à la p. 51) venant diminuer le solde final de trésorerie.
En faisant abstraction de ces agios, on aura :
– escompte de traites créées en août, à échéance fin septembre, pour 64 940 € ;
– escompte de traites créées en octobre, à échéance fin novembre, pour 11 940 € ;

ACTIF — Bilan prévisionnel au 31/12/N (en €) — PASSIF

Immobilisations (1)	2 800 000		Capital	1 500 000
moins amortissements (2)	1 500 000		Résultat du 1er semestre N	371 060
= Immobilisations nettes	1 300 000	1 300 000	Résultat du 2e semestre N(6)	552 000
Stocks au 31/12/N (3)		620 000	Fournisseurs (7)	246 000
Clients (traites sur) (4)		480 000	TVA à décaisser au titre	
Banque, CCP, Caisse (5)		388 060	de décembre N (7)	119 000
Total de l'actif		2 788 060	Total du passif	2 788 060

(1) 2 020 000 + 780 000 (nouveau matériel).
(2) 1 285 000 + (20 000 × 60) + (5 000 × 6) + 65 000 = 1 500 000.
page 149 page 151 page 155
(3) 300 000 (pièces détachées, page 145) + 320 000 (400 machines électroniques à 800 € l'une, page 151).
(4) Page 157, budget des encaissements, traites sur ventes de décembre.
(5) Page 157, solde de trésorerie à fin décembre (donné dans la situation de trésorerie ci-dessus).
(6) Donné par le compte de résultat prévisionnel.
(7) Page 157 colonne « dettes » du budget de décaissements.

Index

A

ABC méthode 138, 140, 142
Abonnement des charges 111
Acceptation (d'une traite). 48
Affectation des charges 114, 115
Affectation du résultat 57
Agio. 50, 51
Amortissement 62
Annexe. 80, 81
Annuité (d'un emprunt) 58
Approvisionnements 120
ASSEDIC 44

B

Balance après inventaire 20
Balance avant inventaire 20
Balance des comptes 18, 20
Balance par soldes. 22, 23
Besoin en fonds de roulement 94,95
Bilan 22, 23, 78, 79
Bilan (dans le système de base) . . 78
Bilan financier. 92, 93
Bilan fonctionnel 92, 93
Bilan prévisionnel. 158, 159
Billet à ordre 48
Boni de suractivité. 128
Budget. 146
Budget de production 150
Budget des approvisionnements . . . 152, 153
Budget des frais de production. . 151
Budget des ventes 148, 149
Budget de trésorerie . . 154, 156, 157
Budget de TVA. 154, 155
Budget d'investissement. 155
Budget flexible 149, 151, 167

C

Cadre comptable 31
Capacité d'autofinancement 90
Capital. 56
Capitaux (comptes de) 32
Capitaux propres 56
Centres auxiliaires 116, 118
Centres d'analyse 114, 116
Centres principaux 116, 118
Cession (des immobilisations) . 54, 55
Charges 34, 35
Charges à payer. 74, 75
Charges constatées d'avance . 74, 75
Charges de personnel. 44, 45
Charges de structure 126
Charges directes 114
Charges fixes 126
Charges incorporables dans les coûts. 110
Charges indirectes 114
Charges opérationnelles. 126
Charges variables 126
Chiffre d'affaires critique 134
Clés de répartition 114, 115
CNC 9
Code de commerce. 9
Coefficient d'imputation rationnelle . 128
Comité de la réglementation comptable 9
Comité des normes comptables internationales (IASC). 26
Commission des opérations de Bourse. 9
Compagnie nationale des commissaires aux comptes. . . . 9
Comptabilité à partie double . . 6, 12
Comptabilité de gestion . . . 106, 142
Comptabilité générale 8
Comptabilité simple 6
Compte de l'exploitant 57
Compte de profits et pertes 6
Compte de résultat . . . 22, 23, 76, 77
Compte de résultat prévisionnel. 158, 159
Comptes consolidés 28, 86
Comptes de bilan 30-32
Comptes de gestion 30, 31, 34
Comptes réciproques. 46
Conseil national de la comptabilité. 9
Consolidation. 82-87
Contribution. 132, 133
Contrôle budgétaire 160
Contrôle de gestion 146
Contrôle (en consolidation) 82
Cotisations sociales 44
Coût cible. 144
Coût d'achat 112, 120
Coût de distribution 112, 124
Coût de production 112, 122
Coût de revient 112, 124
Coût de sous-activité 128
Coût marginal 127
Coûts 108, 109
Coûts hors production 124
Coûts partiels 130
Coûts préétablis 162
Coûts standards. 162
CRC 9
Créances et dettes en monnaies étrangères 72
Crédit bail 52
CSG. 45

D

Décret comptable 9
Délai d'approvisionnement. 152
Dépréciation des actifs 62
Différences d'incorporation 110
Direct costing 130
Directives européennes 9, 29
Documents de synthèse consolidés 87
Droit comptable 8

E

Écarts sur coûts indirects 166
Écarts sur main-d'œuvre directe . 164
Écarts sur matières 164, 165
Écart sur activité, sur budget. . . . 166
Écart sur rendement 166
Écart sur résultats 160
Écart sur ventes 161, 161
Effets de commerce 48, 50
Éléments supplétifs 110
Élimination des opérations réciproques 86
Emprunts 58, 59
Encaissement 50
En-cours de production 122
Endossement 50
Escompte (d'un effet de commerce). 50
État de rapprochement. 46, 47
Europe (harmonisation en). . . 28, 29
Excédent brut d'exploitation. 88
Exercice 20, 24

F

Facturation. 37
Facture d'avoir 39
Financement (comptes de). 14
Financiers (comptes) 32
Flux. 10
Flux de trésorerie 100-102
Fonds commercial. 52
Fonds de roulement fonctionnel. . 94

Fonds de roulement net global 94, 95
Frais accessoires (achat, vente) . . . 36

G

Gestion 146
Gestion budgétaire 146
Grand livre 20
Groupe 82

I

IAS 9
IASB, IASC 26
IFRS 9
Image fidèle 24
Immobilisations (comptes d') . 32, 52
Imputation des charges 114, 115
Imputation rationnelle 128
Instruments de trésorerie 46
Intégration globale (en consolidation) 84
Intégration proportionnelle (en consolidation) 84
Inventaire 60
Inventaire intermittent 72, 73
Inventaire permanent 120
Investissement (comptes d') 14

J

Juste valeur 27

L

Lettre de change 48, 49
Livre d'inventaire 20, 28
Livre-journal 20
Loi comptable 9

M

Marge 132
Marge commerciale 88
Marge sur coût variable 132
Méthode ABC 138, 140, 142
Méthode de gestion par exception 148
Méthode des coûts complets 124
Méthode du coût moyen pondéré 121
Méthode du coût variable 132
Méthode du dernier entré, premier sorti 121
Méthode du premier entré, premier sorti 121
Méthode de consolidation 84
Mise en équivalence 84

N

Normes comptables internationales . 26

O

Opérations avec l'étranger 40
Ordre des experts comptables (OEC) 9

P

Périmètre de consolidation 82
Pièces justificatives 20
Plan comptable général de 1999 . . . 30, 31
Plan de production 150, 151
Point mort 134
Prestations réciproques 118
Principe de continuité 24
Principe de l'évaluation au coût historique 24
Principe de l'image fidèle 24
Principe de l'indépendance des exercices 24
Principe de permanence des méthodes 24
Principe de prudence 24, 71
Production de l'exercice 88
Produits 34, 35
Produits à recevoir 74
Produits constatés d'avance 74
Produits finis 122
Produits intermédiaires 122
Provisions pour dépréciation . . 66-69
Provisions pour risques et charges . . . 70, 71
Provisions reglémentées 70

Q

Quantité économique 152, 153

R

Rabais 36
Rapport de gestion 29
Ratios 104
Remises 36
Répartition primaire 116, 117
Répartition secondaire 118, 119
Report à nouveau 56
Réserves 56
Résultat courant 88
Résultat d'exploitation 88
Résultat exceptionnel 88
Retour de marchandies 38
Ristournes 36

S

Salaire 44
Scores (méthode de) 104, 105
Seuil de rentabilité 134, 135
Situation prévisionnelle de trésorerie 156
Soldes intermédiaires de gestion . . 88
Sorties de stocks 120, 121
Stock de sécurité 152
Stock moyen 152
Stocks (ajustement des) 72, 73
Stocks (comptes de) 32
Subventions d'investissement 56
Système abrégé 30, 79
Système classique 20
Système de base, développé 30

T

Tableau d'amortissement d'un emprunt 59
Tableau d'analyse (ou de répartition) 116
Tableau de financement 96-99
Tableau des flux de trésorerie 29, 103
Taux de frais 112
Taxe sur la valeur ajoutée (TVA) . . 42
Tiers (comptes de) 32
Titres de participation 52, 82
Titres immobilisés de l'activité de portefeuille (TIAP) 53, 54
Traite 48, 49
Trésorerie 46, 94, 95
TVA 42, 43

U

Unité d'œuvre 112
URSSAF 44

V

Valeur ajoutée 88
Valeur nominale 48, 50
Valeurs mobilières de placement (VMP) 32
Variation de trésorerie 100

Édition : C. Mercier
Maquette : Thierry Méléard
Maquette de couverture : Faure-Lhaïk/K. Fleury
Crédits photographiques de couverture : Photodisc, © Archives Nathan.
Photocomposition-Photogravure : Compo 2000 N° d'Éditeur : 10129525 – Compo 2000 – Janvier 2006
Imprimé en France par EMD S.A.S. – N° dossier : 14636